中国人ブロガー22人の「ありのまま」体験記

来た! 見た! 感じた!!

ナゾの国 おどろきの国 でも気になる国日本

中国人気ブロガー招へいプロジェクトチーム 編

周藤由紀子 訳

日本僑報社

日本語版序文

中国人は、常に顔を突き合わせている「日本」という隣人について、ある種の複雑な思いを抱いているようです。愛と憎しみが入り交じり、馴染み深いのに他人のようでもあり、近くにもまた遠くにも感じているのです。そして大多数の中国人は、日本に関して非常に少ない知識しか持っていません。そのわずかな理解にも感情的なものから生じた偏見や誤解が多く含まれています。

日本と中国が国交を回復した一九七二年から四五年が経ちました。両国は経済、文化などの分野で互恵、相互補完のかたちを少しずつ作り上げてきました。しかし歴史認識をめぐる隔たりや、現実的な利害の対立が、政治、外交関係に不安定さをもたらし、また国民感情にぶれを生じさせています。この現実を前に「日中友好などもう時代遅れのスローガンだ」と言う人もいます。しかし日中友好とは、突き詰めれば、両国国民がコミュニケーションや交流を通じて相手を理解し、信頼を築いていくこと、そしてその基礎の上に双方が互いに利益を得ることです。それはおそらく誰もが承知していることではないでしょうか。ここで極めて重要なのは相互理解と信頼であり、もしもこの基礎が失われれば、日中友好は中身のないスローガンになってしまうでしょう。

日本と中国はどちらも「情報」を媒介として相手を知り、そこから相互理解を図り、相互信頼を確立する必要があります。相手を理解するためには、さまざまな手段が考えられます。なかでも最も有効な方法は、日中両国の人々にとって共通の、ある故事成語に凝縮されています。それは「百聞は一見にしかず」です。

本書を企画した中国人気ブロガー招へいプロジェクトは、笹川日中友好基金で運営されたものです。一九八九年に創設された笹川日中友好基金は、東京に拠点を置く公益財団法人笹川平和財団のなかにある日中民間交流に従事する地域基金です。プロジェクト発足前の二〇一〇年、中国で「微博《ウェイボー》（ミニブログ）」というソーシャルメディアが急速に広まっていました。当時笹川日中友好基金運営委員長だった笹川陽平から「もっとたくさんの中国の人々に真実の日本を知ってもらうため、基金は中国のソーシャルメディアに影響力のあるブロガーを日本に招へいすべきではないか」という提案がありました。彼ら自身が見聞きしたままを、日本に来ることのできない多くのネットユーザーに向けて発信してもらおう、というのです。この提案を受けて中国人気ブロガー招へいプロジェクトは二〇一一年に正式スタートしました。

基金は、二〇一一年から二〇一五年までの五年間、一四回にわたって中国の人気ブロガー三五名を日本に招へいしました。いずれも数万人から数十万人、あるいは数百万人のフォロワーを持つ、中国で著名なブロガーで、多くがメディア業界の関係者でした。彼らはメディア関係者特有の視点と細やかな感情で、日本の政治、外交、経済、文化、社会、国民生活を間近に観察し、その日本体験をリアルタイムでインターネット上にアップしていきました。基金はまた中国のソーシャルメディアの一つである騰訊微博《テンセント・ウェイボー》と協働して、彼らの見聞や感想をミニブログやオンラインインタビューなどで中国に向けて紹介し、多くの反響を得ました。

二〇一六年三月、中国人気ブロガー招へいプロジェクトは終了しました。このプロジェクトのひとつの成果として、これまでに招へいしたブロガーの皆さんのうち二二人に日本訪問の感想を文章にまとめてもらい、『大家看日本』として中国で出版しました。本書にある文章は、それぞれ執筆者が中国の読者のために開けた一つの窓だと言えましょう。それから日本語への翻訳作業を進め、ちょうど中国語版刊行から一年後にあたる二〇一七年三月に日本語版を出版することとなりました。

本書の取り扱う二二人のテーマは多岐にわたっており、初めて日本に来て、基金スタッフや取材協力者の通訳により各地を取材してまわったケースが大多数です。そうした場合、いくらかの説明不足や執筆者たちの思いちがいが生じることはやむを得ないでしょう。

そこで本訳書では、付け加えた方がいいと思われる事柄については、〔　〕で最小限の訳注を加え、適宜、注釈番号を付して各章末尾に注釈を記しました。またわずかではありますが、数字や年次、固有名詞や所在地等についての執筆者の明白な思いちがいについては、煩雑さを避けて本文そのものを修正しました。そして、中国の読者向けに記した一部の文章や説明については執筆者の了解を得て、日本語版では省略しています。

一方で、一部の執筆者の日本に関する誤解や偏見と思われる箇所については、あえてそのままにしているところもあります。それは、執筆者たちがどのように日本を理解しているかを日本の読者に紹介したいという思いからです。しかし本プロジェクトチームの浅学さゆえに、事実、翻訳の両面において、気づかずにおかしている誤りも多かろうと思います。読者諸賢のご指教を賜れれば私どもにとっての幸いです。

こうした形で本書を読者に紹介できたことについて、訳者の周藤由紀子さん、日本僑報社の段景子社長、段躍中編集長には厚く謝意を捧げます。

終わりになりましたが、執筆者、取材に協力して下さった多くの皆さん、そして本書を手にとって頂いた読者の皆さんにお礼を申し上げます。皆さんこそ、日中相互理解を深め、両国関係を改善する重要な担い手なのですから。

二〇一七年一月吉日

中国人気ブロガー招へいプロジェクトチーム一同

目次

日本語版序文 …… 2

第一部 「五〇後、六〇後」の日本観

一衣帯水を隔てて立つ朝がすみ …… 周志興 9
日本に関する三つの理解できないこと …… 孫凱 19
五年間の断想　別の観点から見た日本 …… 馬暁霖 29
父の日本と私の日本 …… 楊錦麟 43
「六〇後」が見てきた日本とは …… 張力奮 51

第二部 他山の石とする

近くて遠い日本 …… 李礼 65
五輪の旗の下、東京は北京に何を語るか …… 関軍 77

日本の公共テレビ局　NHKを取材して……包麗敏 95
一四〇年間「腐敗」しない組織　日本赤十字社……陳　海 101
日本のひとしずく　震災ボランティアのこと……林楚方 115
二度と帰らぬ日々に　四年半後の被災地に立つ……章　弘 127
日本的風俗営業……徐春柳 149
唐代老人漂流記　唐招提寺で思いを巡らす……張発財 157

第三部　百聞は一見にしかず

日本漫歩　二〇世紀初頭に思いを馳せ……許知遠 177
馬を走らせ花を見て日本を語る……朱学東 193
日本を越えるために……石述思 199
日本で静かに静を考える……劉新宇 211
黄昏どきのほの暗さを含んで……巫　昂 219
路地の東京、風景の新潟……楊　瀟 229
日本、異邦人のノスタルジーを誘うところ……封新城 247
見出された郷愁　日本随想……賈　葭 255
現代日本の「上山下郷」　農村に移る若者たち……張　傑 265

第一部　「五〇後、六〇後」の日本観

一衣帯水を隔てて立つ朝がすみ

周志興

周志興氏

大沼瑞穂参議院議員（前列右から２番目）と

「中国の現状と課題」講演会

若者はよく朝の太陽にたとえられる。中国語では若者を形容して「朝気勃勃《ちょうきぼつぼつ》」と言う。朝の陽気に満ちている、つまり活気に溢れている様を言っているのだ。二〇一五年五月、笹川日中友好基金の招きを受けて、私たち共識伝媒（コンセンサス・メディア）に選抜された優れた若手研究者四人が日本を一週間訪問し、主に日本の若者たちと交流した。

これは意義深いことだ。なぜならば、未来は必然的に若者たちのものだからであり、それは中日両国においても例外ではないからだ。

中国と日本、この二つの国は必然的に永遠に隣人同士であり続ける。一方で国と国の間の外交とはつまるところ人と人の交わりだ。将来、中心となって両国関係を推し進めていくのは若者たち。彼らこそが実際の担い手になるのだ。今回の交流活動は、一衣帯水の両国に立ちのぼる「朝がすみ」の交わりだ――。

東京のホテルでの朝食会の席で、私はそんなことを思い付いた。

その朝食会は、外務省の広報文化外交戦略課長である新居雄介さん、その右腕である森祐一郎さんとの懇談の場だった。やって来た新居さんは、早速私にこんな質問を投げかけたのだ。「二〇年後、日中間の関係はどうなっているでしょうか」

新居さんらに引き合わせるため、ちょうど若い中国人研究者二人を伴っていた私は、彼らを指さして「二〇年後、情勢を左右するのは彼らです。ですから今こそ私たちは、若者同士の交流に取り組む必要があるのです」と答えた。食事そっちのけで通訳を務めてくれた在中国日本大使館勤務の森さんもまた、若者だ。彼もきっとこの意見に同意してくれたことだろう。

日本での、特に東京での一連の訪問や行事は、どれも若者同士の意思疎通の場になった。

一衣帯水を隔てて立つ朝がすみは、どちら側も太陽から生まれ出る。どちらも鮮烈で、熱い。これらが交わった結果はどうなるだろうか。

朝がすみに対して、私などはもう「夕陽」だ。だが「黄昏に近しといえども、夕陽限りなく好し」などと、唐詩をもじって自らを慰めている。

東京に到着した日の午後、参議院議員会館で若手議員の大沼瑞穂さんに面会した。一九七九年生まれの大沼議員は二〇一三年に初めて参議院議員となり、現在、自由民主党女性局次長と青年局次長を務めている。中国で言えば、全国人民代表大会代表であって共産党の婦人・青年担当ナンバーツーというところだろうか。

大沼議員は、背は高くないが、ショートヘアで、きらきらした目をして、はきはきと語る美しい女性だ。仕事で香港に二年間駐在したことがあるから中国語も多少できるが、「もう長いこと話していないので、ほとんど忘れてしまいました」と本人は言う。

また自分自身について、国会の「二つの少数民族に属しています」とも言う。国会議員には若い人が少なく、女性も少ないが、この両方に当てはまるからだ。「では、女性が国会で活動することに対するプレッシャーは大きいのですね」と若い研究者が尋ねた。

彼女はきっと「はい」と答えるだろうと思った。ところが「男性の方が実はプレッシャーは大きいのです」という返事で、「私は議員にならなければ家で育児をします。夫が生活を支えてくれますから。でも男性には退路がありません」。もちろん男性なりのメリットはあるという。例えば、夜、男性議員はあちらこちらの酒席に出る。それは実は酒を飲みながら情報収集をしているのであって、だから女性議員よりも多くの情報を得ることができる。とはいえ、女性にも女性なりのメリットがある。例えば何かの集まりで司会役が振られるのは女性議員の方で、するとすぐに顔と名前を覚えてもらえるのだそうだ。

「では貴女もそうやってみんなに覚えてもらったのですか」と私が冗談で尋ねると、笑って「司会は、まだやったことがありません」。

さて、私たちの関心事は彼女が今どのようなことをやっているかだ。

大沼議員が関心を寄せる問題は、年齢層の高い議員たちとは違うことが多いらしい。例えば彼らは道路建設等々に関心がある。彼女の方は女性政策、子供の教育や保育といった、彼らが見落としがちな問題に目を向ける。むろん日中関係にも高い関心があり、両国間の関係が改善されることを望んでいる。しばらく前にも議員訪中団に加わり、中国共産党の要人張徳江氏にも会ったそうだ。

日中関係の改善に関しては、かつては国会の中に「中国派」と「台湾派」があったが、今はもうその区分も曖昧になっていて、彼女自身も香港やマカオといった地域的なものも含め、中国に関係のあるグループにはすべて参加しているという。彼女にとって気がかりなのは、隣人に対する興味を失って「親米派」へと流れる者がいることだ。

一人の女性議員として、その選挙区である山形県には一年のうち長期間滞在する必要があり、また東京にいる間は、国会での政策討論に参加し、選挙区住民の陳情にも対応しなければいけないし、さらに子供の世話もしなくてはいけない。相当大変だが、彼女はこの仕事をとても愛していて全身全霊を打ち込んでいる。

事務室のテーブルの上にはたくさんの酒瓶が飾られている。故郷の酒だそうだ。壁に掛けられているのは山形県内の「田んぼアート」――水田に植えられた稲で絵が描き出されている――の写真で、山形県はこのようなユニークな創意工夫で旅人を出迎えるのだと教えてくれた。

故郷への深い愛情が、彼女の言葉の端々からうかがえる。

辞去する際に、大沼議員から四角く真空包装された米を一袋ずつプレゼントされた。三〇〇グラムも入っているだろうか。山形県は日本の東北部にあって気温の低い所だが、そこの米はとても質が良いのだそうで、「中国の人たちが山形の米を気に入ってくれればうれしいです」。

私たちはその小さな米の袋を受け取った。まるで大沼議員の大きな願いを受け取るように。

この議員訪問には笹川日中友好基金の関山健さんと胡一平さんが同行してくれた。関山さんはもともと大沼議員と同じオフィスに勤務し、彼女とは知り合いなのだ。ここでちょっと関山さんについても紹介すべきだろう。

彼もまた「朝がすみ」のひとりだ。

関山さんとは知り合って二年ほどになり、今ではしょっちゅう顔を合わせる間柄だ。ずっと思っているのだが、彼は前途洋々たる若者だ。北京に留学し、北京大学国際関係学院の李玉教授と梁雲祥教授に学んだ。梁教授は日本の政治・外交、中日関係、国際法、北東アジアにおける国際関係が専門で、関山さんはその指導の下で博士号を取得した初の日本人留学生だ。

また酒量もなかなかのもので、実家は酒店を営むと聞く。家業を継がなかったものの、彼は今、社会文化という芳醇な酒を醸している。日本のある行政機関に何年か勤務したことがあって、政務の流れを熟知しており、その後日本の有名なシンクタンク・東京財団の研究員、笹川日中友好基金の室長として日中友好交流の仕事に携わる。（さらにその後、大学で教鞭を執っている。）二〇一四年一一月に深圳で開催された中国情勢に関する国際討論会では日本の少子高齢化に関する素晴らしい研究発表を行い、注目を集めた。

その時の彼の発表の中でこんな話があった。


二〇三〇年には、日本の労働力は五六〇万人分不足する。これを少しでも補うために外国から労働力を受け入れねばならないが、その頃には中国、韓国、台湾等と日本との間で外国人労働者をめぐる競争が生じるだろう。日本の人口は、一九四五年の戦争終結時には七五〇〇万人程度だったが、現在では一億二八〇〇万人になった。一人っ子政策も計画出産政策もない日本だが、一九七〇年から少子化現象が見られるようになった。一人の女性が一生に二人以上の子供を産まなければ、人口は減る。

一九七五年以降について計算してみると、現在、日本の合計特殊出生率はわずか一・四であり、総人口は二〇〇八年にピークを迎え、すでに減少が始まっている。日本政府の国立社会保障・人口問題研究所は、二〇四八年時点の人口は一億人を割るものと推計している。

また少子化現象以外で非常に目立つ問題が、急速に進む高齢化だ。日本の生産年齢（一五～六四歳）人口は、二〇一〇年には八一七〇万人だったが、二〇四〇年にはわずか五八〇〇万人になり、二〇五〇年になると五〇〇〇万人を割るという。このような少子高齢化現象は、日本の経済構造、社会状況、人々の暮らし、いずれにも多大な影響を与えるだろう。

日本のことも中国のことも理解し、高い学歴があって心の知能指数も高く、しかも眉目秀麗。そんな日本の若者の前には無限大の将来が広がっている。

関山さんは中央省庁の仕事を離れた。しかしそこにはまだ数多くの優秀な若者がいる。その一人が有馬孝典さんだ。有馬さんとは北京で知り合った。当時、彼は在中国日本大使館員だったが、間もなく外務省に戻り、中国・モンゴル第一課に在籍して中国に関する様々なことに参与したり、意見を述べたりしている。

典型的な中国通である有馬さんは、中国駐在中、しばしば北京のメディアにも寄稿していた。私たちの共識網（コンセンサス・ネット）でも、『日本では公務員スキャンダルにどう対処しているか』という、彼の次のような主旨の文を転載したことがある。

戦後復興と高度経済成長の時期、日本の国家公務員は広く内外から賞賛されていた。ところが一九八〇年代後半から九〇年代にかけて、その評価が日増しに悪化していった。政府高官をはじめとする国家公務員にからむスキャンダルが続出したことが原因で、国家公務員に対する国民の強い不信感が広がったのだ。この異常事態の発生で、国家公務員制度の正統性は揺らいだ。それは不可避的なものだった。この問題に対処すべく日本では様々な改革が実施されたが、ここで極めて重要な役割を果たしたのが国会である。国会は、選挙で得た国民の強く明確な支持をよりどころとして、「官」と「民」との接触に関する具体的な規範としての法律（つまり『国家公務員倫理法』）を定め、これによって国家公務員の行動は大いに規制された。一連の改革の結果、日本社会でかつて盛んだった「接待文化」は影を潜めていった。

これは中国が学ぶに値する貴重な事例ではなかろうか。

ただし、幾人の政策決定者がこの一文を目にしたか、それはむろん私の知るところではない。

ところで、日本の接待文化は「影を潜めた」とされている。しかし必ずしもそうではなさそうだ。と言うのは、私が東京に行くたびに、有馬さんは彼の上司を交えた会食をセッティングしてくれるからだ。

心温かい有馬さんは、私が東京に行くと聞けば必ず、ぜひ会いたいと言ってくる。二〇一四年一二月に妻と東京を訪れた時は、わざわざ外務省の垂秀夫氏と共に一席設けてくれた。今回の東京行きも同様だった。私はむろんうれしかった。なぜならば、有馬さんやその上司と食事を共にするたびに、彼らの中国に対する高い関心がうかがわれ、また日中友好を願う気持ちを感じ取ることができるからだ。

有馬さんは年こそ若いが非常に優秀な中国通外交官だ。このままいけば一〇年後、二〇年後には中日関係において重要な働きをなしてくれるだろう。

むろん、ここで紹介した三人のほかにも、早稲田大学で会った大学院生たちのように、非常に優秀な日本の若者はまだ数多くいる。大沼さん、関山さん、有馬さんを大木に実る果物にたとえるならば、同じような果物はまだまだたくさん実っている。それらは生い茂った葉の陰に隠れていて、私たちに見出されるのを待っているのだ。

きらきらと輝く日本の朝がすみに対して、中国の朝がすみもまったく遜色ない。一衣帯水を隔てて朝がすみが出会う時、一層輝きを増した未来を見るように感じられる。

将来、太陽はいよいよ明るさを増すだろう。

今回は、中国の四人の若手研究者——中国人民大学教授の聶《じょう》輝華さんと同准教授の周濂《れん》さん、外交学院准教授の施展さん、武漢大学博士課程在学中の劉仲敬さんが日本を訪れた。全員が初めての日本訪問で、新鮮な一週間を過ごし、多くの思索が生まれたようだ。

いずれも四〇歳前後と若いが、中国国内の学術界では名の知られた者ばかりだ。驚いたのは、非常に熱心なファン数人が劉仲敬さんを追い掛けまわし、ビデオ撮影までしていたことだ。日本財団で四人の講演が行われた翌日には、彼の講演録までさっさとまとめ上げてしまった。

劉さんがこの熱狂的なファンに対抗するには、よほどのパワーを身につけねばなるまい。

その講演会は、二〇一五年五月二九日午後、日本財団ビルの会議室で行われた。一五〇人もの聴講希望者があって席が足りなくなるおそれが出たので、急遽、会場を広げることとなった。

講演の最後は、日本財団理事長の尾形武寿さんが締め括った。スピーチは簡潔であったけれど、真心のこもったものだった。尾形さんとは長いつきあいになるが、正直なところ、これほど感動させられる話を彼の口から聞くのは初めてだった。

尾形さんは所用のため少し遅れて会場に到着したが、私の隣に座るととても熱心に耳を傾けていた。

そしてスピーチでは、「これほど素晴らしい講演を聴いたのは、まったく何年ぶりでしょうか。若い研究者がこれほどの見識を持ち、これほど率直であるとは思いも寄りませんでした」と述べた。この言葉は彼の評価を示すものだ——私たちが実施した初めての若手研究者の日本訪問活動は、成功したのだ。

聴講者の態度もまたこれを証明するものだった。

二時間余りの間、誰も席を立たなかった。質疑応答の時間になると活発な質問が飛び、閉会後には、帰る道すがら送信してくれたのだろう、主催者宛てに感謝の意を表すメールがたくさん届いた。中には尾形さんと同じ意見もあった。「これほど素晴らしい講演を聴いたのは、まったく何年ぶりでしょうか」

では、彼ら若い研究者たちはなぜこれほど高く評価されたのか。

なんと言ってもテーマが良かった。

施展准教授のテーマは、日本人にとって非常に興味深い「一帯一路」に関するもので、「一帯一路」と世界的断層地区、大陸秩序再建の必要性、そして投資銀行と世界秩序について語った。周濂准教授は「平等を与える最後のチャンス」をテーマとし、二〇一五年は清朝崩壊後の新文化運動から一〇〇年目に当たるが、「平等」に対する中国人の理解と解釈にはまだ多くの誤りが残されているとの考えを示した。聶輝華教授は、世界的に注目されている中国の反腐敗と経済発展の関係を取り上げた。中国における反腐敗の取り組みは必要不可欠であり、その成果も上がっているが、短期的には、その成果の著しい省では経済発展の立ち後れが見られることを、詳細なデータを用いて説明し、この問題の解決には全く新しい手法が必要だろうと述べた。そして劉仲敬さんのテーマは「世界システムと中国システムの融合と衝突」。近代の極東情勢を見ると、中国、日本及び他の国々の命運は、国内の憲法体制や外交体制、アイデンティティや語られる歴史のいかんを問わず、国際システムの変遷に左右され、国際システムが変遷していく上での必要性に応じて形成されてきたという、一つの見方を提示した。

講演後の質疑応答でも彼らは素晴らしかった。

四人の若者が、政治、経済、歴史、国際関係にわたる四つのテーマで、多くの論拠を示しつつ論じていく。「彼らの観点を受け入れるかどうかは別として、この講演で示された豊かな学識と自信、弁舌力、臨機応変な対応ぶりは、聴く人たちを感服させるに足るものだ」。会場の一隅で聴きながら、私はふとそんなことを考えた。人々は中国人青年の挙止態度も目の当たりにできただろう。

中国の朝がすみもまた非常に鮮やかで美しい。

日本の若者たちに中国の若手研究者に接した感想を尋ねてみると、とても良かった、もっと多くの交流の機会がほしい、といった答えが返ってきた。また北京へ戻る機上では、中国の若者たちからも、得るものが多かったし、また行ってみたいという感想を耳にした。どうやら今回の若手研究者の日本訪問は、所期の目標を首尾良く達成できたようだ。夕食の席で私はこの事業の担当者の胡一平さんと握手を交わした。この訪日活動がうまくいったら握手しようと、約束していたからだ。

一衣帯水を隔てて立ちのぼる朝がすみは、これからもしばしば一つに融け合って、われわれの間に横たわる暗闇を明るく照らしてくれることだろう。

日本に関する三つの理解できないこと

孫凱

孫凱氏

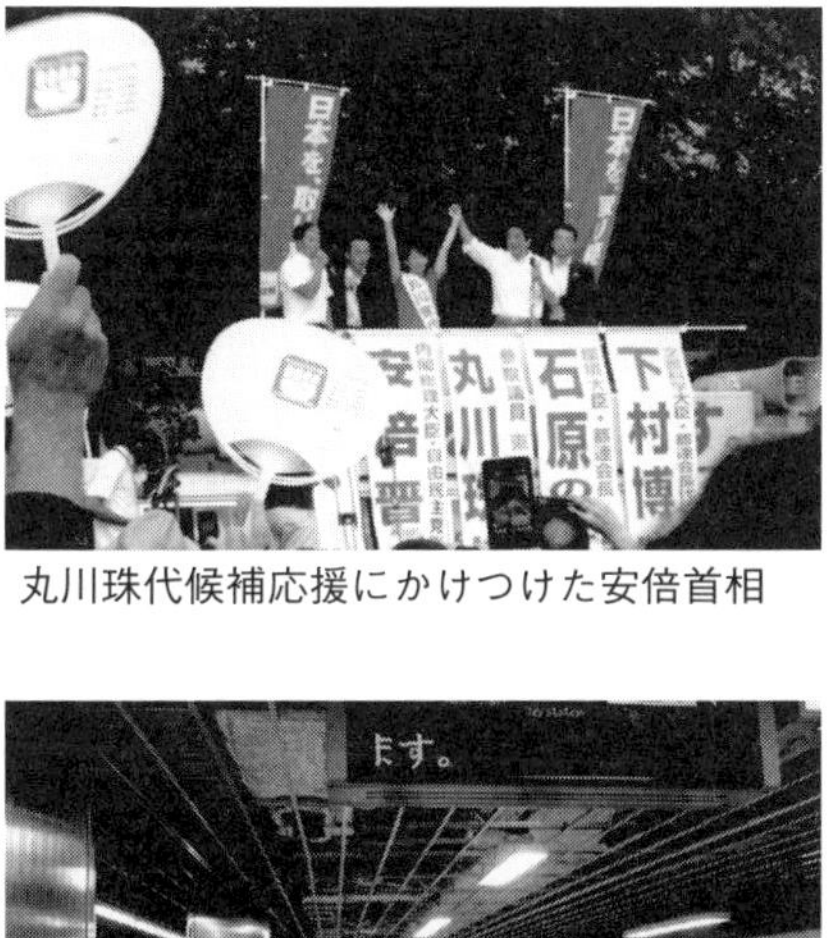

丸川珠代候補応援にかけつけた安倍首相

大阪の地下鉄にて

この世には、豊かで力があってしかも人々も幸福だという国は少ない。上位一〇カ国を挙げるとすれば、日本は確実にその中に入る。上位三カ国であっても日本はそのうちの一つに入るだろう。では一カ国を挙げるならば？　やはり日本が外れることはない、と私は思う。

毛沢東は一九五七年七月に、良好な統治とはいかなる状態なのかを語り、その中で彼が望むところは「中央集権的であって民主的、規律があって自由、意志が統一され、かつ個人には居心地のよさと活発さがある。そのような政治情勢を造る」ことだと述べている。この基準でいけば、およそ「良い国」はどこもこれに当てはまる。そして日本は、中央集権的であって民主的、規律があって自由、統一された意志があり、かつ個人には居心地の良さと活発さがある国だ。

もっと古い例を挙げよう。『史記』「商君列伝」は、秦国が富国強兵と中央集権体制確立を目指して大改革を実施、「之を行うこと十年、秦民大いに説く、道に拾遺せず、山に盗賊無く、家給《かきゅう》し人足ると。民、公戦に勇にして、私闘に怯《きょう》なり。郷邑《ごうゆう》大いに治まる」と伝える。古来、「公戦に勇にして、私闘に怯なり」は国家統治の最高の境地であり、この境地に至った国のうちで豊かではなく、力もない国はない――もちろんこれは人間世界の話であって、北朝鮮のように無駄に「公戦に勇にして、私闘に怯な」るポーズをとる「ゾンビ国家」は入らない。日本は典型的な「公戦に勇にして、私闘に怯な」る国だ。日本人は、軍隊の形をとるときは残忍に、国民の形をとるときには自制的で礼儀正しくなる。

近年、私は何度も日本に行ったが、その度にあちらこちらで心を揺さぶられる光景を目にした。小さな駅で、五〇歳を過ぎたと思われる清掃員がホームにあるゴミ箱のわきに片膝を立てて屈み、片手でゴミ箱を押さえ、もう片方の手で真剣に拭いている光景……。ホテルのバスルームにあるトイレ。そのタンクの蓋には穴が開いていて、その上に水栓が付いているから、手を洗った水はそのままタンクに流れ込んでいく……。美しく立派な造りで、四方八方に通じる地下鉄の駅。一つ一つの駅が、快適で便利なことこの上ない本物の地下都市、地下ショッピングモールになっている……。東京のある交差点付近に止まっていた「宣伝カー」。それは一九七〇年代まで中国の街でもよく目にした大きな車に、デッキを設けて改造したものだ。車の上には、自由民主党の参議院議員候補者の応援のために、現職の環境大臣や文部科学大臣など数人の高官が立ち並んでいて、やがてそこに現職首相の安倍晋三も登場して、何やら演説を始める……。夜九時過ぎの大阪の繁華街。中央の広場に立てば、そこから放射線状に伸びる七、八本の通りはどれも店がひしめき、ずらっと並ぶネオンサイン、ごった返す人の波……。

今日わが中国が「富強」だとは言っても、この繁栄ぶりとの差を認めないわけにはいかない。

日本はなぜこのように成功し、良い国となったのか。

東京の新宿では、もう夜の一〇時半だというのに、何軒ものレストランの入り口には、整然と長い列を作って順番を待つ客がいた。このエピソードをブログにアップすると、こんなメールをくれた人がいる。「ちょうど二週間前、日本に行きました！　恐るべし日本人。内へ結束する力、自制心はすごい」。これは私の感想と一致する。初めて日本に行った時から今まで、「なぜ日本人にできるのか？」と考えることがよくある。一億を超える人々が、まるで同じICチップを埋め込まれ、あるいは同じ血液型にさせられているようだ。あの大震災の発生後、落ち着き払い、秩序を乱さない日本国民がテレビやインターネットの画面に映し出された時、感慨無量になったのは、私だけではないだろう。

思うに、アメリカ社会の根底にあるものは銃と聖書だ。銃は、他人に畏れを抱け、常に他人を顧慮せよと教える。聖書は、他人を愛せと教える。愛と畏敬のある社会は、基本的には良い社会だ。さらにその上に民主的な選挙制度が構築されれば、その国は必然的に活力があって規律正しい社会になる。日本社会の根底にあるものは何か。

通説では、それは「菊と刀」だとされている。

菊と刀、つまり文化の力は、なぜ日本において揺らぐことなく強大なのか。日本民族全体に見られる特徴的なパーソナリティーだけでなく、現代の、アメリカ占領軍という鉄骨にしっかりと支えられた日本社会の基本的枠組みのおかげだろう。一九六〇年代から七〇年代にかけての日本の学生運動や「赤軍派」の狂気じみたさまを思い起こし、もしもアメリカ占領軍がいなければこの社会は良くなっていたかどうか、考えてみよう。私は、悪くなったと思う。

中国人が日本を見るとき、その視点はどうしても、日本の優秀さを羨むこと、祖国中国の欠点を嘆くこと、中日交流の中の恩讐を論じることの三つになってしまう。無理と道理、紛糾……中国と日本の間には語ることはいくらでもある。

一九八〇年代、『未完の対局』という有名な中日合作映画があった。その最後に、中国の老人が号泣しながら「中日不再戦——中国と日本は二度と戦ってはならない」と言うシーンがある。当時、私も友人たちも「これって、手を出した方が言う台詞じゃないか⁉」とあきれた。「やられた方の中国人があんなに泣くなんて」。いつまでも違和感が残った。「中日不再戦!」、これは中国人だけの願いではないはずだ。日本人の願いでもあるはずだ。もしも中国と日本がまた戦うようなことになれば、恐ろしいほどに核兵器の威力が増している今日、核大国中国は甲午海戦〔日清戦争〕の時のように負けることはない。日本もまた事実上まぎれもない核大国——もしそうありたいと願えば——なのだから、一晩のうちに一地域、一国をも壊滅させるほどの核兵器を造り上げることも可能だろう。だからこそ、賢明なリーダーであれば、問題解決手段の中から戦争を除外するのは当然だ。中日友好、これは全ての善良で賢明な人々に共通の願いだ。

ここまでは日本に対するさまざまな好印象を語ってきたが、心底から中日友好を望む者として、次に、日本について理解できないことを挙げていきたい。

理解できないこと　その一　日本は本当に日中友好を望んでいるのか

ある年、日本経済団体連合会の招きを受けて日本を訪問した。出発前、私たちと面談した在中国日本国公使は、はっきりと「日中関係はこのところ低迷しているが、その責任は中国側にある」と述べた。そこで私に発言の順番が回ってきた時、中日関係に問題が生じたのは日本側に責任があると反論した。そして二つの理由を挙げた。

まず一つは、一九九六年に釣魚島〔尖閣諸島〕防衛を訴える香港・台湾地区の「保釣《ほちょう》」活動家の行動が世界を驚かせた時のことだ。その際、中国は厳しい報道管制を敷き、マスコミは一字一句たりともこれを報じなかった。私が勤めていた中国青年報社は、ちょうどこの時、甘粛省・河西回廊で記者会見を開いていたが、ボイス・オブ・アメリカのラジオ放送を聞いていた記者たちが、保釣活動関連のニュースを耳にした。彼らは激高し、なかでも探検で名を知られた某記者などは、今すぐ辞表を出して個人の立場で行動に加わる、とまで言い出した。しかし北京に戻るとすぐに、わが新聞社から「パスポートは会社で管理することになったので、直ちに社員全員提出するように」というお達しが出た。今、中国の処長クラス以上の公務員、企業管理職等のパスポートは、勤務先が一括管理することになっている。私の記憶では、パスポートを預けるようになったのは一九九六年からだったと思う。後に、この措置のきっかけは「反腐敗運動」にあると明らかにされたが、当初は海に乗り出して保釣活動をするのを防ぐためだった、と私自身は推測している。もしもその頃から、対日関係にかかわる世論から実際の対応措置に至るまで、これほど強力にコントロールされていなければ、中日関係はとっくに収拾不可能になっていたかもしれない。

また、日本の対中国援助を故意に隠蔽し報道しなかったのではないか、という問題もそうだ。日本でも言われている通り、中国はこの事を教科書に記載していない。通例に従えば、これは教科書に載せるような内容だとは考えられないからだ。しかし日本の対中援助に関する中国の報道は、確かに、わざわざ組織的に準備されたものだ。かつて中国青年報の記者部主任を務めた私自身も、宣伝当局からそのような指示を受けたことはあるし、またこれをテーマに据え、陝西省に記者を派遣して取材報道するよう、直接指示を出したこともある。

一方で中国のマスコミでは、砂漠緑化活動に尽力した遠山正瑛《とおやませいえい》氏をはじめとするいわゆる日本の「友好人士」について報道することは決して珍しくない。これは中国と日本との友好的な空気を生み出し、日本人に対する好感度を高め、両国民の友情を深める上で大きな役割を果たしている。

以上の内容は、訪日時に、日本の経営者向け講演会でも話したことだ。

振り返ってみても、鄧小平以来、中国にはわざわざ中日友好を損ねようとした指導者は誰一人としていなかった。ここ数年、中日関係に波風を立てている靖国神社参拝問題、教科書問題、釣魚島問題……、これらのうち中国を発端としたものは一つもない。よしんば一部の日本人が「以前、日本を訪れた中国の某指導者が行く先々で『歴史を鑑とし……』などと発言して、日中友好のムードをぶちこわした」と言っても、これには理由がある。その指導者の訪日前に、日本は韓国に謝罪した。それにもかかわらず同じやり方で中国に謝罪することを拒絶し、この指導者を侮辱したからなのだ。

私の理解するところでは、日本人は実は傲慢なのだ。中国はいまだかつて日本を征服したことはなく、逆に昔から今に至るまで、その一部またはほぼ全土をたびたび日本に征服されている。日本はそのような中国に対して、心から尊敬の念を抱いたことがない。一九四五年の敗戦は、アメリカに敗れた。それなのにアメリカ人の支援を受けて急速な発展を遂げ、再び高い場所から中国を見下ろしている。中日国交正常化後の「日中友好」にしても、日本の動機には少なくとも三つの因子がある。アメリカ（中国との友好を率先垂範したのがアメリカだった）、旧ソ連（当時の天敵はソ連であり、中国はその貧相な子分といったところだった）、そして経済（新たな大市場を育成する）だ。

つまり日本は、中国のことを、対等な立場にあり、利益を共有し、リスペクトすべきパートナーだと見なしたことはいまだかつてなかったし、現在もない。冷戦下、ソ連に対する恐れを背景に展開された日中友好。それは富める者が、頑健ではあるが貧しい者にメリットを提供しておき、自分が他の富める者とけんかをするときには助っ人になってもらおうという下心があってのことで、そこには多少の慚愧の念と、お礼の気持ちも付け足されている。中国の改革・開放後に推し進められた全面的な友好関係には、経済転換の戦略的な布石という動機が強かった。心の底では中国を誠意をもって付き合うべき対等な相手だと考えたことがない。ところがずっと自分に頼って飯を食ってきた子分が、今や自分と対等に振る舞い、いや自分を追い越すかもしれないと気付いたとき、腹を立て、恐れをいだき、将来に対する不安が生まれた。そこで、中国を抑止しようとする兄貴分・アメリカの戦略を利用して全面的に中国に対抗し、これによってアメリカとのつながりを強固なものとし、これまでアメリカを通じて中国から得てきた利益、例えば釣魚島などを、全て揺るぎないものにしようとしている。それと同時に、真意を測りかねる目つきでしっかりと台湾を見つめている。

日本は今や、普通の国でありたいという思いを完全に捨て去ってしまった。中国はこれまで日本が普通の国であり続ける上で障害となったことはない。その唯一の障害は、当然ながらアメリカなのだ。事実、日本において日中友好の声が最も高かった頃は、日本が普通の国としての地位を模索していた時期だった。今、中国に全力で対抗しているのは、日本が極度に自信を失い、普通の国であろうとする理想を完全放棄し、そしてひたすらアメリカの属国になろうとしていることを示すものだ。

理解できないこと　その二　日本はなぜ謝らないのか

まずはこのコメディーをご覧いただこう。

体に合わない新品のスーツを着た、しわくちゃ顔の中年男。袖口にはラベルが付いたままだ。その向かいには小柄で派手な身なりの中年男が座っている。彼らの周りを何人かの野次馬が取り囲んでいる。

しわくちゃ男　（派手男を指さして）あんた！　わしの家に乱入して、人を殺すわ、火を付けるわ、物を盗むわ、さんざんやっておいて、謝らんのかね？

派手男　（頭を垂れ、口の中で何やらぶつぶつ言っている。本人にしか聞こえないような声で）すみません＃％＄＆＃％＄＆。

しわくちゃ男　そんないい加減なやり方で、心から謝ってるつもりか！　もっと大きな声で、もっと真剣に！

野次馬　（二人を取り囲む人々、皆口々にしわくちゃ男をなだめる）おいおい！　もういいじゃないか、なんだっていつまでも謝らせるんだい？　もう一五回もお詫びを言ったじゃないか。

しわくちゃ男　だけど、こんなふうにいい加減じゃなく、きっちり謝ったことが一度でもあったかい？　誰かさんみたいに土下座してくれ、なんて言ってない。ただいっぺん真剣に大きな声で言ってくれれば、わしだっていつまでもこんなことしないさ！

野次馬　（皆でなだめる）ほら！　もっと心を大きく持って、大局的に見て、そんなに気にしないで！　あちらさんも、この前徹底的に叩かれて以来、悪事なんぞ働いていない。しかも金儲けをしてからは、ここのところ、貧困支援とか、良い事もたくさんやっている。あんたもずいぶんお世話になっているだろう？

派手男　（野次馬の声にやや大胆になって）あのう、私はですね……この人の家を改装して、家具も買ってやって、ずいぶんお金を使ったんです。大小あわせて一五〇も工事を手伝って、たんとお金を差し上げたり、貸してあげたりしたのに、そのことをご家族には説明してくれないんです。だからあの人のご家族は、私のことをまだ恨んでいる。使ったお金が無駄金になってしまう……

しわくちゃ男　わしが説明しなかった？　そんなことあるもんか、はっきり話して聞かせたさ。それにあんたはわしの工事を手伝ってくれて、金も貸してくれたが、工事の資材は全部あんたの所から買ってやったじゃないか。それで儲けただろう、がっぽり儲かったくせに！

野次馬　（口々に）あーあ、それを言っちゃおしまいだ。もっと心を大きく持たなくちゃ……

このコメディー、中国と日本の謝罪問題そのものと言えないか。

私にとってこの謝罪問題こそ、日本に関する完全に理解不能な問題だ。謝罪していないと言われれば、ぶつぶつと、しかし確かにあちらこちらの国に向かって何回でも謝る。謝罪したと言えば、今度は相手がこれに納得せず、いつまでも話題にしてとやかく言う。

日本はこの問題に関してなぜ男らしく正々堂々とした態度をとることができないのか。頑なな態度を取るのならば、徹頭徹尾謝罪しなければいいし、誠意をもって対応したいのなら、心から謝罪すればいい。一度きちんと謝罪すればもう誰も何も言わなくなるのに、今のように煮え切らない態度であれば、誰一人として納得しないし、自らもまた、この問題が「切り札」として使われたなどと言って、他人を責めることにもなる。いや、それとも日本政府は、わざと謝罪問題を火種として残しておいて、終わりのない争いに臨もうとしているのか。

理解できないこと　その三　日本はなぜ釣魚島のことで事を起こしたがるのか

釣魚島は中国にとって、また日本にとって、本当に重要なものなのか。二つの国が武力を交えねばならぬほど、またアメリカ、ロシアなどまで引きずり込んで、人類を滅亡させるような大戦争を繰り広げるほど、重要なものなのか。愚の骨頂だ。

私は、中国は道理の通らない国でもなく、平和を愛さない国でも、現実に向き合わない国でもない、と考えている。中ロ国境画定を果たして全ての国境問題を解決したことから見ても、はっきりとそう結論付けることができる。つまり、中国と日本が英米、独仏のように誠実な友好パートナーになった暁には、釣魚島が日本に引き渡されることもあり得るだろう。誰の持ち物であるかは重要ではない。しかも中日それぞれがメリットを得られるように、いくらでも方策をとることができるはずだ。ただ、上から目線でものを言い、横暴かつ道理の通らない方法で占拠しようとし、しかも既に実質上占拠している状況にあってさらに島を購入することで論議を呼び、もめ事を引き起こし、中国を苦境に立たせた。理性的、友好的と言える行為ではないだろう。

私が一貫して主張するのは、両国は度量を大きくしてこの問題に向き合うべきだということだ。釣魚島を合弁会社の下に置くこともできるのではないか。合弁の出資比率は中国五一％に日本四九％でも、日本五一％に中国四九％でも、あるいは双方五〇％ずつでも構わないが、そうやって一緒に資源を開発をすればいい。中国側の利益は当面貯めておいて、統一が実現すれば、全部台湾に引き渡す――。

終わりに

中日両国の間には解決すべき歴史問題があり、和解すべき現実の紛争が存在する。しかし双方の「和」による利益は、「争」による利益よりも遙かに大きい。日本では最近、新たな安全保障法制が成立した。これは中国と決裂しようとする態度の表れであり、「転ばぬ先の杖」の戦略でもある。しかし目下の現実に照らしてみれば何の意味もないことだ。中国が現在あるような、統一を重んじる「大一統」の大国、強国でありさえすれば、日本はあえて中国を損ねることはしないし、また損ねることもできない。しかし中国に内輪もめが起こり、各地に烽火が上がり、台湾独立、新疆独立の旗が揚がるようなことにでもなれば、そのときは、例の新安保法が力を発揮するだろう。

中国のインターネット上には、中国は日本に対して弱腰すぎるとか、優しすぎるとかいう論調が常にある。実際には、このような論には何ら根拠がない。ただ言えるのは、中国自身にがんばりが足りないということだ。中国が抱えている問題は、どれも中国自身の問題だ。自身の問題を解決しさえすれば、誰をも恐れる必要はなくなる。ただしその問題解決のプロセスは、謙虚に日本から学び取らねばならない。中国人が日本人のような団結力、創造力、自制力を持てば、どの国も中国の脅威とはなり得ないし、中国は本当にリスペクトされる国になるだろう。

五年間の断想　別の観点から見た日本

馬暁霖

馬暁霖氏

大野元裕参議院議員表敬

「中国から見た中東政治変動」講演会

小池百合子衆議院議員表敬

グローバル化が深まるにつれ、もはや外交問題は、当事者か否かを問わず、関わりあいのないことだとは言えなくなってきた。また中国の急速な勃興に伴い、中国外交という話題もあちらこちらで見聞きするようになった。こうして中日関係や北東アジア問題がしきりに私の視野に入るようになり、関心の対象、さらには研究範囲にまで入り込んできたのだった。

私が自分のコラムで初めて中日関係に触れたのは二〇〇四年のことで、これまでに発表した日本の内政・外交、中日関係の動向に関する文章は二〇篇ほどになった。日本や中日関係についてはは今でも門外漢ではあるが、それでも私なりに認識を深めてきた。常に念頭に置いていることは、日本を見る観点をどのように変えていくか、どのようにすれば日本をより深く理解できるか、さらに日本の国と国民そのものから中国との隔たりを探っていくにはどうすればよいか、ということである。また日本を観察するに当たり、中国と日本の恒久平和が維持推進されるよう努めることも、私の観点の一つであり、願いである。

私は中国人の学者でありジャーナリストであるから、当然、日本に関する私のコラムは多分に中国の感情や利益に立脚したものになるだろうし、それゆえに日本の対中国政策・戦略に対しては批判的な内容が多くなる。ここに収めた文章は私の日本関連コラムの五分の一ほどに当たり、どれもここ五年以内に発表したものであるが、省察的な色彩が濃い。私の中日関係に関する断片的な、しかし真実の思いを示すものとして、過去のコラムをここに再録することにした次第である。

断想一——数字は語る　中国と日本の距離は

中国と日本の距離？　それは「一衣帯水」だ——。これほど人口に膾炙する表現はないだろう。やや大げさに言えば、北京から飛行機で発ち、コーヒーを一杯飲む間に日本列島など飛び越えてしまう、そんな距離だ。しかしこのようなロマンチックな空間のとらえ方で中日関係を測ることはもう時代遅れであって、今どきの流行《はやり》はデータを基に両国間の距離を測ることだ。

二〇一〇年四月、博聯社〔中国のブログサイト〕が浙江省で開催した国際問題と中国外交に関するフォーラムで、ある中日関係の専門家が「肩」という言葉でこの距離を表現した。いわく、中国と日本は今歴史的な「並肩期」にあり、間もなく「錯肩期」に入り、そして急速にその距離を広げるだろう、と。「並肩」〔肩を並べる〕、「錯肩」〔肩が触れ合うほどの距離ですれ違う〕は、中国と日本の経済規模が伯仲していることを指していた。果たして、日本政府は八月一六日に二〇一〇年四〜六月期の経済統計を発表し、自ら日本のGDPが中国に抜かれたことを認めた。中国は経済規模において日本を超えて世界第二位につけるという歴史的なブレークスルーをまた一つ成し遂げた。次は米国に照準を据え、第一位を狙うのだ――。

世界は驚愕し、友邦は喝采した。幸いなことに中国政府も専門家も、民衆までもが冷静さを保ち、中国にはまだ課題があることを認めていた。例えば、いまだに四〇〇〇万人が貧困から抜け出せないこと、一億五〇〇〇万人が国連の定めた一日あたり一米ドルという最低ラインにも届かない収入で暮らしていること、一人当たりのGDPは日本の一〇分の一であること、産業構造では日本に四〇年の後れを取っていること、そしてネットユーザーに対するアンケートでは回答者の九四パーセントが世界第二位の冠には納得できず、「ほめ過ぎ」ではないかと考えている……。

ほめる、けなすは他人がする事だが、肝心なのは、自分自身が冷静であってほめ言葉に酔いしれないこと、また自らを過大評価しないことである。今話題のこのデータはひとまずおいておき、それ以外の日頃気にしていないデータや事実を詳細に比較してみたい。すると、中国とその隣国日本との隔たりは大きく、その距離は「一衣帯水」どころか「錯肩期」にも「並肩期」にも至っていないことを、われわれは納得せざるを得なくなる。

軍事に興味のない方はご存じないかもしれないが、日本の通常戦力は中国に劣らない。少なくとも海軍力、空軍力では負けていない。中国は核攻撃力を有するが、日本の潜在的核武装能力も相当なもので、一夜のうちに核兵器を保有できる力を持つ。また「メイド・イン・チャイナ」の美名に酔っている人でも、「メイド・イン・ジャパン」が高品質、高性能の代名詞であることは多分ご承知だろう。しかし日本が世界的な科学研究大国、論文大国で、特許出願件数は個人、企業ともにトップクラス、第一の技術輸出国であるということまでは、おそらく知られていないだろう。そしてわれわれが製品輸出量世界一の貿易大国だと自慢する時、あるいは二〇〇九年の世界上位一〇〇社にランクインした中国企業の数が日本企業数を抜いたと得意になっている時、その中に中国の民間企業は一社も含まれていないことに気付いただろうか。世界のブランドランキングトップ一〇〇のうち、メイド・イン・チャイナはゼロ、日本ブランドは七つ入っていることは知っていただろうか。

国や企業について比較したが、今度は両国の国民生活の質を比べてみよう。近年の統計では中国人の平均寿命は七三歳、日本人は八二・一歳で世界トップである。国連児童基金（ユニセフ）が二〇〇八年に発表した五歳未満児の死亡率では中国は日本の五倍だった。また日本人は身長が低いことから、古来中国人は彼らを「倭《わ》」と呼び蔑んできたが、昨今の統計では、日本人男性の平均身長が中国人男性を一センチ上回っていることがはっきりと示されている。これら人の一生に関するデータの背景にあるものは、医療保険制度の水準、食生活の質、子どもの成長環境などの差異なのだろうか……。

経済力に基づく差は、当然ながら富の量やハード面での蓄積に左右されるものだ。しかし国のソフト・パワーや国民の素質といった教育、文化、伝統に基づく指標でも、中国はやはり日本に引けを取る。米国のピュー・リサーチ・センターが二〇〇九年に発表した世界各国を対象とした調査の結果では、日本に対する好感度は三年連続で世界首位、中国は大いに躍進したがそれでも五位だった。これに関して、日本は海外援助件数では米国を抜くほどで、進んで慈善事業や寄付などに協力するからだ、という見方もある。しかし好感は単純に金銭で購《あがな》えるものではないし、国民の素質などは金銭とは全く関係なく、かえってお金があるからこそ中日間の大きな差が一層際立ってくる。各国の観光客のイメージについて、欧州一五〇〇余りのホテルの支配人を対象として行われた二〇〇七年の調査では、日本人が一位になり、「礼儀之邦」中国からの客は下から第三位だった。

以前、米国のある海軍専門家が、中国が空母戦闘群を保有しても空母としての戦闘力を形成するのにはさらに五〇年必要だと述べていた。同様に中国が日本を超える経済規模を擁したとしても、ハード・パワーやソフト・パワー、国民の素質など、総合的にみた国の実力がいずれも本当の意味で日本を超えるまでには、あとどれほどの歳月が必要だろうか。

俗に「平民から貴族になるには三代かかる」と言う。貴族は高級車や豪邸、大金を持っているかどうかは問われない。問われるのは、声を上げて触れ回るまでもなくあらゆる面からうかがい知ることのできる豊かさと、一挙手一投足からにじみ出る文化や教養である。それらに欠ける者はせいぜいにわか成金にしかなれないだろう。半世紀近く高度成長を続けた日本と比べれば、中国はにわか成金の域にも達しておらず、まだ追い掛けている途中なのではないか。

（『新華毎日電訊』二〇一〇年八月二七日掲載の署名入りコラム「馬暁霖専欄」に加筆修正）

断想二――釣魚島危機とパブリック・ディプロマシー

日本のメディアは、二〇一三年一月一〇日、J－七戦闘機、J－一〇戦闘機を含む中国の航空機十数機が東海〔東シナ海〕に設定された日本の防空識別圏に侵入し釣魚島〔尖閣諸島〕に接近したため、日本の戦闘機が緊急発進したことを報じた。釣魚島をめぐる中国空軍の動きとしては前例のないもので、このところ日本が示している強硬な態度に対する明らかな抗議、警告と見なされた。

あれ〔二〇一二年の東京都による尖閣諸島購入計画発表から国有化までの一連の動き〕から一年も経たないうちに、中日関係は危険な「三段跳び」を跳んだ。釣魚島紛争の火種は「釣魚島危機」へと悪化し、危機は海と空での示威行動へと飛躍したのである。危機管理メカニズムが危険な方向へと傾くときには、歴史から得た「中日不再戦」の警鐘を打ち鳴らして両国関係の大局に冷静に対処する必要があるし、また壊滅的ダメージを避けるためにも、このようなデリケートな国家間対立に向けた防波堤を築く必要がある。この防波堤となるのが、既に大きく損なわれてしまっている、中日間のパブリック・ディプロマシー（対市民外交）だ。パブリック・ディプロマシーの観点から見れば、ここには反省し検討する余地が多くありそうだ。

まず、一般人が危機に対する動きに関与し過ぎていないだろうか。多くの都市で街頭運動が起こり、程度の差こそあれ何らかの破壊行為も発生したが、このことで中国の国自体と国民に対する印象は歪められてしまった。それよりも危険なのは、歴史によっても証明されていることだが、ナショナリズムや愛国心に後押しされる街頭運動は、その形や方向性、性格、目標のいずれもが制御不能に陥りやすく、さらに分裂、異化することもあり、それによって国の安定にまで影響が及ぶことである。

第二に、日本製品をボイコットすべきだろうか。グローバル化が進んだ今、中国と日本は経済的に共存共生し、盛衰を共にしている。あるデータによれば中国国内の日系企業は少なくとも一〇〇〇万人を雇用しているとされ、ボイコットは一〇〇〇万もの家庭の収入と暮らしに影響を与えることになる。さらに関連する産業も勘定に入れれば、間接的には一〇〇〇万人近くに職を提供していることになるから、一〇〇〇万世帯の生計にも関わってくる。また中日間の貿易構造にも不均衡が生じるだろう。例えば中国からの輸出品は主にミドルレンジ・ローエンド製品であるから、これは東南アジア諸国に容易に取って代わられるだろう。中国向け日本製品の主流はミドルレンジ・ハイエンドで、その代替品は求め難い。日本製品ボイコットはこれに関連する産業チェーンの切断も招くだろう。さらに投資面でも楽観は許されない。二〇一一年の日本の対中投資額は一二七億八〇〇〇万米ドルであり、中国の対日投資額はわずかに一一億米ドルであるが、互いの依存ぶりは明らかであろう。

もちろん中国は世界第二の、日本は第三の経済大国である。世界経済危機が広がる状況において貿易戦争が勃発すれば、世界全体の経済にさらに打撃を与えることになるし、翻って自らにも悪影響が及ぶ。そして結局は、庶民が割を食うことになる。

第三に、両国の交流は停止すべきか。特に民間の文化交流はどうするのか。中日国交正常化四〇周年の祝賀行事は、再三規模を縮小され、延期され、遂にキャンセルされた。また日本訪問を伴う交流活動も全面的に取り消され、これによって日本人の訪中活動にも一部で制約が生じている。

最後に、メディア報道は過熱していないだろうか。各種メディアが釣魚島危機を繰り返し報道したり誇張したりするのは、熱い愛国心によるものであるが、またそれ以上に商業的な利益追求の思惑も含まれる。外交問題をメディアが正しく客観的に報道してこそ、民意はそこに正しく反映され、人々の心を一つにまとめることができる。しかし報道が熱を帯びるあまり、民意は誇張され民心も大きく歪曲され、これが人々に気勢を上げさせる一方で「雑音」も生み出し、外交に相呼応する反面、外交への干渉にもなっている。

「一張一弛は文武の道なり」。釣魚島及びその水域の緊張が増すときこそ、それ以外の分野での中日関係には一層の関心が寄せられ、大切にされるべきだ。そうすれば中日関係が緊張し損なわれたとしても、それはある分野、ある部分だけに限定されるし、他方面の、ひいては全体的な関係が健全に発展するようにコントロールしてやることもできる。

中日関係は二〇〇〇年余りにわたる友好関係を主旋律として、主に人と人の交流によって築かれてきた。現代における国交正常化も、民間外交によって行き詰まりが打開されて実現した極めて珍しい事例である。しかしそれよりも重要なのは、今の中国は昔のままの中国ではなく、大きな変化を遂げ、政治、外交、軍事面の力強いリソースを豊富に有していること、また政府には危機管理を全面掌握できる条件が備わっていることだ。外交や釣魚島については、事を大きくする必要はないし、大敵に立ち向かうがごとく国民全員が参与する必要もない。ましてや両国関係を大切にしようとする普通の日本の人々を対立者に据える必要など全くない。

二〇一二年九月、日本の各界のリーダーが日中関係の正常化を力強く呼びかけた。これに続き、私を含めた中国の知識人一一〇人も、「両国関係を理性的な軌道に戻そう、民間交流を再開させよう」というアピールを出した。しかし大勢の中ではこのような声はか細いものであり、それがかえって中日関係の緊張一辺倒の状況を映し出し、パブリック・ディプロマシーの難しさと大切さを際立たせている。

（『北京青年報』二〇一三年一月一一日掲載の署名入りコラム「馬暁霖専欄」に加筆修正）

断想三――「さらに三〇年学べば……」　反撃する日本製品

二〇一五年未《ひつじ》年の春節も、旧暦正月一五日の賑やかな爆竹の音で終わってしまった。しかし今年の春節に端を発した「考えごと」はまだ終わりそうもない。

関係当局によれば、この春節前後一〇日間に出国した中国人は五一九万人、そのうち日本に押しかけた観光客は四〇万人を上回り、これは二〇一四年一年間の訪日者数のほぼ五分の一に相当する数だという。つまり二〇一五年の訪日中国人観光客の数は、過去最多だった昨年の延べ二四〇万人を軽く超えるものと見込まれる。このことは間違いなく中日関係が良い方向へと向かう兆しであり、民間交流が急速に回復し、「民間交流の冷え込みは政治・経済以上」だと称された状況が改善しつつあることを示すものだ。

しかしこれに伴う現象はわれわれを大いに困惑させるものだった。中国人観光客の大群が日本のショッピングモールに押しかけて商品を派手に買い漁ったというのだ。結局彼らは日本の消費を浮揚させる大きな力となり、試算では累計で中国人民元六〇億元が日本に落ち、その大半が電気炊飯器、温水洗浄便座、ヘアドライヤー、セラミック包丁のいわゆる「四大宝《スーダーバオ》」に費やされたという。彼らはまるで、日用品にも事欠いた改革・開放の初期、「四大件《スーダージェン》」（カラーテレビ、冷蔵庫、洗濯機、ラジカセ）がもてはやされたあの三十数年前にタイムスリップしたかのようだった。「メイド・イン・チャイナ」の名声が世界にとどろき、中国製品は世界中に浸透しているのに、なぜ中国人はわざわざ日本から軽工業品など買って帰るのか。かつて中国市場を占領した「メイド・イン・ジャパン」がなぜ再び中国に上陸するのか。日本製品の「反撃」、あるいは中国が輸出した商品を中国国内へと買い戻すのは、過去へのタイムスリップ現象なのか、それとも時代と共に事情が変わったのか。

表面的に見れば、中国人客が日本で買い漁るのには、有利な為替レート、中国国内との価格差、手頃なツアー費用などの刺激要因があったし、むやみやたらに買い物をする風潮に追随しているだけのケースも排除できない。しかし全体的に、また本質的に見れば、これはごく真っ当で理性的な消費行動、市場の選択行動であり、中国人がある程度の富を蓄え、世界各地に行って買い物を楽しめるようになったことを示すものだ。一連の行動は、エントリーモデルの工業製品を一挙に買い込んだ中国人消費者が、その後それらをグレードアップしようとし、あるいはややゆとりのある「小康」生活水準に達した多くの家庭が、さらに良い暮らしを求めたものであり、その結果彼らがメイド・イン・ジャパンを選択したのは、その品質が依然としてメイド・イン・チャイナに優れているという事実を情け容赦なく暴露するものだ。確かに「国産品よ、自ら鍛え強くなれ！」といったスローガンはわれわれの心を鼓舞するが、国産品は舶来品、わけても日本製品を圧倒できるほど強くなってはいない――日本製品の反撃という次元まで突き詰めていけば、おそらくこのように認めざるを得ないだろう。人々がメイド・イン・チャイナと表示されている商品さえも日本から買って帰るという現象は、中国市場における商品の品質や検査基準が日本に劣ることを物語る。消費者以上に物言う力を持つ者はいないし、また経験を積んだ消費者以上に価格に見合う品質かどうかに注意を払う者はいない。

改革・開放以来三十数年にわたる工業化と現代化の道のりは、中国人の日用品の選択肢がホップ、ステップ、ジャンプした過程をまざまざと示すものでもある。一九八〇年代後半、中日関係が急速に深まり、資本、技術、企業、ブランドなどから管理システムに至るまで、大量に日本から中国へと流入したことで、中国国民は安価で良質な、美しく丈夫な日本製品を初めて手にした。約一〇年前にはメイド・イン・コリアが中国市場に参入し、徐々にメイド・イン・ジャパンのシェアを蚕食していった。日本と韓国の軽工業品は次第に西漸し、多くの中日・中韓合弁企業を生み出し、現代的な中国製造業を育んだ。そして後発のメイド・イン・チャイナは人口ボーナスの力を借りてのし上がり、競争力のあるコストパフォーマンスでついに国内市場を奪還したばかりか、世界各地でも、それまで大いに支持されてきた日本製品、韓国製品を駆逐していった。

しかし消費というものは単なる浪費ではなく、一つのプロセスである。ある程度消費体験を経るにつれ、品質で優位に立つ日本製品や韓国製品は、価格で優位に立つ中国製品を明らかに圧倒するようになり、評判を高め、ゆるぎない評価を獲得した。このことは私がかつて訪れた十数カ国での見聞でも検証済みだが、今や残念なことに、中国人自身の日本製品買い漁りによっても裏書きされた形になっている。むろん「白馬は馬にあらず」、今の日本製「四大宝」は、かつてのなじみ深い「四大件」とは大いに異なり、コンセプトから技術、デザインから原材料、製造プロセスから機能に至るまで、蝶と蛹《さなぎ》ほども違う新世代の製品である。つまりわれわれが価格、数量、基本機能などの面でかつての日本製品に追い付いた時、日本の製造業はわれわれのさらに先を行っていたのだ。ものづくり立国の日本は、立ち止まることなく前進を続ける競争相手であり、またコア・コンピタンスを非常に重視し維持するトップランナーであることは、この耐え難い現実が証明している。

われわれは単純な製品比較から抜け出して、中日経済には相変わらず強い補完関係があることや、先端技術を擁し、付加価値の高い日本の製造業と比べれば、中国の製造業はまだ低い位置にあることを冷静に認識すべきだろう。今、日本では再びものづくりを重視するようになり、企業の中には日本国内回帰の動きもある。それはコアとなる工業デザインや製造能力を日本経済と日本ブランドのいわば「国家鎮護の宝」としようとしているからだ。日本を追い掛ける中国製造業の足取りは依然として軽くはないが、特にこのような状況の中だからこそ、立ち止まることはできない。

二〇一〇年に中国の経済規模は日本を追い越し、二〇一四年には日本の二倍に迫る勢いを示した。しかし中国人観光客が日用品を（それこそ鍋釜から茶碗まで）日本から大量に買って来る現象は、中日経済におけるコア・コンピタンスの差が依然として大きいことを証明している。しかも市場競争が激化する中、日本の中国現地企業が大儲けする時代は終わり、投資分散化の戦略もとられており、さらに日系企業や日本企業から中国への技術輸出の保留、技術封鎖も必ずや強化されるだろう。俗に言う「弟子に全てを教えてしまえば、師匠の身が危ない」という道理は日本もよく理解している。三十数年の間に製造業がどれほど進歩したかを見るだけでも、中国という「弟子」が学んだ成果は少なくないことが分かる。しかし「師匠」たる日本の腕前の方が依然として一段上であることは、認めねばなるまい。ある日本人企業家がこんな事を言っていた。「中国は改革・開放以来三〇年間日本に学んだ。日本は一〇〇〇年以上も中国に学んできた。ならば中国はさらに三〇年学んでもいいのではないか」と。

（『北京青年報』二〇一五年三月七日掲載の署名入りコラム「馬暁霖専欄」に加筆修正）

断想四――プノンペン印象　別の観点から見た日本

昨日八月二一日、筆者はカンボジアを離れる前に、プノンペンにあるクメール・ルージュの政治犯収容所「S二一」の跡、現在のトゥール・スレン虐殺博物館を慌ただしく見学した。ひとつの建物の三階に上がると、図らずも日本の那覇市の歴史地理に関する展示があった。注意深い私の同行者は、戦場跡の発掘現場写真の隅に目立たない木の看板が写っていて、日本語で作業隊の名前が記されているのを見つけた。何らつながりのなさそうな日本の要素がここで交錯し、カンボジア、ひいては東南アジアにおいて無視できない日本の存在感と影響力を反映していた。観点を変えて日本を眺めると、その景色は大きく違って見えるだろう。

プノンペンの大通りはあまり広くないものの、清潔で整然とした街並みは、何の根拠もない私の予想を覆すものだった。意外だったのが、決して裕福ではないカンボジアのマイカー族が大の日本車好きであることで、その人気は韓国車や中国車の比ではない。しかもオートバイや家電などもメイド・イン・ジャパンが主役だ。確かにカンボジアもまた、早くから日本製品人気が続いている東南アジアの安定市場の一つだ。ある中国人ビジネスマンによると、中国製品はコストパフォーマンスでは勝るのだが、「お金はないがこだわりはある」カンボジア人の好みには合わず、日本と競争しても、そもそも商品と市場という基本的な部分での差がかなり大きいということだった。

中国はカンボジアではすっかり日本の陰に隠されている。プノンペン市内のあちらこちらで日本国旗などの目印が付いた建物や施設を目にしたことも、そう判断する根拠だ。ハード・パワーでもソフト・パワーでも中国が日本と競ってこれを圧倒するのは難しそうだ。二〇一四年七月、プノンペンで故シハヌーク前国王の納骨式が厳かに執り行われた際には、各国の使節や商社代表なども招かれ、日本からは一〇〇人余りが参列したという。この式典では前国王に対する非常に高い敬慕の念が示されたのみならず、日本国大使が行列の中心を歩く大役を担ったことで、日本の堂々たる大国の自信のほども示されたという。このことからもカンボジアにおける日本の格別な影響力と両国の並々ならぬ関係がよくうかがえる。

中国はカンボジアにとって第一の援助国である。しかしこの国での日本の大きなプレゼンスもまた、大量のモノやカネで築き上げたものだ。しかも算盤を弾いた上での投資は日本の得意とするところで、体面も実質も万全である。日本は資金を投じて「きずな橋」や「つばさ橋」など幾つものランドマークとなるインフラ建設や民生プロジェクトを実施し、さらにこの農業国の生産力向上を支援するほか、公共事業や文化交流にも力を入れており、カンボジア各界における感謝の念の醸成に努めている。独自の政治的役割を演じるための基礎を固めているのだ。日本は、いざという時には、対立する各政治勢力をも一つに結集させることができるし、またクメール・ルージュに対する歴史的な裁判を前進させたことでも成果を挙げ、その価値観外交戦略における所期の目的を果たしている。

東南アジアにおいて、日本が順調な外交を進めている国はカンボジアだけではない。ベトナム、タイ、ミャンマー、インドネシア、フィリピンなどの日本に対する態度も似たり寄ったりである。二〇一四年に筆者がベトナムを訪れた際、第二次大戦時の日本と東南アジア諸国の関係について話が出ると、ベトナム人関係者は、「日本占領期には二〇〇万人が亡くなっているが、その大半は人災ではなく自然災害によるものだ」と言っていた。ミャンマーに至っては、建国の父アウン・サン将軍が当時の日本当局と協力関係にあったことは有名な話だ。フィリピンのベニグノ・アキノ三世大統領も、考えてみれば、戦後日本に対するその言動からは感謝の念が感じ取れる。これらの事象はわれわれに一つの注意を促してくれる。それは、歴史問題の認識において東南アジア諸国は、基本的に東アジア諸国――中国、北朝鮮、韓国とは異なる流れの上にあり、どちらかと言えば、日本が「アジアにおける欧州の植民統治を終わらせた」のだ、という日本の主張を受け入れているということだ。

カンボジアは、第二次大戦に関わる問題で日本に圧力を掛けることは滅多になく、また中日対立に関してもどちらか一方に付くことを避けている。東南アジア諸国の中で、カンボジアは中国との間に領土紛争はないものの、その日本に対する見方は典型的、普遍的なものだ。その原因はどこにあるのだろうか。まず、当時直接日本に起因した死傷者が比較的少なかったことから、互いの歴史的な問題が軽微であったこと。また国としては日本の被害を受けて苦しい部分はあったものの、補償請求権の放棄または補償金額の減免をしたことで日本人に好印象を与えたこと。同様に国の再建という難題に直面した時に、日本のあらゆる面での成功事例は手本とするにふさわしかったこと。日本は気前よく金を出すが、それに政治的な条件をつけることはなく、たとえマネジメントのノウハウを移転する時であってもできる限り低姿勢で教授するなどして、被援助国を最大限重んじていること。政治体制が似ているか同質であるため、イデオロギー面で連携しやすいこと。そして領土・領海紛争に関しては、いずれも国際仲裁裁判に訴える方法を認めていること……が挙げられるだろう。

太平洋にぽつんと浮かぶ日本は、国土も限られている。しかし一〇〇年余りにわたりアジア太平洋地域内を往来してきたからこそ、その影響力は古くから存在し、しっかりと根ざしていて力強い。日本は中国に追い越されてアジアのナンバーツーに転落することに甘んじない。だからこれからも中国とのゲームを粘り強く続け、さまざまな手を繰り出すだろう。そして中国は、中国または日本のどちらか一方と東アジアとの関係という次元にとどまって日本を観察するならば、事を見誤るおそれが大きい。東南アジア各国の日本に対する判断や立場の違いを重視し、それをはっきりと理解した上でそれぞれに対処していくならば、中国はより強い外交イニシアティブを獲得できるだろう。

（『北京青年報』二〇一五年八月二二日掲載の署名入りコラム「馬暁霖専欄」に加筆修正）

父の日本と私の日本

楊錦麟

楊錦麟氏

左から馬暁霖氏、笹川陽平日本財団会長、
楊氏、包麗敏氏

靖国神社を訪れた一行

二〇一二年七月、私は笹川日中友好基金の招へいによって博聯社の馬暁霖氏、中国青年報の包麗敏氏と共に日本を訪れ、東京、大阪、京都で日本の政界、メディア界、学界との相互交流の機会を持った。

　これが私の初めての日本訪問である。六〇歳にもなろうという者がいまだ日本に行ったことがないとは、奇妙に思われるだろう。実はその訳は私の家、家族がたどった歴史にある。

　私の原籍地は中国の東北部、遼寧錦西〔現在の葫蘆島市〕である。わが楊家はもともとの故郷、山西大槐樹から移住させられ、河北、山東を経て、ついに柳条辺牆《りゅうじょうへんしょう》を越えて当時の辺境の地に至った。錦西南票に近い内蒙古の高麗杖子にひとまず落ち着き、そして南票の王憲武溝村に家を構えた。だから曽祖父、曽祖母、祖父、祖母、そして父は東北の生まれだ。「九・一八事変」〔満州事変〕が起こると一家は挙げて南へ南へと移り、とうとう福建省アモイにたどりついた。その動機は単純明快だ。亡国の民となることを恐れたのである。

　九歳の時にアモイに移った父は、通っていた小学校では、当時そこに居留していた日本人の子供たちとけんかばかりしていた。何と言っても父は東北っ子だったからだ。そして後にアモイ救亡児童劇団に参加した。この劇団は街頭で東北の人々の苦難を描いた『鞭を捨てろ』などの抗日劇を演じ、父は主役を務めた。一九三八年五月一〇日、アモイが陥落し、徹底抗戦した守備軍兵士数百人が戦死した。その頃父はボーイスカウトの大隊長として、アモイ陸軍病院の医療救援活動にも加わっている。アモイ市民は共同租界となっていたコロンス島に待避したが、父はその最後のグループの一人としてアモイを離れたという。三階建ての家は戦火で焼け落ち、一家の財産は、祖母が持ち出した銅製の洗面器を除き、ことごとく焼失した。

　その後楊家は晋江〔現在の福建省〕石獅へ、さらに安渓へと、難を逃れて転々とした。抗日戦争中、父は南京国民政府憲兵学校の入学を志願した。そして湖南省衡陽へ向かう途中、あやうく日本軍の爆撃に遭うところを幸いにも命拾いし、家族のもとに戻った。以後、戦争勝利の日まで、父は祖父と共に安渓や福清などで敵機侵入を見張る防空監視の任務に就いた。

私の家族は亡国の民としての痛みを思い知り、日本の侵略による苦しみを受け、祖父と父は日本に対する恨みと反感を抱き続けた。そのような家族の薫陶は、われわれ子供たちには効果絶大だった。父は一生涯日本製品を使うことを拒み、家族にも鼻緒の付いた日本式サンダルを履かせなかった。父がそのような形で示した根深い怨恨、強烈な嫌悪感は、私の記憶に深く刻み込まれている。

このような経緯で、一家の歴史的な体験や、父の世代から受けた「抗日教育」は、われわれ子供世代の日本に対する見方や考えに直接影響した。さすがに日本製品ボイコットまではやらなかったが。

私が香港に移り住んでもう二〇年余りになる。仕事で日本へ行く機会は幾度もやって来たが、そのたびに心の奥底に抵抗感、反感が湧いた。そうして、日本を自ら体験するきっかけをみすみす逃してきた。

二〇一二年になってやっと日本への招きを受け入れたのは、騰訊微博《テンセント・ウェイボー》が前面に出て声を掛けてくれたからであり、また私自身まったく日本を経験したことがなかったからである。日本でのごくわずかな体験も、それに基づく感想も持ち合わせないのは、もう還暦を迎えようとするジャーナリストとしてはいかがなものかと思ったのだ。出立前に基金の胡一平氏と電子メールで連絡を取り合えたことは、幸いだった。そこから得たものも大きかったが、彼女の細やかで行き届いた心遣いにもまた深い印象を受けた。

私は香港から直接東京へ飛び、羽田空港で出迎えの胡一平氏と小林義之氏、それに馬暁霖氏、包麗敏氏と合流してリムジンバスで新宿へ向かった。

日本のありとあらゆるものが、私には新鮮に感じられた。道路、人々、街並み、クリーン、コンパクト、整然……。「あらゆるもの」と言っても私が目を留め表面的に眺めたものに過ぎないのだが、それでも自ら目にした物事に私が強い印象を受けたことは確かだ。胡氏の心のこもった準備のおかげで、われわれは政界、学界、メディア関係の人々と会って語り合うことができた。

中でも貴重だったのが、笹川日中友好基金運営委員長（当時）の笹川陽平氏との意見交換である。

当年とって七三歳になる笹川陽平氏は、日本最大の公益財団法人、日本財団の会長である。笹川日中友好基金は、この財団によって一九八九年一二月に設立され、両国の民間交流を推進してきた。ニュースサイト「人民網」に掲載されている基金の紹介文にはこうある――「基金設立当時の国際環境は、中国にとって厳しいものでした。西側諸国が中国に経済制裁を発動し、日本政府も中国に対する円借款を凍結しました。しかし間もなく、日本政府は中国を国際的に孤立させるべきでないと判断し、他国に先駆けてその解除を実施しました」。笹川氏は鄧小平をはじめとする何人もの中国政府・共産党の要人をたびたび表敬訪問している。

意見交換は低迷状態にある中日関係とその将来をめぐって展開された。

笹川氏は、鄧小平をはじめ多くの中国政府・共産党指導者と往来があるだけでなく、中国台湾の李登輝、陳水扁ら政界の要人とも接触し、明らかに老練な政治的手腕を持つ人物だ。彼は中日関係が低迷状態にあるという客観的事実から目をそらさない。鄧小平、胡耀邦について、さらに周恩来、廖承志《りょうしょうし》について肯定的に評価し、中国との民間交流や往来に楽観的、前向きな期待を寄せていることが、その話からうかがわれた。また彼と笹川日中友好基金の積極的な働きかけによって、中日両国の防衛関係者による相互訪問、相互交流が実施されていることも知った。笹川氏は、両国間の正常な交流や連携に影響を及ぼしているさまざまな政治的要因について、これは致し方ないことだと考えている。われわれの話題は釣魚島〔尖閣諸島〕問題を含めた歴史問題にも及んだ。既に古稀を過ぎたこの日本の友人は、あくまでも自身の立場を守るとともに、かつて鄧小平が「棚上げし、共同開発を進める」旨述べたことを繰り返し、これに賛同する態度を示した。

この種の相互交流で意見の一致を見ることは、まず不可能だ。しかし双方がこのように意見交換することは、それぞれがひたすら好き勝手に述べ立てるのに比べれば、良いことだ。われわれはストレートに意見を出し合い、また笹川氏の立場は揺るがなかったが、対話には何の支障もなかった。少なくともわれわれは率直に自らの意見を語った。私も自分の家族のことや、父たちが抱いている「日本憎し」の感情について語ることができた。今の世代ではどうしても認識上の限界はあるかもしれないが、それでも、偏見というものは永遠に続くものではない。つまるところわれわれさえ望めば、より広く、より客観的に、そして事実に基づき真実を理解しようとする心をもって互いに向き合うことは可能だし、このような姿勢こそ提唱され広められるべきものだ。

意見交換の終わりに「抗日神劇」、俗に言う「トンデモ抗日ドラマ」のブームについて話が出た。

笹川氏は「『抗日戦争』は中国共産党史に輝く一ページです。それは歴史的事実であり、私もこの事実を認めます」と述べ、「しかし終戦後何十年も経ったのに、テレビや映画の中の『打倒皇軍』シーンはやや多過ぎると感じます。政策の上では日本との友好を唱えているようだが、その一方で国民に伝えられ、与えられるものごとの中には反日的要素が多く含まれている――すべての日本人が中国へ行って見て来たわけではありませんが、それでもこのような状況があることは、よく知られています。そしてわれわれには、あの種のテレビドラマが人々をあおっているように感じられるのです。『絶対に憎しみや恨みを忘れてはならない』と」。

この発言は率直で誠実なものだった。われわれもこの見解に賛成した。しかし中国国内では、今も新たな抗日ドラマが次々に登場し、衰えることを知らない。さすがに以前のような日本製品排斥デモこそ減ったが、中国と日本の相互関係はなお低迷を続ける。

短い東京での滞在中、訪問やイベントで過密なスケジュールの合間を縫って、新宿にある李小牧氏の湖南菜館に行ってテーブルを囲み、また池袋に中国語紙「日本新華僑報」の蒋豊編集長を訪ねた。その夜の集まりは愉快だった。

東京でのもう一つの重要なイベントが笹川日中友好基金主催の中東問題と中日関係に関するシンポジウムであり、指名されて馬暁霖氏と私が講演した。私は日本訪問の所感を述べ、中日関係に寄せる香港メディアの関心度についても触れた。

この「氷を砕く旅」の招へい元は、東京でのスケジュールだけでなく、さらに京都、大阪訪問も手配してくれていた。

初めての日本訪問は、日本に対するこれまでのイメージや見方を変えてくれた。

戦後の廃虚の中から再建を果たした日本は、半世紀も経たないうちに再びアジアの経済大国、世界の経済大国となったのだが、そのような民族や、またそのような戦後復興を果たした国に関する私自身の理解の浅さを感じさせられた。そしてこの種の浅薄さが、われわれの日本に関するごく基本的な知識、判断にまで直接影響してしまっているように思った。

われわれメディアに携わる者までもが、日本に触れ、日本を知ることを拒否するならば、中日両国の民間交流や連携が正常化することは望むべくもない。そうではないだろうか？

その後、私が司会を務めるテレビ番組では、幾度か在日華人ジャーナリストの蒋豊氏を招き、多方面にわたって日本社会の基本状況を紹介してもらった。さらに甲午戦争〔日清戦争〕一二〇周年に当たる二〇一五年に合わせて、撮影クルーを率いて日本を訪れ、蒋氏と共に一〇日間かけて一〇都市を取材してまわり、三部構成のドキュメンタリーシリーズ『時空を超えて　日本の甲午戦争ＤＮＡ〔穿越　甲午戦争日本基因〕』を制作した。これが日本を掘り下げる二度目の知的旅行となった。このドキュメンタリーは騰訊《テンセント》の動画サイトで公開され、杭州電視台、成都電視台でもテレビ放送された。番組に対する反響は肯定的なものだった。これは、最近になって改めて日本を知り、中日関係の変遷を理解し、その上で試みに作成した答案のようなものだと思っている。

私は「知日派」には程遠い。事実、日本に関する知識も多くはない。しかし幾度か日本を訪れ、取材してまわった今は、少なくとも、日本に対して持つべきでない政治的偏見はなくなったし、そのような偏見はもう二度と持たないだろう。これはある意味で、わが日本体験による「生成物」なのかもしれない。

中日関係は今もなお史上最も危うい状況にある。両国は経済における相互依存度が極めて高く、密接不可分な関係にあるのに、政治、外交、防衛面では一触即発の状態になっている。日本における新たな安全保障法制、安倍政権の独断専行、政界の右傾化や、中国一般社会における対日関係をめぐるポピュリズム化の動き……どれも将来の中日関係に不確実性をもたらす因子となる。

笹川陽平氏は、中日両国の各界、特に民間レベルでの人の往来を盛んにしていくことで、互いの社会事情に対する理解を深めさせたいと考えている。この点はわれわれも賛成だ。

東京にいる間、われわれは靖国神社にも足を運んだ。そこにある歴史展示施設で私は激しい排斥感、屈辱感を受けた。暗い気分になり、正直罵倒したい衝動にも駆られた。しかし同行してくれた小林義之氏は私に向かって穏やかに言った。「これは靖国神社の歴史観に過ぎません。このような歴史観は日本社会の主流ではないのです」

東京を出立する前、街中で右翼の街宣車に遭遇した。そして、行ったり来たりしながらわめき騒ぐ彼らの声を、日本の一般市民が気にも留めていないらしいことに私は気付いた。

おそらく小林氏の説明は正しいのだろう。笹川氏の説にも笹川氏なりの道理があるだろう。とにかく私は、この先五年、一〇年、いやもっと長い「時代」にわたって、「中日永久不再戦」が平和を愛する両国の人々の努力目標であり続けると信じたい。そして両国民の友好的な共存のために、力の及ぶ限りの努力が続けられることを願って止まない。

これは単なるビジョンであってはならない。現実に追い求めるべきものでなければ――。

さあ、これからも努力を続けようではないか。

「六〇後《リューリンホウ》」が見てきた日本とは

張力奮

張力奮氏

日産本社訪問、西林隆日産中国総経理（右端）ほかと

岡崎久彦氏（右端）取材

私は一九六〇年代に上海で生まれた。私たちの世代の人間にとって隣国日本は、この世に生を受けたその日から、変わることなく、乗り越え難い高低差として存在することが運命づけられている。この高低差は時の流れとともに低く平らになることはない。木の根がますます絡みあい、鋤や鍬の跡ばかりが増えていく。

ここ数年、中日関係の冷え込みは氷点にまで達してしまったようだ。

私は常々、歴史を見る上での真の知識と視点を先人から得たいと思っている。私の父親は当年八三歳になる。休暇のたびに会いに行くが、父が最もご機嫌になるのは、家族を前にして昔の出来事を延々と語り聞かせる時だ。一九九〇年代、父は当時ロンドンにいた私を訪ねて来て、数カ月滞在した。その間毎日少しずつ父を「取材」し、父が語る歴史を録音させてもらった。父はごく普通の人だ。そして普通の人が経験した歴史は一人ひとり異なる。私がよく父に問いかける話題が、日本だ。

父は一九三三年に上海で生まれた。幼少期、家はフランス租界にあったが、後に虹口《ホンキュウ》の共同租界に移り住み、そこで日本人との接触が生じた。父はこう回想する。「たぶん一九四一年、上海はとっくに日本侵略軍の手に落ちていて、私が小学校に上がったばかりの頃、家じゅうで虹口に引っ越した。麦克利克路《マクレガー》（現在の臨潼路《りんどう》）の広裕里だ。その辺りは日本人居住区になっていた。朝鮮人地区やユダヤ人街もあった」

そんなある日、外祖父は何か用事があったのだろう、幼い父を連れてフランス租界へ出かけ、その途中売店で新聞を買った。当時、外白渡橋《がいはくときょう》がフランス租界と共同租界の境目になっていて、橋の中央の歩哨所では日本兵が行き来する人を監視していた。歩哨所の手前で、外祖父は急に心配になって、そそくさと新聞を折りたたみポケットにしまった。これに気付いた監視兵が、歩み寄って来るなり外祖父に平手打ちをくらわせ、なぜ新聞を隠したのかと詰問してその場で拘束してしまった。父は慌てふためいて家に駆け戻り、一部始終を告げた。当時住んでいた弄堂《ロンタン》〔横町〕には日本居留民も多くいた。戦争前は、互いに弄堂の中で顔を合わせれば挨拶をする程度で、深いつきあいもなくよそよそしかった。しかしこの事件によって、問い合わせてもらったり、釈放するよう働きかけてもらったりして、彼らと急接近することになった。結局、近所の日本人商人がその者は「良民である」と日本軍に請け合ってくれたおかげで、外祖父は一晩留め置かれただけで帰宅を許された。

父の記憶に残る日本居留民は、大方の者が丁重で礼儀をわきまえていた。ところがその子供たちは違った。日本軍の侵攻後は、弄堂をわが物顔でのし歩き、父たちはしょっちゅうやっつけられていた。ところが日本が降伏すると世の中は一変した。今度は中国人の子供が日本人の子供を追い掛け回し、ののしったりぶん殴ったりと、仕返しをする番だった。

私の父は初め工部局（外国人が上海の共同租界に設けた最高行政機関）の小学校に通った。そこでは日本語の授業があった。しかし子供たちは遊ぶ方がずっとよかったし、日本を嫌い反発する民族的な感情もあって、日本語は人気がなかった。しばしば教室は混乱に陥り、怒った日本人教師が騒ぐ子供の頭めがけてチョークを投げつける、といった一幕もあったという。

中国が戦争に勝利した後も、上海の日本人は早々に引き揚げたわけではない。奥さんたちの大多数は、これまでは家事をして夫や子供の世話をしていればよかったが、日本の降伏で収入の道が断たれてしまい、生計のために街頭で物売りを始めた。弄堂の入り口でせんべいを売っている奥さんもいた。まるでドラマの「おしん」のようだった。

これが私たちの父親世代が持つ日本人のイメージだ。

「六〇後《リューリンホウ》」（六〇年代生まれ）の私たちがやっと物事の分別が付くようになった頃には、終戦から既に二〇年が過ぎていた。子供時代はちょうど「文化大革命（文革）」前後に当たり、ほぼ鎖国状態の中でよく耳にした国の名前の一つが、日本だった。しかしそれは主に映画の中でのことだった。『小兵張嘎《ちょうが》』、『地道戦』、『地雷戦』……映画館で私たちは数え切れないほどの抗日戦争映画を見た。奇襲を企てる凶悪な面構えの日本兵がスクリーンに現れると、客席の小学生たちは「『日本鬼子《リーベングイズ》』が来たぞ！」と大声を上げた。子供の頃から日本を「小日本《シャオリーベン》」と呼び、その癖は今に至るまで直らない。このような集団の記憶は、一度頭に植え付けられるとしっかりと根付いてしまい、引っこ抜くことは難しいものだ。

子供時代の私は日本に関してごく限られた知識しか持っておらず、それらはだいたい公的に製作されたニュース映画や「人民日報」、中央人民広播電台（中央人民ラジオ局）から仕入れたものだった。当時、北京には親中派の日本人が居を構えていて（あるいは亡命していて）、「日中民間大使」と呼ばれた西園寺公一《きんかず》さんなどはよく新聞やラジオにも登場していた。小学生時代、盧溝橋事変記念日のたびにアジア地図を見ていると、わが中国を侵略した東隣の国は謎だらけの国だとしか思えなかった。

一九七二年。私はまだ小学生で、「文革」は後半期を迎えていたが、中国と日本の関係に転機が訪れた——両国関係が正常化されたのだ。時の日本国首相田中角栄と外務大臣大平正芳が北京にやって来た。毛沢東は中南海の菊香書屋で彼らと会談した。そんなシーンを私たちはニュース映画「新聞簡報」で見た。その頃は情報に飢えていたから。四〇年余り経った今でも田中と大平の恰幅の良い姿を覚えている。伝聞によれば、田中は毛沢東に対面して「われわれは侵略戦争を起こし、中国に多大な被害を与えました。申し訳ありません」と詫び、これに対して毛沢東は「申し訳ないなど、とんでもない。われわれこそ恩に着ます。なぜか、ですって？　あなた方が侵略戦争を起こさなければ、わが共産党はどうして強大になることができ、権力を奪取できたでしょうか。どうして蔣介石を打ち負かすことができたでしょうか」と言い、さらに「どう感謝すれば良いものか！　あなた方から戦争賠償など受け取れません」と礼を述べたという。この毛沢東の逸話を初めて聞いたのは、一九八〇、九〇年代のことだった。衝撃を受けたが、それ以上に中日関係の微妙さ、複雑さ、難しさを感じさせられた。

私が初めて日本人を見たのは、確か一九七四年のことだ。私は学校から指名されて、区の少年宮（児童館）で外国からの客を迎えることになったのだ。中国は外国との扉を閉ざしていたから、外国人が来るのは珍しいことだった。その時の来客は日本の兵庫県訪中団だった。実はこういうとき一番大変なのが、出迎えの列に並ぶ子供たちだ。夏は白いシャツに青いズボン、白いランニングシューズ、首には赤いネッカチーフを巻き、手に持った造花を掲げて大きな声で「歡迎、歡迎！　熱烈歡迎！」――ようこそ！　心から歓迎します！　出迎えと見送り、わずか数分間のセレモニーだが、夏の炎天下のこともあったし、冬の極寒の中でのこともあった。今やこのような光景はピョンヤンの広場や街頭でしか見られなくなった。

私たちは事前に少年宮の先生から「日本は中国を侵略し私たち中国人を傷つけたが、日本の人民は友人なのです」と言い聞かされ、みなこの説明にうなずいた。その兵庫県からの客は五〇歳前後の人が多く、見たところ、どうやら映画の中の「日本鬼子」とは大いに違っていた。礼儀正しく上品で、謙虚だったし、長い間頭を低く低く下げてお辞儀をした。おじさんたちはきちんとした身なりで、おばさんたちはしっかりお化粧をして、当時中国には存在しなかった香水のにおいを漂わせていた。彼らは帰り際に訪中団員名簿をくれた。それは私の子供時代に目にした、最も素晴らしい印刷物だった。それとは別にプレゼントももらった。カラフルなシールで、どんな柄だったかは忘れてしまったが、きれいで物珍しかったこと、かばんや教科書の表紙に貼って晴れがましい気持ちになったことは覚えている。

田中角栄の訪中後も相変わらず『地道戦』は上映されていたが、中国と日本の友好ムードは明らかに高まっていた。一九七五年には上海人民広播電台〔上海人民ラジオ局〕で日本語講座が始まった。私は勇んでテキストを買って来るとラジオを相手に勉強した。ある日、その日の講座を聴き終えた私に父がぽつりと「別の外国語ではいかんのかね？」と言った。「小さい時から耳にしていて、どうも好きになれんのだ」。父は温厚な人柄で、私の選択には滅多に口を出さなかった。しかし私が日本語を学ぶ姿はきっと父の心の奥底にある不愉快さを刺激したのだろう。私はテキストを片付け、日本語の勉強を止めてしまった。

「文革」後、鄧小平が復活すると中日関係は本格的な蜜月時代に入った。鄧小平は一九七八年に日本を訪問して一〇日間ほど滞在している。中国共産党の最高指導者が長期間一つの国を訪問するのは、一九五〇年代に各国共産党の会議のため毛沢東がモスクワに滞在して以来のことだ。新幹線に乗って「中国は後れている」と率直に認め、また中国共産党の指導者として初めて天皇に謁見し、「二〇世紀には中日両国にとって残念な時期もあった。しかし両国には数千年にわたる友好関係がある」とも述べている。鄧小平氏は前向きな態度で両国の平和な関係を再構築したいと望んでいた。だからこそ、戦場で日本と矛を交えたこともあるこの党指導者は、時の福田赳夫首相を抱擁してその好意を表したのだ。

「文革」後わずか一〇年。中国は被害者としての悲惨な記憶を捨て去って敵国に対する好意を再構築しようと努めた。それは当時の中国の政治指導者が胸に抱く思いや歴史観を反映したものだったが、後の世代や両国関係には少なからぬ問題の種を残すことになった。偉大なる現実主義者だった鄧小平の頭にあったのは、目の前の「中国の現代化」という課題だった。日本に関する集団の記憶をリセットさせるため、大急ぎで日本文化が紹介され、取り入れられた。全国で上映された『追捕〔君よ憤怒の河を渉れ〕』『望郷〔サンダカン八番娼館　望郷〕』などの日本映画は、もう一つの日本を、良い国づくりのために奮励努力する日本の姿を見せていた。八〇年代になると、世代を超えた中日友好の基盤構築を目指して、胡耀邦が「中日友好之船」を提唱し、また日本の若者三〇〇〇人を中国に招いた。

九〇年代、私はイギリスで博士課程を終えて国際報道の世界に進んだ。最初はBBC放送に入り、後にフィナンシャルタイムズに転じることになる。地政学的に見ても日本は第二の経済大国として常に活気があった。日本のニュースを編集するたびにアメリカの社会学者ベネディクトの名著『菊と刀』を思い出した。しかし武士道から戦後の廃虚の上に構築された立憲政治、経済の奇跡、職業倫理、伝統文化の保護に至るまで、島国日本は私には依然として謎だった。日本が一九世紀の「脱亜入欧」以来、東西文化を融合させ、接ぎ木してきたことも、私を考え込ませた。

やはり九〇年代のこと、私はケンブリッジ大学セント・ジョンズ・カレッジで行われたエドワード・サイード教授の「文化と帝国主義」に関するレクチャーに出席した。クラスに一人の優秀な日本人学生がいた。ある日、夕食後にケム川のほとりを彼と散歩しながら話をしているうちに、ふと私は日本軍による中国侵略の話を持ち出し、日本の若者はこの時代のことをどう思っているんだろう、と聞いた。途端に空気が重苦しくなった。彼は明らかにこのセンシティブな話題に触れたくないようで、「それは、前の世代のことだ。もう過去のことだから」とだけ答えた。歴史とは、剥がしたくても剥がせない「かさぶた」だ。もうずいぶん前のことなのに、あの河畔での気まずい場面が忘れられない。

時は瞬く間に過ぎて、二〇一一年九月一八日、中国では「釣魚島〔尖閣諸島〕購入」騒動に端を発した史上最大規模の反日デモが勃発した。私は既に中国特派員として北京に常駐していたので、取材をしようと亮馬橋にほど近い日本大使館に駆けつけた。途中、数多くのデモ隊に出くわした。空に中国国旗が翻り、反日のシュプレヒコールが響いていた。デモの参加者が日本大使館の敷地内にミネラルウォーターの瓶を投げ込み、近くの日本料理店には赤ペンキが塗られた。日本車の多くは街路に出るのを恐れた。また日本人の妻を持つ友人の一人は、本人は中国人であるのに、外出をためらった。

取材で多くの国を訪れてきた私だが、二〇一二年まで日本に行ったことはなかった。「日本は中国から近い、いつでも行ける」と言い訳をしたが、無意識のうちに、私を混乱させる謎めいた日本を避けようとしていたのではないか。私自身が経験した一九八〇年代の中日善隣友好を思うと、隔世の感を禁じ得なかった。

二〇一二年になってとうとう私は日本へと出かけた。日本人の自信は、一〇年もの長きにわたる不景気でずたずたにされていた――日本はもはや一番ではなかった。東京、横浜、大阪、奈良を訪れた私は、日本人の秩序正しさや礼儀作法、細やかさ、精勤ぶりに感銘を受けたし、また足早に歩く日本人の姿から、彼らの焦りのようなものも感じた。

東京滞在中、靖国神社にも足を運び、長い時間を掛けて遊就館を見学した。ここは靖国神社内にある戦争記念館で、関連遺物を収蔵展示している。その名は『荀子』の中の名句「居るに必ず郷を選び、遊ぶに必ず士に就く」にちなむ。映像ホールでは、国のために忠義を尽くす日本軍の神道精神に充ち満ちた第二次大戦のドキュメンタリービデオを繰り返し上映している。「南京事件」に関するコーナーで、しばらくの間行きつ戻りつして展示品を見た。説明文には、日本軍は「市民に偽装して敗走する中国軍人」を一掃した、というふうに記されており、また南京において松井石根司令官が「軍規を厳しく正し」、日本兵による不当な行為を禁じたことも強調されていた。冷酷な文章だ——私は読んで寒気を感じた。日本軍兵士が戦場から書き送った遺書も読んだ。神道に忠実であろうと努めた彼らが人生最後の時に示した男女の情や人間性に、私は心を打たれた。

東京滞在中に日本の「右翼」とされる人々も取材したいと考えていた。日中関係に対する彼らの発言権は、外部で想像するよりも大きいからだ。ジャーナリストの何力氏と共に、元外交官・岡崎久彦氏のもとを訪ねた。現在の安倍晋三首相のブレーンと称される人物である。彼が主宰するシンクタンクは国会近くのビル内にある。

岡崎氏は一風変わった身の上を持つ。中国大連で生まれ、日本の駐米公使を務め、在サウジアラビア大使、在タイ国大使などを歴任した、「知中派」日本人の中の強硬派とされている。応接室の目立つ場所に蘇軾の「後赤壁賦」の書が掛けられていた。岡崎氏は中国の唐の時代に関心を寄せ、唐こそ中国の最も輝かしい時代だと考えているそうだ。発言の端々にはタカ派の視線が見える。机上演習を通じた日中防衛力を比較して見せて「もし本当に一戦を交えることになれば、少なくとも海軍については、日本と中国の勝敗いかんは予測し難い」と述べた。日中関係が悪化し膠着状態に陥っていることに関しては北京を批判し、「中国が圧力をかければかけるほど、日本では政府も民間もこれに反発し、中国に対する反感は強まり信頼は低下するでしょう」と言う。あなたは中国通だから北京の研究者やシンクタンクと接触があるはずです、中国側に進言しないのですか、と尋ねると、岡崎氏は打ち消すように手を振って、「北京のやり方は日本にとって有利に働く。なぜ中国に改めるよう説得する必要があるのですか」。

二〇一五年六月、私は父のお供をして上海から船に乗り、日本観光に出かけた。台風のため福岡上陸はやむなくキャンセルとなり、鹿児島着に変更された。上陸後、乗り込んだ観光バスの中を見回すと、客は上海、浙江、江蘇一帯からの者が大半を占めているようだった。ガイドは中国人、二〇歳代の東北部出身の娘さんで、留学生だといい、口ぶりから日本びいきだということが察せられた。移動中も、教育から環境、治安、福祉や医療、国民性、物事に取り組む姿勢まで取り上げて、彼女の第二の故郷日本を褒めちぎった。その話を聞いているうちに上海から来た中高年観光客の何人かはご機嫌を損ね、とうとうその東北娘に向かって、かつて「小日本《シャオリーベン》」が中国を侵略したことを忘れてはならないと説き、往時の流行歌まで歌い出した。「私の家は東北、松花江のほとり……」。しかし年若いガイドはこう言葉を返した。「それはもう昔のことでしょう？　そんなこと、政治家に任せておけばいいのです。庶民がどうこう言うことではありません」

鹿児島市の中心街で、同じ船の同胞たちがドラッグストアで買い物に熱を上げている間、私は父と家族を連れてティールームに入り抹茶スイーツで一休みした。支払いをする段になって初めて、その店ではカードが使えず日本円の現金で支払わなければいけないと知った。途方に暮れていると若い女性店員が駆け寄って来て、私を近くのＡＴＭに案内しキャッシングを手伝ってくれた。無事勘定が済んだので、私は感謝の気持ちとして二〇％のチップを置いた。ところが店を出ようとする私たちを、また女性店員が追い掛けて来た。顔を真っ赤にして身振り手振りを交え、どうしてもチップを返そうとする。そこでやっと日本にはチップの習慣がないことを思い出したが、彼らは客にサービスを尽くすことこそが本分だと心得ているように感じられた。年老いた父はいたく感動し、わざわざこの出来事を自分のミニブログに投稿した。

ここ数年、中日関係は史上まれに見る落ち込みにあるが、このことは日本で休暇を過ごそうとする中国人の増加には何の妨げにもなっていない。中国人は現実的だ。口では日本に対する不満を述べ立てても、足は日本に向き、日本の製品やサービス、環境を好む。まず、日本人は礼儀正しく、親身にサービスしてくれるし、信頼を重んじるから。両国の関係に何か好ましからぬことがあっても、民間レベルでは誰も相手にいやな顔を見せない。もう一つ、日本の商品は良質で低価格で、下手をすると中国の商品よりも安く付くことがあるからだ。

いよいよ鹿児島を出発するその前に、ガイドは五〇分間の買い物の時間を確保してくれた。わが同胞は何かに取り憑かれたように、超特急で駆けだし、買い物リストを片手に商品を選び始めた。炊飯器、酵素の類はまだまだ大人気だ。時間を節約しようと分業体制を敷き、一人が買い物をしている間に別の一人がレジに並ぶグループもあれば、買った物を詰め込むつもりで、船から大きなトランクを持ち出しておいた準備万端の者もいる……。

私が中国に戻って五、六年が経つ間にも、中国と日本の距離は広がり続け、相互信頼度は低下し続けているのが分かる。投資、貿易、市場の面では互いにやりとりがあるものの、相手への好感度は高まらない。もしも中国の抗日ドラマが民間や政府の気持ちを代弁しているのならば、中日関係は正に進退窮まる袋小路に入り込んでいることになる。

その原因を突き詰めれば、両国ハイレベルでの非公式な意思疎通を行うためのルートが、八〇、九〇年代に比べて明らかに減っていることにあるだろう。双方が信頼できる「仲介役」の多くは既にこの世を去り、緩衝地帯が失われ、また危機管理体制も弱まって、極端に走りやすくなった。たとえば釣魚島問題を見ると、日本には数多くの「対中友好人士」がいるのに、彼らはこの問題から完全にのけ者にされている。また開放政策の初期、日本から中国に提供された経済援助、技術援助、資金援助のこともある。中国政府はおそらく政治的な理由から、また民族感情への配慮から、これを広く一般に公表せず、説明もしてこなかった。このことは日本側にとって愉快なことではない。また事情を知らないことで中国国民の間に極端な民意が生じ、この民意を反映した国民感情の高まりを抑えることも難しくなる。もう一つの原因として、ここ数年の中国におけるソーシャルメディアの爆発的な普及で、中国の外交政策（対日政策も含めて）に対するネット民意の牽制力、影響力が過大になっていることも挙げられよう。東京でテレビニュースを見ていた時、しばしば中国外交部報道官が談話を述べる様子が映し出されていたが、その画面は、政府側の堅苦しく形式的な面しか感じられないものがほとんどだった。

この一〇年、日本経済は大きく後退し、少なからぬ中国人が「日本はもうダメだ」と言う。それは見識不足による印象に過ぎない。第二次大戦中、日本によって中国は甚大な損害を受けた。しかし日本の近代化の歩みの中には、転換しようとする中国にとって参考とすべきところが非常に多くある。「国の交わりは民の相親しむにあり」と言う。中国と日本に必要なことは、相手への好感を取り戻し、尊敬し合うこと、そして良き隣人として共に二一世紀の「中日友好之船」に乗り込み、恩讐を忘れ荒波を乗り越えていくことだ。

第二部　他山の石とする

近くて遠い日本

李礼氏

佐藤水産にて 2012 年 3 月 11 日 14：46 の黙祷に参加

白い恋人工場取材

李礼

一

二〇一二年三月、飛行機が新千歳空港に着陸した時、北海道はまだ雪国だった。窓に身を近づけてゆるゆると動く外の景色を眺めた時、まず心に刻まれたのは「整然としている」こと、そして飛行機に向かって深々とお辞儀をする一人の空港職員の姿だった——典型的な日本人のみなりではなかった。衣服には作業で付いたと思われる染みもあった。その人は大急ぎで荷物運搬車に飛び乗って飛行機のわきまでやって来ると、すぐに貨物の取り下ろし作業にかかった。

車は北海道の森を抜け雪原を疾走する。道の両脇の積雪は非常に深いが、時折数人連れの僧侶の姿が目に入る。その日はちょうど三月一一日、日本での大震災発生から一年目に当たり、仏事の多い日だった。その日、私たちの弁当工場での取材も午後二時四六分に中断された。すべての日本人がこの時刻に被災現場やテレビの前に集い、国を挙げて一分間の黙祷を捧げた。

客として居合わせた私たちも黙祷に加わった。その夜、旅館に戻ってからテレビのスイッチを入れてみると、哀悼を基調とした番組ばかりだった。天皇から幼子まで、日本人一人ひとりがこの日一日じゅう痛みの記憶に浸っているようだった。——一年前、太平洋の海底で起こったマグニチュード九の激震は日本の東北地方沿岸部に津波を引き起こし、一万九〇〇〇人近い人々が亡くなった。

数日後、北海道内のとあるホテルにいた私たちも地震に遭遇した。震源地は遠かったが、宴席にいた人々は、確かに足もとが揺れるのを感じたし、頭の上には揺れているシャンデリアがあった。しかし私たちの傍らに立っていた笹川日中友好基金（今回の日本訪問の受け入れ団体だ）の胡一平さんは動かない。スピーチ中のスーツ姿の男性も、何事もないかのように話し続けている。これを見て心が落ち着いた。地震は日本人の生活の一部なのだ。環太平洋火山帯の西縁に位置するこの島国では体に感じる地震が年に何百回、何千回も発生するので、地震はこの揺れる土地に住む人々にとって日常茶飯事だと聞いていた。しかし人々が地震を「見て見ぬふり」する現場をこの目で見るまでは、まさかそんなことはあるまい、と思っていたのだ。

一八三五年、アメリカを訪問したフランス人トクヴィルの『アメリカの民主政治』第一巻が出版された。この天才的な人物は、アメリカの民主制を維持させる要因を考察し、その第一に「神はアメリカ人に独特で幸運な地理的環境をお与えになった」ことを挙げている。

しかし神が日本人に与えたものは、大海と地震にとり囲まれているという一種の危機感だ。北海道に滞在してはっきりとそう感じた。三月の北海道は広い海に囲まれた白い雪原だ。果てしなく広く、静寂である。在日華僑作家の陳舜臣氏が、日本人の本当の気質は「もののあわれ」、「わび、さび」にあると書いていたことを思い出した。

無常や孤立無援の感覚は永遠に日本人の気質や文化の底にある。

今回共に旅をした「瞭望東方週刊」副編集長の程瑛さんは、何年か前にシンガポールの学者と懇談した際、大国に対する彼らの警戒心を感じたそうで、島国や小国の人々は中国人には理解し難い悩みや焦りを持っているのだ、と言っていた。

このような環境にあれば人々は危難を免れ得ないから、奮闘努力することが必要となり、また自然との共生も必要になる。しかしその努力の裏には、拭い去ることのできない「もののあわれ」や「わび、さび」がある。これらはアニメ映画『千と千尋の神隠し』や『天空の城ラピュタ』にも見ることができる。ただし宮崎駿監督の作品のうち、ポストモダニズムのベールをかぶっていないものはない。そして多くの人々に日本に対するまた別の種類のイマジネーションをかき立てさせるのが、この映画監督だ——『となりのトトロ』のような作品を生み出す日本人は、私たちが教科書やテレビや映画などを通じて知る日本人とはまた別種の人間ではないのか？

続く数日間、私たちの視察スケジュールは「食の安全」をテーマに展開した。同行者の一人、占星術師で作家の巫昂さんが言うとおり、たぶん日本人は「つい重箱の隅をつついてしまう、完璧主義者の乙女座」なのだろう。賞味期限が印字された朝食の卵、農薬・防腐剤が一切使われていない農産物、至る所で目にする消毒マットには、誰もが強い印象を受けるはずだ。スーパーマーケットの商品に表示された「賞味期限」というものは、中国の「保質期」（品質保証期限）の概念とは異なるもので、たとえこの日付を過ぎても、それは最もおいしく食べられる期間が過ぎたということに過ぎず、まだ変質はしないという。それにもかかわらずこの「しきたり」は厳密に運用される。二〇〇七年、北海道にあるチョコレート菓子「白い恋人」の工場は、賞味期限を一カ月引き延ばした商品を出荷したことで、数カ月間生産停止する羽目に陥った。当時の社長でありこの菓子を世に送り出した石水勲氏は、事が明らかになるや、とうとう職を辞することになった。しかし私たちがこの会社を視察した時には、食の安全にまつわる危機を既に脱し、工場の見学コースを訪れる人も多くなかなか賑わっていた。だが私たちの取材に応じてくれた同社の幹部二人は、不祥事を振り返ると今でも戦々恐々とするらしい。

地震、津波といった常日頃発生する自然災害が、特別な生命観と生命をめぐる闘志とを日本人に与えたのかもしれない。そして食の安心・安全が非常に重視される背景にあるものは個人の尊重、生命に対する畏敬の念であって、これがこの島国を世界一の長寿国としたのかもしれない。

二

「どうぞ遠慮のない質問をしてくだささい、構いませんから」

笹川陽平氏は正面の座に着いている。七三歳になる笹川氏は人当たりが良く、しかも自信に満ちている。この日本最大の公益法人の代表者は、二種類の非公式の名刺を用意していた。一枚には自らのブログのアドレスがあり、もう一枚には中国語が併記され、さらに日本財団の公式ホームページのアドレスと、スマートフォンからホームページにアクセスできる二次元バーコードも印刷されていた。自らもブログをつづる笹川氏は、中国におけるミニブログ「微《ウェイ》博《ボー》」の流行に高い関心があるようで、張志安准教授の説明に真剣に耳を傾けていた。――中山大学の伝播与設計学院〔コミュニケーション・デザイン学部〕で教壇に立つ張氏は、この日本滞在中、ブログ「微博看日本（ウェイボー日本を見る）」の情報発信を担当し、寄せられるコメントへの対応で毎日忙しかった。

三月一六日、笹川陽平氏との懇談は東京の日本財団ビルの会議室で行われた。私たちの目の前には、美しい箱に入ったビジネス「弁当《ランチ》」が置かれていた。その弁当は、今回の旅で接した上品な日本の食品と同様、日本人にとって資源は無限でないこと、日本人の食べ物の取り扱いには万全が尽くされていることを訴えているようだった。

日本人の食に対する「潔癖さ」については、笹川氏も私たちを前にため息をついた。「それほど厳しいきまりが必要なのかと、私も時々疑問に思いますよ」

しかし私たちの話題はすぐに「食」から別のテーマに移った。取材する側としては笹川氏とその財団の事業の方により多くの興味関心があったからだ。

笹川日中友好基金は、一九八九年一二月、ちょうど中国が世界から疎遠になっていた微妙な時期に、日本財団の援助によって設立された。基金はこのことについても言葉を濁さない。中国のニュースサイト「人民網・日本チャンネル」にアクセスすれば、このような紹介文を目にするだろう――「基金設立当時の国際環境は、中国にとって厳しいものでした。西側諸国が中国に経済制裁を発動し、日本政府も中国に対する円借款を凍結しました。しかし間もなく、日本政府は中国を国際的に孤立させるべきでないと判断し、他国に先駆けてその解除を実施しました」。

創設者である笹川良一氏は笹川陽平氏の父君である。一九九五年に逝去した良一氏はかつて鄧小平から「仁義のある人」と称賛されたという。

笹川陽平氏は謙遜するが、彼とそのスタッフの面々はこれまで全世界において尊敬に値する業績を挙げてきた。正直に言おう。私は今回日本に行って初めて、彼らがチェルノブイリ原発事故の後、被ばくした子どもたち二〇万人の検診を一〇年にわたって実施したことを知った。またハンセン病患者を救うために大きな努力を続けてきたこと、それには中国の患者も含まれることも。中国のハンセン病事情に関する笹川氏の知識は、並の中国人など到底及ばない。気遣わしげに「中国には六〇〇から七〇〇ものハンセン病回復者村がありますね」と切り出されて、早速私たちは

「騰訊微博《テンセント・ウェイボー》」でアンケートをとってみた。思ったとおり、多くの人がこの事について何も知らなかった。

私にはこのような年長者を前にして、遠慮のない質問を投げかけることなどできなかった。そしてその時、その場で、一人の中国人としてえも言われぬ恥ずかしさに襲われていた。ジャーナリストとしてあるまじき姿勢だとは分かっていたが、多くの場合、理性は感性に勝てないものだから。

私は中国のハンセン病患者について多くを知らない。しかしこの病気に対する差別に関しては強烈なイメージを持っている。それはかつて映画『ベン・ハー』を見て得たものだ――ユダヤの王族の子ベン・ハーは、行方知れずとなった母と妹を遂に捜し当てるが、二人ともハンセン病を患って山中に遺棄されていた。スクリーンからは、彼女たちの恐怖心や無力感がひしひしと伝わってきた。

このように古くからある差別は、『旧約聖書』でハンセン病患者を「汚れた者！　汚れた者！」と表現したこと[1]に始まり、今日に至るまで完全には消えていない。そしてこの事は残酷にも、この世における一部の特定の人に対する他の一部の人からの差別や偏見がどれほど根深いものであるか、私たちに気付かせてくれる。

私の横に座っていた作家の巫さんは、中国のハンセン病回復者村を取材したことがある。そのレポートは、他のセンシティブなテーマのものと同様に、中国国内メディアで目にすることは難しい。彼女がその話をする間、笹川氏は頭を彼女の方に向けて視線を注ぎ、耳を傾けていた。しかしこの「世界保健機関（ＷＨＯ）ハンセン病制圧特別大使」がその時何を思っていたのか、その静かな表情からはうかがい知ることはできなかった。

しかし「核」に対する笹川氏の憂慮が深刻であることは明白だった。私の質問に対する答えの中で、「中国の原子力発電はとても急速に伸びています。前もって緊急時の対応策をひととおり決めておくべきです」と警告した。

「チェルノブイリで私たちが車で走り回った距離は、地球九〇周分になります。当時のソ連政府はチェルノブイリの状況について十分な情報公開を行わなかったので、現地の人々は不安がっていました。これに関する知識を伝えるために、私たちは前後して四〇〇人以上の医師を現地に派遣しました。彼らの中には、後の福島原発事故の時に日本の被災地に行き、現地の人々に原子力に関する知識を伝えるボランティア活動をしてくれた人もいます」

この公益活動を振り返る時、笹川氏はやや気持ちを高ぶらせているようだった。これらのエピソードには、多かれ少なかれ仏教で言う因縁や善報の意味合いが込められているように感じられた。しかし、何か宗教を信仰しているかどうか尋ねてみたところ、笹川氏はきっぱりと「ありません」と答えた。

懇談も終わりに近づいた頃、笹川氏から逆に質問を受けた。長年の交流で一万人を超える中国人を日本に招へいしてきたが、ある分野の人々だけは来たことがない。ぜひ来てもらいたいと思っているのだが、「誰だと思いますか?」すぐに答えを明かしてくれた。「税務当局の幹部ですよ」。私たちには思いも付かない答えだった。

「中国の高官は、金持ちを生み出さないような金融制度、税制度を実施するため、日本で優れた税制を学ぶべきだと思います」。笹川氏の見るところ、日本でのさまざまな事例や制度は中国人にとって学ぶ必要はないのだが、財務制度や税制は大いに参考になるはずだという。これらはうまく機能していて、この日本の制度に従えば、厳密な意味で金持ちは存在し得ない。三世代目には資産はほぼゼロになるからだ。

「私も若い頃は金持ちだったのですよ」と笹川氏は笑った。

しかし笹川氏はご存じないのかもしれない。この制度は今の中国にはふさわしくないのではないか。中国国内にいる金持ちは日々不安におびえ、だからその多くは国外に出て行ってしまって既に祖国のあずかり知らぬ人間になりつつあるのだから。

三

日本財団ビルを出るとき、そこのホールに掲げられた「龍飛鳳舞」の書を見て、来日前に自分が思い描いていた視察目的を思い出した。それは「中国の要素を探すこと」だった。中国史に興味を持つ者ならば、おそらく私と同様、失われた中華文明の痕跡を日本において見出したいと願うだろう。今回は京都や奈良など関西地方とはご縁がなかったものの、それでもこの考えは私の心に引っ掛かっていた。

しかし七日間が過ぎて、私の古代中国文明への追慕を満足させてくれるものは一体全体何なのか、分からなくなった。北海道の水産加工工場で見た「金木水火土」と五行が記されたカレンダーか？「順路」「到着」などの標識は？

三月一七日土曜日の夜、しとしとと小雨が降り始めた。私は人通りの多い銀座の交差点の「秀」と書かれたショッピングモールの入り口に立って、目の前のとてつもなく繁華な街を眺めている。時刻を告げる英国風の鐘の音が響き渡る中、人々は買い物熱に浮かされている。ここはこの地球上で最もファッショナブルな商業地区の一つだ。この中から中国文明を見つけ出そうとしても、うまくいくとは思えない。明治維新以後、日本は自らの伝統と西洋文明とをうまく有機的に結合させた。街には漢字があふれ、同じ肌の色をした人々が行き交う世界。それなのにここは『中国』の別バージョン」などではない。彼らは私たちにとって見知らぬ知人だ。ライフスタイルでも、社会や政治のありようでも、日本と中国との間の距離は、一〇〇年前と比べて、さらに広がっている。

近代日本がたどった強国への道、その主たる道筋が脱亜入欧である。それは福沢諭吉が言うところの「一国（日本）文明の進歩を謀るものはヨーロッパの文明を目的として議論の本位を定めこの本位によりて事物の利害得失を談ぜざるべからず」ということでもある。ちなみにこの「脱亜論」の主唱者の姿は、今や日本の高額紙幣に印刷されている。

脱亜入欧が提唱された当時は、旧悪を正そうとするあまり、やり過ぎになった感がないでもない。しかし今になって見れば、あらゆる物事が西洋化されたのではなかった。その成功の要は、西洋の物事を取り込むに当たり、まず実用的かどうかの観点から取捨選択して受け入れ、それを既存のもの同然にまで自分のものとし、さらにこれを超えようとしたことにある。この点に関して、特に北海道のウイスキー工場や「白い恋人」工場を視察した時、「日本人は、本来自己に属さないものをさらに磨き上げ、あるいはこれに独創性を加え、それによって世界の先端に躍り出ることに非常に長じている」と強く感じさせられた。

日本の急速な勃興が、李鴻章、張之洞ら中国〔清朝〕のエリート政治家の興味を大いに引いたことは疑う余地もない。張之洞は最も熱心に日本留学を推進した中国官僚であり、また一九〇五年には旧来の科挙合格のための教育が廃止されているが、これを陰で支えた一人でもある。彼は孫に当たる長子の長男だけでなく、黄興のような後に清朝打倒を企てる人物までも日本に送り出した。

一八九六年、日本に派遣された唐宝鍔《とうほうがく》ら一三人の中国人青年が特に注目されることもなく東京神田区に到着した。甲午戦争〔日清戦争〕が終結し、屈辱的な「馬関条約」〔日清講和条約〕が締結されたばかりの頃である。歴史を振り返ると、ここに至るまでの長い中日交流史の中において、中国は常に古くからの大国としてまた文化的宗主国として日本を下に見ていた。明治維新よりも前、二〇〇年余りに及ぶ江戸時代に日本で翻訳された中国語書籍は一〇九点、同時期に中国で翻訳された日本語書籍はわずか四点だった。しかし今やそのような時代は過去のものになった。甲午戦争後、かつて多くの人が「島夷《とうい》」と見なしていた島国が、中国に大きな刺激と驚愕を与えるようになった。今もなお少なからぬ歴史学者が、甲午戦争は近代中国において時代を画する重要な出来事だったと考えている。

その後、日本に留学する者は驚くべき速さで増えた。一九〇一年には二七四人であった中国人留学生の数は、二年後には一三〇〇人に、そして科挙廃止後の一九〇六年には一万二〇〇〇人にも達した。短期間の「速成」教育を受けただけの者も少なくないが、それでも日本に学ぼうとする風潮は広まり定着していった。留学生たちや、あるいは張之洞が『勧学篇』で述べた「西書を訳すは東書を訳すにしかず」に後押しされて、一八九六年から一九一一年までの間に中国で翻訳された日本語の書籍は少なくとも一〇一四点あるとされている。さまざまな西洋の近代思潮が、日本を経由して急速に中国にもたらされた。そして日本語に訳された新しい言葉が潮《うしお》のように中国に流入した。社会、政府、真理、主義、銀行、衛生、農民、交響曲……。しかし今では、これらの言葉がどこから来たのかは、忘れ去られている。

正直、私は今でもあの時の驚きを記憶している。熊月之氏の著書『西学東漸と晩清社会〔西学東漸与晩清社会〕』を手に取り、そこにずらりと並んだ日本語由来の語を見た時のことを。

一方で、さまざまな分野の日本人学者も中国にやって来た。『大清刑律草案』の起草者である岡田朝太郎博士や、京師大学堂師範館〔北京師範大学の前身〕に正教習として迎えられた服部宇之吉らである。彼らは法制度や教育などの近代化を前進させ、不可避的にそれらに日本の刻印を押した。後に北京師範大学学長となった范源濂《はんげんれん》は一九二四年に、中国教育史論や教員養成教育の起源を記録するならば、最初のページに挙げられるべきは服部宇之吉の事績である、と述べている。

一八九六年から一九一一年までに二万五〇〇〇人を下らない留学生が日本に渡ったが、このような留学ブームは、当時、世界でもまれに見るものだった。アメリカの歴史学者マリウス・ジャンセン教授が述べたように「世界史上初の、現代化を目標とした、真実大規模なインテリ層の移民ブーム」だった。汪精衛、胡漢民、陳独秀、蒋介石、李叔同、王国維、陳寅恪《ちんいんかく》、魯迅、沈鈞儒《しんきんじゅ》、李大釗《りたいしょう》、閻錫山……彼らはこのブームに乗った人々の一部だ。この数多くの留学生の名前を見れば、彼らは民国時代の中国において、政治、軍事、文化などさまざまな分野で中心的存在となる者ばかりだと気付くはずだ。

さらに歴史を見るレンズの焦点を一九一一年以前の疾風怒濤期の中国に絞れば、革命に倒れた黄興、陳天華、林覚民、秋瑾など私たちを興奮させる人々の名前も見出すことだろう。

笹川日中友好基金の胡一平さんのおかげで、私はかつての中国の政治エリートたちの活動場所を示す東京及びその周辺の地図を手に入れることができた。私がテーマを提示すると、胡さんはすぐに詳細な資料一揃いを用意してくれた。また彼女が行く先々で流暢な中国語と日本語を自在に操っていたことや、仕事で見せた熱意、手際のよさも印象深い。ただ時間が足らず、地図に示された東京都内の旧跡、とりわけ梁任公〔梁啓超〕や宋教仁のゆかりの地を訪ねられなかったことが、心残りでならない。

この賑やかな東京の街には、昔日の中国人の悩みや苦しみ、救国の誓いが、どれほど多く隠されているのだろう。

私には知り得ないことだ。時間はまるで地下鉄のように鋭い音を立てながらひたすら前進するのだから。

三月一七日午前中、私を乗せた汚れ一つないタクシーは、早稲田大学の早稲田キャンパスで止まった。急に強まった春雨の中、傘をさした私は大隈記念講堂の前を行ったり来たりした。ここには仰ぎ見るほどの大きな門もなく、どこから中に入るのかわからなかったからだ。講堂に沿って進むとそこがもうキャンパスで、そのすぐ先、いくつもの建物の間に創設者大隈重信の銅像がひときわ目立つ。一八八二年に創立された早稲田大学は、創設者が定めた「学問の独立」「学問の活用」「模範国民の造就」を教旨としている。

伝え聞いていたとおり、キャンパスはこぢんまりとしていた。社会科学部のビルの上から窓の外に目をやると、キャンパスの向こうに雨の中に立ち並ぶ東京の高層ビルが見えた。

一九〇五年九月、早稲田大学は「清国留学生部」を設置した。この大学は当時の流行に反して珍しく中国人留学生向けの短期コース「速成科」を設けなかった。それは中国帰国後に極端な思想を鼓吹している者は成績の振るわなかった学生ばかりであり、勉学第一であればこのような危険性は自然に解消できると考えたからだ。

しかし入学した留学生約四〇〇〇人のうち、学位を取得できた者はわずかだった。一九一〇年、清国留学生部は学生数の減少により閉鎖された。それでも早稲田大学は中国では最も名の知られた日本の大学である。それは李大釗をはじめとする卒業生のおかげでもあるし、また「早稲田の名前を挙げると、中国人は失われた故郷のような温もりや懐かしさを感じるようだ」(と元早稲田大学総長の西原春夫氏は語っている)からかもしれない。

祖国に戻った留学生たちはそれぞれの主義や闘いに身を投じた。伝統的に自負心を持つ国そのものを方向転換させる痛みや苦しみは、日本人には理解し難いだろう。海の向こう、近代以後の中国において次々と繰り広げられた「華夷思想」〔中華思想〕、「中体西用論」〔伝統的思想の下で西洋の学問を利用すること〕、「打到孔家店」〔儒教否定〕、「全盤西化」〔全面的な西洋化〕などの複雑かつめまぐるしい動き……。この一〇〇年間、絶え間ない自己否定と自己陶酔との両極端のはざまで、さまざまな主義主張が、苦しむ中国人の身をもって試され続けてきた。

二〇一二年四月は初の渡米留学生で「中国人留学生の父」である容閎《ようこう》の没後一〇〇年に当たった。日本やアメリカで学ぶ中国人学生は、誰もが「西洋文明の学術を以て東洋の文化を改良し、これにより年老いた大きな帝国を、若く新たな中国に変えなければならない」という、容閎と同じ壮大な志を抱いたことだろう。悲しいことに、今日に至るまで多くの面でそれは何も変わっていない。しかしながら多くの人は、この「学生」だった歴史を認めたがらない。

興味深いのは、一世紀にわたるさまざまな変化を経た今日、中国の胸の内にある「友好国」のリストには、アメリカも日本も入っていないことだ。しかし、今たとえ彼らを嫌っているとしても、頭を垂れて自らに欠けるものがあることを認める勇気と理性を持たなければ、望ましい成果は挙げられないと思うし、また今私たちが立っているこの土地がいかに繁栄し素晴らしくとも、世界という舞台においては、さまざまな面で謙虚な一学生でなければならない、と思う。

（1）『旧約聖書』でハンセン病患者を「汚れた者！　汚れた者！」と表現したかつて旧約聖書のヘブライ語「ツァラト」、新約聖書のギリシア語「レプラ」は「らい病」と訳されていた。しかし「ツァラト」等が具体的に何の病気か特定できないことや、一九九六年の「らい予防法」廃止などを受けて、日本でも訳語の見直しが進められ、例えば二〇〇二年以後の新共同訳聖書では「らい病」は「重い皮膚病」等に改められている。

五輪の旗の下、東京は北京に何を語るか

関軍

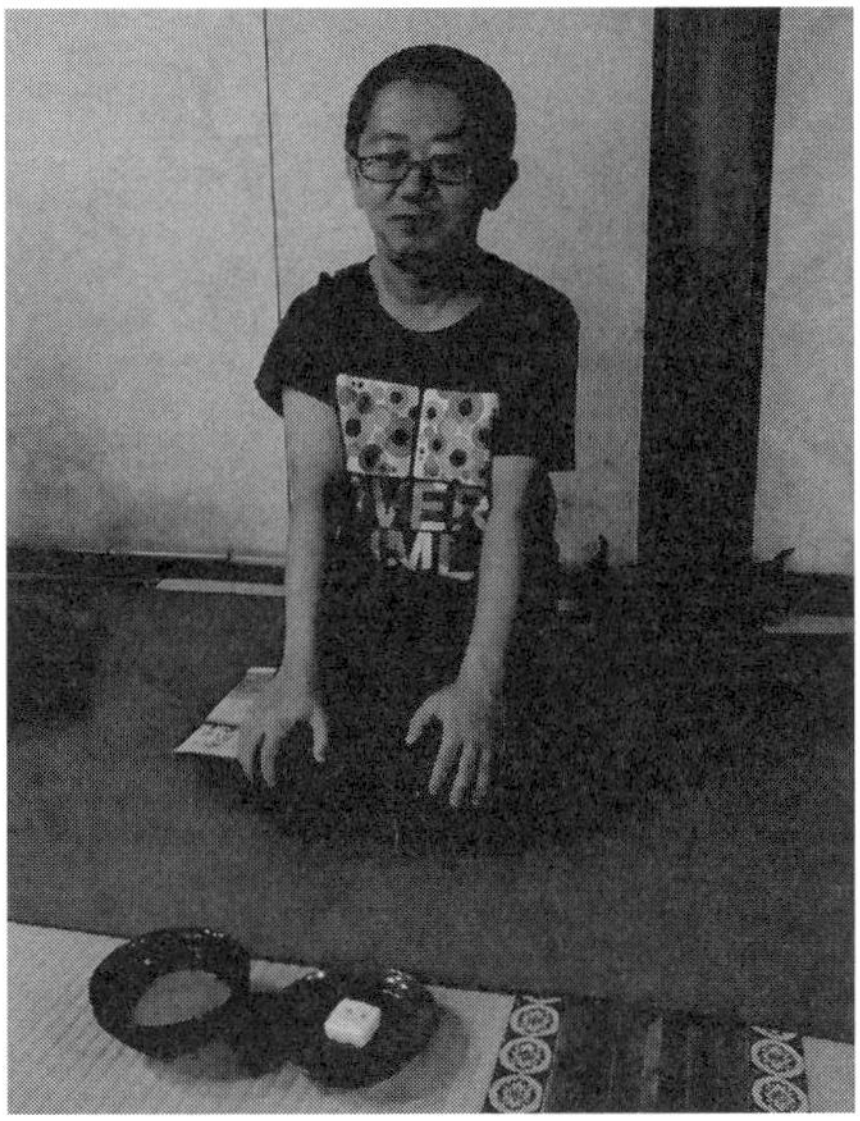

関軍氏

東京メトロ取材（右端：関氏）

東京五輪招致委員会

山田直稔《なおとし》氏はどう見ても八二歳には見えなかった。その日、この大相撲ファンはトレードマークの扇子を手に両国国技館の中をあちらこちら駆け回っていた。別に急ぎの用事があるわけではない。お年寄りが自らを奮い立たせなければいけないのも、日本の高齢化社会の副作用なのだ。

「私が日本の『オリンピックおじさん』です」。山田氏は周囲の人に何度も声を掛ける。「おじさん」の言葉はでたらめではない。一九六四年以来、彼は日本選手を追い掛けて世界の主立った競技大会を観戦し、しかもオリンピックの開会式と閉会式には毎回欠かさず足を運ぶ。このような人は世界中を探しても二人といないだろう。

上のひとこまは二〇〇八年三月の出来事だ。私は一連の取材を仕上げるため、東京での十数日間を慌ただしく過ごしていた。そのテーマが「一九六四年のオリンピックは当時の東京に、ひいては日本に何をもたらしたか？」だった。そこには裏の、今考えればいささか幼稚なテーマも含まれていた。「オリンピックは北京に、さらに中国に、同様の変化をもたらしてくれるか？」

その時の取材で私たち取材チームは、ベテランのアスリートや経済学者、時の東京都知事・石原慎太郎氏をはじめ何十人もの人から話を聞いた。ちょうどその頃中国は北京オリンピック開催を目前に控えて異常な熱気に包まれていたが、日本では二〇一六年オリンピックの開催地として立候補するかどうかで紛糾していた（石原氏は大いにあおったが都民はあまり乗り気ではなかった）。

それから七年が経ち、またさまざまな物語が生まれた。東京は二〇一六年オリンピックを逃したが、二〇二〇年大会は勝ち取った。オリンピックに対する支持率は七割にまで上昇したが、石原都知事は辞任した。北京は二〇二二年冬季オリンピックの開催権を獲得した。そして何とも言いようのないエネルギーが、中日両国間にわだかまっていった。オリンピックをめぐる北京と東京の間のさまざまな物語は、これからも続いていくのだろう。

―

山田直稔氏は、現代オリンピックを見続けてきた日本人だ。木材工場主の息子で、日本大学建築学科の卒業生である彼は、本来別の道で成功するはずだった。その一生を変えたのが一九六四年の東京オリンピックだった。

一九五九年、東京は一九六四年のオリンピック招致に成功した。実はこの都市は過去二回もオリンピックを逃している。一九四〇年大会は、東京開催が決まっていたにもかかわらず軍国主義化しつつあった日本は開催権を放棄し、大会そのものが頓挫した。第二次世界大戦に敗れた後、いったんはオリンピックから排除されたが、国際オリンピック委員会に復帰を果たし、一九六〇年大会の開催地争いで東京は同じく立候補したローマに敗れた。

このことはオリンピック開催に対する東京の思いをいっそう強いものとし、招致のためならば代償を惜しまず、ひたすら成功を願う機運が高まった。これは北京の経緯と似ている。

私は一九六〇年五月一九日の東京都議会におけるオリンピック招致の決議文を見つけた。その中の文言からオリンピックに込められた東京の願いがうかがえる。

「独立日本が、国際社会の一員として、再出発するに当たり、わが体育文化を平和愛好諸国民と交歓し、国際信義と友愛の確立に貢献することは、最も時宜を得たものと信ずる」

日本も全世界も一九六四年一〇月一〇日を待ちわびた。この日、オリンピックが初めてアジアにやって来るのだ。「戦後、日本のイメージは良くなかった。だから日本人は上から下まで心を一つにして、改めて全世界に日本を見てもらいたい、日本という国がどうなったか見せたいと思っていたのです」。世界の主流から外れていた頃の雰囲気を、山田氏はよく覚えている。

戦後日本を読み解くために、まず日本の「三種の神器」を取り上げてみるのも良いだろう。いわゆる三種の神器とは、本来は日本の天皇が代々受け継ぐ三つの重宝を指すが、現代では別の意味が付け足され、日本人の生活水準を測る上で感覚的に分かりやすい指標をも指す。言ってみればかつての中国の「三大件」のようなものだ。

一九四五年の敗戦の後、日本の傷が癒えるのにさほど時間はかからなかった。一九五〇年代後期には景気回復の兆しが見え、白黒テレビ、洗濯機、冷蔵庫が一般庶民の家庭にも入り、これらが「三種の神器」と呼ばれるようになった。

経済回復を遂げると、戦争の恥辱をすすぎ、国際社会へ復帰することが日本人の切なる願いになった。

戦争と平和、政治と経済、栄光と夢……。壮大なテーマをいっぱいに詰め込んだ東京オリンピックに向けて、オリンピック史上かつてないほどお金をかけた、ぜいたくな準備が始まった。

二

北京に滞在したり、暮らしたりしたことのある韓国人と日本人に、オリンピック開催準備中のソウルや東京の様子はどうだったか、尋ねたことがある。二〇〇八年の北京と似たようなものだという答えが返ってきた。

彼らの言っていることは明白だ。どの都市もオリンピック開催に対して似たような熱狂ぶりを示し、首都が劇的に変化する様子もまたよく似て、街は活気にあふれ、いささかの放縦ささえ感じられるものなのだろう。

一九六三年から一九六四年の間に東京を訪れた人は、目の前の光景に恐れをなしただろう。都内の主な幹線道路には、高速道路建設のために一万カ所もの大きな穴が開いていた。七〇〇〇棟もの建物、五万人余りの都民がオリンピックのために移転させられた。街なかは至る所穴や溝だらけで、これが引き金となった交通事故で一〇〇〇人以上が亡くなった。

作家の開高健氏は、当時の東京には空も水もなく、頭上には鉄筋、足下には黒い廃虚ばかりだったと回想している。オリンピックの建設現場で働く作業員たちの住まいに行くと、そこは暗く狭く汚く、便所のにおいさえ漂い、暗澹とさせられる住環境だったとも書いている。

東京の鉄道路線図を壁に掛けておくと、そこをクモがうっかりはい上がって行きそうだ。鉄道網はそれほど細かく張り巡らされ、この都市での交通手段の大部分を担っている。オリンピック開催準備期間に鉄道の突貫工事が行われ、この時以来、鉄道網の拡充に力を入れることも東京の都市開発の一つの方向性となった。

このほか首都高速道路の第一期工事や、東京と大阪を結ぶ東海道新幹線、国際空港の役割を担う羽田空港、ランドマークとなる東京タワーなど、どれもこの期間に建設され、ほとんどが短工期で完成した。なかでも新幹線の工事完了は一九六四年七月であり、その後行われた試運転ではたびたび脱線事故などが発生したが、オリンピック開会九日前の開業には間に合った。

人口の急増によって一九六一年から一九六四年にかけて東京では深刻な水不足が発生した。教育や福祉も一時期人口の伸びに追い付かず、社会問題となった。後に行政側も巨大都市が抱えるさまざまな課題を意識するに至り、都市人口の「抑制」策を打ち出した。物価が上昇し、家賃も高止まりが続くなど、東京は異常な興奮状態に陥っていた。山田氏は中国の現実などご存じないようで、「北京オリンピックで街の様子はきっと一変するだろうし、物価高騰の時期もあるはずだ。当時の東京もそうだったのだから」と警告してくれた――事実、北京はそのような状態になっている。

二〇〇八年の初め、中国の南半分は大雪でほぼまひ状態に陥った。同じ東アジアの国日本も、オリンピック開催前には相継ぐ天災や人災に見舞われた。しかしこれは単なる偶然にすぎないと信じたい。『映像一〇〇年史』によると、一九六二年から一九六四年にかけて東京とその周辺では大雪、地震、豪雨による深刻な被害を受けている。この頃、鉱山事故、航空機事故、列車衝突なども頻発した。

……………

オリンピック招致を都民に納得させるために、東京都はまず「オリンピックは儲かる」旨のスローガンを打ち出し、開催準備に二〇〇億円を投入し、そこから得られる収益は二七〇億円だとそろばんをはじいた。実際には観光客数は所期の半分にも満たず、オリンピック事業収支は明らかな赤字になった。

しかし実のところ、都民から招致支持を取り付けるのに多くの理由などいらなかった。社会主義体制ではないものの、東洋的国家主義の影響を色濃く受けた日本人にも「力を結集させて大事に当たる」伝統があったから、人々は個人を犠牲にしてでも国の大事に貢献するのは当然だと考えたからだ。一九六四年前半に激しさを増した学生運動も、「国の大事」オリンピック前には自然に収束した。

以前、元北京電視台記者の徐春昕《じょしゅんきん》さんが一九六四年のオリンピックについて取材をした際、インタビューに応じた日本人が当時の社会の熱気を語っている。「オリンピックの意義について話を聞くためにわざわざ町内会で集会を開いたし、学校でも講話があった」、「何か特技のある人は皆駆り出され、また会社も社員たちにオリンピックを手伝うよう勧めた」など。

オリンピック開催地立候補に際して日本のマスコミは、東京の優位性は「七〇〇万都民の衷心からの要請」、「挙国一致の体制」にあるとした。実際これは嘘ではなかった。

毎年一〇月、東京オリンピック開会記念日になると、鋳物師《いもじ》の鈴木文吾氏はわざわざ東京までやって来た。国立競技場の聖火台を磨き、その製作に命をなげうった父萬之助氏を悼むためだ。鈴木家は鋳物づくりで名を知られ、オリンピック聖火台の鋳造を担当した。だが大会まであと三週間という時、鋳鉄を流し込む作業中に鋳型が破裂してしまった。重要かつ神聖なこの任務は完遂できないと思われた。六八歳だった萬之助氏は耐え難い羞恥心と憤りに身も心も憔悴し、三日後に急逝した。父親が果たせなかった仕事を引き継ぐことになった文吾氏は、重圧の下で「もし失敗したら、わが家は永遠に申し訳が立たないし、地元の恥にもなる。そんなことになったら腹を切ってお詫びしょう」と誓った。

オリンピック開会の一週間前、巨大な聖火台は完成した。奇跡のようだった。後に鈴木文吾氏は「私の暮らしはつましいものだが、それが何だと言うのだろう。後々まで残るものがある。私が造ったものだ」と語っている。

鈴木家の物語は日本人の心に残るオリンピック美談となった。だが当時の西洋人には、この仕事と人の命との関係など理解し難いものだった。

三

一九六四年一〇月一〇日、第一八回夏季オリンピック競技大会が東京の国立競技場で幕を開けた。七万四一六〇人が出席し、天皇も臨席した。その二一年前、やはり同じ場所で、天皇が日本軍の学徒出陣壮行会に出席し、間もなく戦争に投入される数万人の新兵を前にして「聖戦」で忠誠を尽くすよう激励したことを、この日喜びに沸く日本人は思い出さなかっただろう。この競技場の眺めは変わらないのに、そこにいる人々はすっかり変わってしまった。日本人は、ジェット機が大空に描く五輪によって、あの戦争の霧がすっかりかき消されることを望んでいた。

オリンピックに対する人々の熱狂ぶりは、チケット売り場にも見られた。競技会のチケットを買おうとする大勢の人が遠路はるばる詰めかけ、行列の前方にいる者は五日前から並んで待っていたという。また一九六四年一〇月二日、中央郵便局ではオリンピック記念硬貨を一〇〇〇枚用意したが、六〇〇〇人もの長蛇の列ができた。

多くの家庭が「地元」でのオリンピックを見るために、テレビを新たに購入したり白黒テレビをカラーテレビに買い換えたりした。一九六〇年の日本の家庭におけるテレビ普及率は五四・五%だったが、オリンピック開催の一九六四年にはこの数字が九三・五%にまで伸びた。この年に米国が打ち上げた静止通信衛星「シンコム」によってオリンピックの模様は世界各地に伝えられ、こうしてオリンピック史上初の実況中継放送が実現した。

日本人で中国語コラムニストの新井一二三《ひふみ》さんはこう語っている。「生まれて初めての記憶は、一九六四年一〇月一〇日に開幕した東京オリンピックだ。私は当時まだ二歳半だったが、世の中全体のとても興奮した雰囲気が強く印象に残っている」。〔新井一二三『我這一代東京人』（上海訳文出版社、二〇一一年）〕

この東洋民族の熱狂ぶりだけでなく、この国民の素質の高さも西洋人を驚かせた。開会式終了後、あの広い競技場に紙くず一つ落ちていなかったというエピソードは、広く語り継がれている。

人々の熱狂が最高潮に達したのは、間違いなく女子バレーボールの優勝決定戦だろう。ＮＨＫのテレビ放送記録によるとその試合の瞬間最高視聴率は八五％にも達し、これは後に日本全国を沸かせた「紅白歌合戦」よりも高い数字だった。最終的に日本チームが優勝し、マスコミの中には「今回のオリンピックは今日（一〇月二三日）開幕し、今日閉幕する」と評したものもあった。

だが歴史的なこの決勝戦は、必ずしもすばらしいシーンで幕を引いたのではなかった。最後の攻防の中でソ連選手がオーバーネットと判断され、日本チームは「戦わずして勝った」からだ。審判のホイッスルが鳴り、日本選手と満場の観衆は呆然とした。一瞬の間を置いて、やっと彼らは偉大な瞬間の訪れを理解したのだった。

それから二〇年後、女子バレーボールを題材としたスポーツ伝説は中国の人々にももたらされ、わが民族のカンフル剤となった〔一九八四年、ロサンゼルスオリンピックで中国女子バレーチームが金メダルを獲得した〕。この時に繰り返されたキーワードもまた「拼搏《ピンボー》」――勝利に向けてがんばれ、だった。これも東洋における偶然の一致だろうか。

東京のオリンピック競技会場で感激の瞬間を幾度も体験し、しかも女子バレーボールチームが金メダルを獲得したのを目の当たりにして、山田直稔氏はスポーツがもたらす快感に深く魅了された――中毒に陥ったも同然だった。オリンピックが終わり、日本人は少しずつ落ち着きを取り戻して日常生活に戻っていった。しかし中には山田氏をはじめ、あの興奮にがっちり捉えられたままの人々もいた。

家族経営の会社を後ろ盾に持つ彼にはお金の心配などなかった。日本チームの応援団を結成すると、世界を股にかけたファン活動を開始した。

東京オリンピック閉会式の一シーンも、山田氏だけでなく多くの日本人を感動させた。選手たちは整列することなく、思い思いに閉会式会場に入場した。興奮した外国人選手が日本選手団の旗手を務めた福井選手を担ぎ上げると、トラックを一周した。『日本の二〇〇〇年』はこのエピソードの意義を「孤立していた日本を国際社会に復帰させた」と評する。この感動的な場面は日本の人々に、オリンピックのためにさまざまなものを差し出したがそれだけの価値はあったと、強く思わせた。

一九三六年のベルリン大会、一九八〇年のモスクワ大会、どちらもオリンピックに非常に濃い政治色が持ち込まれた。他の国家主義主導の開催国と同様、日本がオリンピック招致を争ったのも、政治的かつ切実な「イメージづくり」だった（これを「臭いものに蓋」と表現する者もいる）。一九六四年の東京大会を振り返ると、このイメージづくりは所期の成果を挙げたと認めざるを得ない。

日本の新聞各紙はこの年を日本の「国際化元年」だと称し、オリンピック閉会式の日を「自信を取り戻した日」と呼んだ。

確かに一九六四年は日本の国際社会復帰を象徴する年となった。オリンピック以外にも大きな出来事が「偶然」起こっていて、ＩＭＦ（国際通貨基金）とＯＥＣＤ（経済協力開発機構）に加盟したのも、この年だった。「オリンピックをやって、外国人が来てくれてうれしかった。当時の日本人は外国人との交流を望んでいたから」という山田氏の言葉は、その頃の日本人が外国との交流を熱望していたことを裏付ける。門戸が大きく開かれるとともに日本人の生活でも国際化が見られるようになり、特にアメリカナイズが進んだ。

新井一二三さんは、一九五〇年代末までの東京の家庭では、随所に近代化以前の生活風景――井戸、たらい、蚊取り線香、風鈴、火鉢、和服、畳など――が見られたと述べている。「しかしオリンピックが来て、古いものはどれも消えていった。子どもの頃、私の家では毎年のように新しい電器製品、生活用品が加わった。例えば電話、ツードアの冷蔵庫、カラーテレビ、湯沸かし器、エアコン、ステレオセット、電子レンジなど。ドアを閉めてクーラーをつける。畳の上に化学繊維のじゅうたんを敷き、洋風の家具を置く。ジーンズをはいてアメリカのテレビドラマを見て、イギリスのロックを聴く。誰もがそういったことを、進んでいる、格好良いと考えた。伝統的な文化や庶民生活が崩壊していくことを心配したのは、ごくわずかな人たちだった。戦後日本人の暮らしの目標は、早く豊かになってアメリカ人のような生活をすることであり、祖先が残したものはどれも古くさく後れたものだと思われた。それまで子どもたちに立ち食いを厳しく禁じていた親でさえも、歩きながらガムをかんだり、ハンバーガーをかじったりすることまで勧めるようになった。社会全体が、アメリカ人に学べば間違いはない、と考えたからだ」

四

セイコー（ＳＥＩＫＯ）はオリンピックの一年前に計時機器提供の任務を委ねられた。同社は当時の人々には信じ難い決定を下した。オリンピックにクオーツ計時機器を提供するというのだ。まだ日常生活での時計は機械式の時代で、しかも当時のクオーツ時計は重さが一トンを超え、天文学分野での利用に限られていた。そんな巨大な時計を競技会場に据え付けるつもりなのだろうか。

奇跡はオリンピック開幕の半年前に起きた。セイコーがクオーツ精密計時機器を作り上げたのだ。「なんと重さはわずか三キロだそうだ！」人々は驚嘆した。計時精度も機械式の一〇〇倍に向上した。オリンピック伝説はこの企業にとって飛躍のマイルストーンとなった。精巧で丈夫、精密な日本の工業製品がオリンピックを通じて世界を驚かせるようになった。

オリンピックによって日本は自身のイメージアップを図り、さらに開かれた意識と国際的な視野を持つことができた。国内市場に飽き足らなくなった日本企業はビジネスエリア拡大に取り組み始めた。

実際にオリンピックをきっかけとして、日本企業や日本ブランドは海外へと展開し始めた。セイコーのみにとどまらず、ソニー、ミズノなど多くのブランドのグローバル化は、オリンピックという天与の好機をしっかり捉えた結果である。

オリンピックの名の下に推し進められた大規模なインフラ建設は、製造業、建設業、サービス業、運輸業、通信業などの急成長を牽引し、一時「オリンピック景気」と呼ばれる好景気を招いた。東京オリンピック後、国民総生産（ＧＮＰ）が一九六七年に英国・フランスを抜き、翌一九六八年には西ドイツを追い越して、日本は世界第二の経済大国となった。

前述の「三種の神器」の続きになるが、オリンピック以後も国民生活はさらに向上し、カラーテレビ、窓型クーラー、自動車が広く普及して「新・三種の神器」となった。新聞を開けば自動車の広告があふれ「あなたも早くマイカー時代へ」と呼びかけていた。

一九六二年から一九六四年にかけて日本では年平均経済成長率が一〇％を超え、この現象はオリンピック景気と称される。日本の好景気はこれ一度きりではなく、一九五四年から一九七〇年までの間に神武景気、岩戸景気、オリンピック景気、いざなぎ景気があった。過度なオリンピック投資によって一九六五年には半年ほど景気の落ち込みが見られたが、その後再び急成長を遂げている。だから「オリンピック経済」が日本の高度経済成長の推進力となったと過大評価するのは、明らかに客観的ではない。

「北京オリンピックを支援する会」は経済学者を中心とする日本の民間団体だ。その理事である長塚大氏はインタビューに応えて、経済データから見る限りオリンピック開催が日本経済の勃興に特に大きな影響を与えたことはなかったとし、しかし敗戦の陰をひきずっていた国、戦後の廃虚の中から再興した都市に対してオリンピックは「いまだかつてない達成感と精神力」を与えたと語っている。

日本の戦後高度経済成長の外部要因をあえて求めるならば、オリンピックの直接的な牽引力は、おそらく「特需」の比ではないと思われる。ベトナム戦争、朝鮮戦争に伴う巨大な軍事需要は、日本国内の工場を日夜フル稼働させた。『日本の歴史』の「現代」巻には朝鮮戦争後、日本経済はほぼ戦前の水準にまで回復し、国民所得も急上昇したことが記されている。

日本経済の勃興が中国のそれと顕著に違うのは、大きな貧富の格差を生まなかったことだ。先の新井さんが述べている通り、「高度経済成長時代には、ほぼどの家庭も収入が一直線に伸びた。一部の人が金持ちになったのではなく、皆一緒に豊かになってきたのだ。失業率はほとんどゼロで、大企業の終身雇用制はサラリーマンの一生涯の暮らしを保障した」。

オリンピックによって導入された国際的な競技ルールは、何もスポーツの中だけのことではなかった。今日の日本における職場ストレスの大きさは、世界有数のものだ。山田氏は、伝統的な日本文化は競争など勧めていないのに、オリンピックを経て競争意識が急に高まったと感じている。「私自身競争を好まない。どうしてそんな重圧が必要なのだろう。皆が楽しければそれでいいではないか」。しかしこのご老体の考え方には時として矛盾も見られる。「日本は最近スポーツで競うことを好まなくなり、進取の精神がなくなった」と、こちらもお気に召さないようだ。

五

「進取の精神がなくなった」――これをスポーツにおけるもう一つの目標だと見なすこともできるかもしれない。オリンピック後に日本が選択したスポーツの方向性には、中国として学ぶべきものがあるだろうか。一九六四年のオリンピックで、日本は奇跡的に金メダル一六個を獲得し、金メダルの数では第三位となった。しかし彼らは「オリンピックの栄光」の夢を追い続けることはせず、その代わり、これをきっかけとして「スポーツ・フォア・オール（国民皆スポーツ参加）」へと優雅に転身したのである。

オリンピックへの大きな関心は、ごく普通の人々の間にスポーツ熱を呼び起こした。日本人男性のスポーツ参加率は一九五七年にはわずか二三％だったが、オリンピック後の一九六五年はこの数字が一挙に四五％になる。スポーツ熱を大いに高めたのは、その大半が外に働きに出る必要のない、女性だった。

このスポーツ参加熱が女子バレーボールの「東洋の魔女」で火が付いたことは、間違いない。大阪にある紡績工場の調達部マネージャーを本業とするアマチュアコーチが、工場で働く女性たちを率いるチーム。これが思いがけないことに、体格でも優れ、専門的なトレーニングを積んできたソ連チームと戦って見事勝利し、一夜のうちに国民的な英雄となった――。おとぎ話の「みにくいアヒルの子」を思わせる日本女子チームの物語に、人々はオリンピックの英雄は身近なところから生まれるのだと気付き、スポーツの楽しさや熱気の中にわが身を投じるようになった。

こうしてオリンピック以後、日本では「ママさんバレーボール」が盛んになった。また卓球でも「ママさん」愛好者が増えたので、日本で暮らす中国人元卓球選手の多くがママさんたちに卓球を教えて生計を立てるようになった。

小野喬氏は、往年の日本体操界のプリンスであり、かつてオリンピックで金メダル五個を獲得した。東京オリンピックの開会式では選手宣誓も務めている。その東京大会が終わると妻・清子さんと共に競技界から引退し、一九六五年、日本初となる一般の人々を対象としたスポーツクラブを立ち上げた。一般向けのスポーツクラブは徐々に日本で流行し始め、一九九四年にはこの種のクラブの数は三七万を超えた。

スポーツ・フォア・オールの動きが興るとともに、競技スポーツも見直されるようになった。

一九六八年一月九日、マラソンの円谷幸吉選手が自殺した。二七歳だった。残された遺書を読んで悲痛な気持ちになったのは、彼の家族や友人ばかりではない。「父上様母上様、私はもう走れません。私は心から勝利者になりたかったのです。しかしもうすっかり疲れ切ってしまいました」

東京オリンピックのマラソン競技で、特に注目もされていなかった円谷選手は、驚くべき強靭な意志の力で銅メダルを勝ち取った。ゴール後、グラウンドに倒れ込んで苦しむ姿は、日本人が尊ぶ忍耐や粘り強さにぴったりくるものがあった。彼は東京大会の英雄になった。

銅メダルに満足することなく、日本に金を――。世間は大いに期待し、円谷選手本人も自らに圧力をかけ続けた。地獄のような、だが科学的とは言えないトレーニングにも励んだが、けがや病気も重なった。限りある力に故障も加わって、一九六八年オリンピックでの金メダルの夢はとうていかなわないと思った時、英雄の心はついに折れた。

当時の日本選手が挙げた成績には、主に陸上自衛隊のサポートがあった。円谷選手も自衛隊所属の選手だった。過酷な自衛隊の強化選手訓練の制度は、競技スポーツの成績を飛躍的に伸ばすエンジンになったが、また円谷選手を死に至らしめた元凶だとも見なされている。この種のシステムは中国における「スポーツ選手育成コース」の制度に似ている。当時『毎日新聞』のスポーツ担当だった岡野記者は、「自衛隊での訓練のやり方はよその自由で生やさしい訓練環境とは違う。選手にかかるストレスが大き過ぎないかどうか、これに耐えうる健康状態かどうかにかかわらず、厳しい訓練が行われる」と書いている。

円谷選手の自殺は日本人を大いに震撼させた。マスコミも優勝至上主義やオリンピック戦略に対する反省を始めた。批判の声の代表的なものが、日本は「スポーツの原点を忘れている」だった。『朝日新聞』は社説で「人間性を無視した期待」だとして、現代競技スポーツにおける偏狭なナショナリズムを強く批判し、人間性を損なう優勝至上主義を非難した。

現代の競技スポーツに対する批判は、一九七〇年代末に名古屋でのオリンピック招致反対運動を引き起こした。名古屋市は開催地に立候補したが、思いがけず市民の激しい反発を招いた。世論はおおむね「市は少数のスポーツエリートに対してではなく、市民のスポーツ活動に対して予算を投入すべきだ」というものだった。北京と共に二〇〇八年オリンピックの開催権を争った大阪市も、名古屋市と同様に人々を動かす力に欠け、大きな反対の声が上がった。一九九八年には長野市で冬季オリンピックが開催されたが、新井さんの印象では世間の大多数の人は関心を持たなかったという。

オリンピックファンの山田氏も、少しずつ方向転換しているようだ。初めのうち、単なるスポーツ民族主義者であった彼は、世界中どこであろうと日本選手にくっついて行き、声援を送った。「そうこうしているうちに、世界平和の大切さに気付き、これこそ私がなすべきことだと気が付きました」。以来この外国語ができない男性は、社会活動家、「オリンピック宣伝大使」となった。東京都内の喫茶店で、彼は興奮したように、日本の歴代首相のほとんど全員や、元イギリス首相・サッチャー夫人、元国際オリンピック委員会会長・サマランチ氏など著名人と共に収まった写真を見せてくれた。彼の金ぴかの扇子には現在の「応援団」の趣旨が書かれている――「笑顔の交流」。

六

私の東京取材中、この街は、二度目のオリンピックとなるはずの二〇一六年大会開催の夢に向けて全力で取り組んでいた。だが一九六四年の時とは大きく様変わりしていた。まず東京の公約も変わった。「『都市の世紀』に当たり、都市の力によって新たな文化秩序を構築したい。また時代の要請に応える新たな形のオリンピック競技大会を強く期待し……オリンピック競技大会を、東京のより意義深い再生及び力強い促進活動とリンクさせて、日本を変えていく」

スローガンは力強いものだったが、人々の前向きな姿勢を引き出すことはできなかった。私たちのインタビューに応じた石原慎太郎氏は、招致に積極的な都知事だけあって、「（一九六四年には）日本全体が喜びにひたっていた。誰もがそれぞれの方法でオリンピックのために力を出し合い、一致団結していた。しかし今の日本人は個人主義だ。団結してオリンピック招致をしようという人は少なく、傍観者のような態度で、『オリンピックが開催されたら行ってみようか』程度にしか思っていない」と残念がった。

民主社会の構造がしっかりと根付き、個人主義は国家主義、民族主義よりも重んじられるようになった。ここ数年続く不景気で、日本社会は何らかのテコ入れを必要としているし、またそれゆえに招致支持率が上向きになったのかもしれない。しかし日本に対する「五輪」のアピール力は、どうやってみても、一九六〇年代のあの盛り上がりを再現することはできない。

ロンドンも東京と同じく、戦後二度にわたってオリンピックを開催した。ロンドンはオリンピックをきっかけに、大規模建設事業による貧困地域の「再生」などを通じて、バランスのとれた都市再開発を進め、この点でも大いに論議を呼んだ。しかし東京ではそんな必要もなく――「何の心配もいらない」ということも東京が招致を勝ち取る上で最大のポイントだった――、人々の目は都市のソフト・パワーの充実に向けられている。日本人が持つ二〇二〇年東京オリンピックのビジョンは、国際観光都市として発展させてより多くの観光客を呼び込むこと、同時に自身のスポーツブランド力を強化することだと、私は見ている。ほかにも重要と思われるのが、五六年ぶりのオリンピック開催にもかかわらず、東京は一九六四年オリンピックのレガシーを最大限に利用でき、新規建設事業への投入が少なくて済むことだ。

次の東京オリンピックに関して、今最もホットなニュースは、二〇一五年七月、日本政府がメインスタジアムの建設計画を白紙に戻したことだろう。それに支払われるコストの高さに、人々の怒りが沸点を突破したからだ。「鳥の巣超えはダメ」――中国の「環球時報（電子版）」にはこんな見出しが躍った。虚栄心は誰にでもある。大切なのは、どうやってこれを適切に抑制するかだ。計画を白紙撤回することも、成熟した社会にとって必然の選択ではないだろうか。

日本では一九五七年から国民スポーツ参加率調査が実施されている。この年、男性の参加率はわずか二三％であった。オリンピックの翌年にこの数字は一挙に四五％にまで上昇する。このブームに乗って日本のスポーツに方向転換が生じ、一九六五年以後、国民スポーツに対する国の予算が増額された。

東京オリンピックの招致活動と開催の成功は、日本におけるスポーツ・フォア・オールの浸透を促した。『スポーツ白書』一九九七年版・二〇一五年版〔公益財団法人笹川スポーツ財団発行〕のデータをもとに東京オリンピック以後、二〇〇〇年までについて見ると、「過去一年間にスポーツを行った」人の数が日本の総人口に占める割合は、一九六五年の四五％から二〇〇〇年は六八％に上昇している。二〇〇〇年時点で、このうち「週に二回以上スポーツした」人成人（二〇歳以上）の数が総人口に占める割合は四〇・八％、「週に二回、一回当たり三〇分以上スポーツした」人では三三%だった。この数字は中国をはるかに超える。

また公共スポーツ施設を利用した各種スポーツクラブの数は、一九八四年は三〇万、一九九四年には三七万となった。また二〇〇〇年時点で総人口に占めるスポーツクラブ参加者の割合は二二%である。

日本が一九六四年の東京オリンピック開催準備に投入した費用額は、当時のオリンピック史上最高となり、関連する全ての事業費用をも含めると一兆円に達した。この金額は当時のレート(一米ドル=三六〇円)で約三〇億米ドルになる。うち競技施設・選手村費用は一六〇億円、運営費六〇億円、道路及びその他八二五億円で、これらだけで約一〇〇〇億円になる。残りは突貫工事が行われた東海道新幹線、首都高速道路、東京モノレールの建設工事、都内地下鉄及び交通網整備の費用である。

(本文中一部のデータは「中国青年報」紙の記事を参照した。ここに感謝を申し上げる。)

日本の公共テレビ局　ＮＨＫを取材して

包麗敏

包麗敏氏

NHK 放送センター

ＮＨＫを訪問した日、東京は少し雨が降っていたように思う。セキュリティーチェックを受けてロビーに入り、まず目に飛び込んできたのは、巨大なテレビモニターだった。ちょうど国会審議の様子が映し出されていた。それは正真正銘の「生中継放送」だった。解説もなく、コメントもなく、ニュースやトピックとして人目を引くように編集されたものでもなく、まさに今国会で行われている議論の様子を、ただそのまま撮影して、そのまま放送しているのだった。発言を終えた議員が一礼して発言席を離れると、次の議員が発言席に向かって歩いて行く。何もかもがありのままで、冗長で、無味乾燥だった。

このような番組であれば視聴率は低いはずだ。しかし私たちに応対してくれたＮＨＫ解説委員の出川展恒氏は、「これがわれわれの義務ですから」と言う。国民は、自分の選んだ議員がどのように国の大事を代議しているか、重大な政策がどのように決定されるのか、知る権利がある。この生中継は注目を集めるためのものではない。テレビの前の人々に今国会で何が行われているのか、そのすべてを知らせるためのものであって、どの政党の議員であれ、またどのような発言であれ一切編集されることはなく、公正・公平が貫かれる。

中国人の多くは（特にメディア関係者は）、多かれ少なかれＮＨＫのことを知っているだろう。私たちは二〇一二年七月に笹川日中友好基金の招へいで日本を訪問し、この非常に名高いテレビ局を視察する機会を得た。その一年前、東日本大震災の発生時にＮＨＫが見せた大災害報道でのプロフェッショナルぶりには、中国の多くのメディア関係者が賛嘆したものだ。

実際に訪問するまで私はずっと、ＮＨＫというのは、中国中央電視台（ＣＣＴＶ）のような、日本の国営テレビ局だと思っていた。しかしあの国会審議の生中継を見て、また出川氏の話を聞いて、それが大きな誤りであると知った。ＮＨＫ、正式名称「日本放送協会」は国営テレビ局ではなく民間テレビ局でもない。公共テレビ局である。だからわれらがＣＣＴＶとは本質的な違いがある。

「公共テレビ局」として追求する最も基本的で最も核心的な目標は「非政府、非営利」だ。

政府の指図を受けず、政府の意思に干渉されることのないように、政府から資金提供を受けない。また企業など第三者の利益に左右されることのないように、コマーシャルを放送せず、スポンサーを存立基盤としない。こうしてNHKは財務上の独立をはかり、その資金源を日本国内のテレビを所有する全家庭に求める。これらの家庭は法律によって受信料を支払わなければならないと定められている。NHKはこのお金によって尊厳をもって運営され、この国において日々自らの独立性、公正性を徹底しながら、人々の真の利益に資するべく努めている。当然のことだが、毎年その予算は国会の承認を得なくてはいけないし、国民に収支状況を公表しなければいけない。

一二人で構成される経営委員会は、NHKの「最高意思決定機関」と言えるだろう。彼らは視聴者の代表として（現職委員の中には学者や企業経営者、法律家、作家などがいる）NHKの活動を監督する責務を与えられる。執行部の最高職である「会長」は、理論上は政府によってではなく、経営委員会によって任命される。

政治的に中立であるという原則を堅持しなくてはならないから、選挙報道では大政党も小政党も同様に取り扱い、それぞれの主張を紹介するときは、どれにも同じだけの時間枠を与えて報道する。NHKに対して右翼からも左翼からも批判が出るというのは、ある意味でその「不偏不党」ぶりをよく証明するものと言えるだろう。

営利を目的とする民間テレビ局と異なり、ここには利益追求という圧力も目的もないから、視聴者に過度に迎合する必要がない。ひたすら高視聴率を求める必要はないので、娯楽番組が氾濫することもなく、良質なドラマや真面目なドキュメンタリー番組を制作し続けられる。また低所得者層などの弱者に関しても、スポンサーのターゲットではないことを理由に彼らのニーズや声が無視されることもない。

市場メカニズムは確かに効率的だが、市場には供給できないものもある。ここに公共放送の必要性がある。だからこそ、NHKのロビーにあるテレビモニターで、冗長かつ無味乾燥な国会審議の生中継を見ることができるし、またNHK教育テレビジョンでは音声のない番組を見ることもできる――アナウンサーが手話でニュースを伝える番組を見たことがある。これら番組の視聴者がごく少数だということは、想像がつく。

英国のグラハム・マードック（Graham Murdock）教授による公共放送の定義づけがあるが、その中のひと言「受け手は公共放送によって公民として扱われ、消費者として扱われることはない」に私は強く打たれた。これにもうひとつ、「また受け手は宣伝のターゲットとしても扱われない」も付け加えられるのではないか。

ＮＨＫのような組織について調査していくと、その設立を企図した人々の初志をうかがい知ることができる——ビジネスの利益を超越し、政治から独立することで、広く、多元的で公正であり、そして民主的な国民生活において中心的役割を担う。そのような公共セクターを構築しよう——。ドイツ・ケルン大学のマンフレート・コプス（Manfred Kops）博士は、「公共放送は『公共心』を養う上で有益である」としている。

こうして見ると、中国の業界人を感嘆させた、あの東日本大震災におけるＮＨＫの活動は、プロとしての優れた技術だけでなく、背後にある堅実な理念によっても支えられていたのだ。

事実、公共放送は多くの国にあり、米国のＮＰＲ（ナショナル・パブリック・ラジオ）、英国のＢＢＣ放送などは有名だ。その運営方法は様々で、日本のＮＨＫと全く同じものはない。しかし基本理念はどこもだいたい同じだ。政府や政党に対して責任を負わないこと、利益によって動かされないこと、公衆の利益のためにサービスを提供すること、である。

私は学生時代にジャーナリズムを専攻したので「公共放送」という言葉も自然耳にしていたが、こうしてＮＨＫを視察するまで、その意味するところを正しく理解していなかった。

翻って中国を見て、なぜ国内の学者が「中国にあるのは国営の商業放送だけであって、公共放送チャンネルなど存在しない」と断ずるのか、ようやく理解できた。各ローカルテレビ局の「公共チャンネル」なるものは大体が名ばかりのものだったのだ。

ＣＣＴＶのような「国家の宝」は、唯一無二の独占的地位とリソースによって、毎年、大口スポンサーの契約金額記録を更新し、巨額の広告料収入を得ている。ＮＨＫのような公共テレビ局ではあり得ないことだ。日本から帰ってきて資料を調べている時に、清華大学の郭鎮之教授が何年も前に鋭い指摘をしていたのを知った。「中央電視台は政府のコントロールを受け入れる国営商業テレビ局だ」。NHKの「非政府、非営利」に対しわれらがCCTVは「政府、営利」だというのだ。

重慶衛視〔重慶衛星テレビ局〕はかつて、コマーシャルを流すのを止め、その代わり地元政府からの資金提供を受けて、毎日中国共産党をたたえる革命歌「紅歌」を流すことで、「公共テレビ局」に変身したとされるが、これも恐るべき誤解、混同だ。

ここまで一つの名詞について長々と分析してきた。ここで私がはっきりさせておきたいのは、ジャーナリズムを学び、メディアの仕事に携わる者が、単に業界の問題に対する興味からこれを論じているのではない、ということだ。自由かつ責任あるメディアは、現代民主制度をうまく動かしていくための基盤の一つであり、その社会が質の高い公共性を有するかどうかにもかかわるものなのだ。

そしてNHKの核心的な理念について研究し理解することは、戦後日本の民主化の成果を一つの側面から眺めることにもなる。中国人にとって愛憎相半ばするこの国について、その歴史問題、釣魚島〔尖閣諸島〕問題、蒼井そら、アニメ、中国人観光客に「爆買い」される炊飯器や温水洗浄便座ばかりを取り上げ、この国の民主化の道のりを過小評価し、軽視するならば（それが故意であろうとなかろうと）、この一衣帯水の隣国について本当に理解したとは言い難い。

ではNHKは当初企図された理想を本当に完璧に実現しているのか。これは当然出て来る疑問だろう。これに関しては、NHKのベテラン職員数人からいくつかエピソードを聞いた。例えば、NHKの予算は毎年国会の承認が必要であり、一方、国会では長年自由民主党が「一人勝ち」しているので、下手をすると、NHKは予算の問題に絡めて苦境に立たされる可能性があること。ここ数年来の若者の「テレビ離れ」を受けて、エンターテインメント性を高めざるを得ないこと。福島原子力発電所事故の報道では、「報道姿勢が保守的」だとされて「国民の怒りを招いた」こと……。

ＮＨＫが担う役割は、「民主の見張り番」であり、また公衆の利益のためにサービスを提供することであるが、自身もまた大手民間テレビ局や紙媒体による監督を受ける。そのチェック・アンド・バランス機能によって、近年、ＮＨＫの不祥事が他のメディアによって暴露された例もある。

他の国の公共放送も何らかの問題を抱え、困難に向き合っている。完璧なしくみなど存在しないが、郭鎮之教授が述べているように、「今日の世界において公共放送は、最善の情報伝達システムではないかもしれないが、政策的選択肢としては『最も悪くない』ものと言えるだろう」。

もしもわれわれ中国国民が公共テレビという政策的選択肢を本当に理解しようとするならば、それは容易ではないだろう。なぜならばわれわれにはＮＨＫが存在しないのだから。そして日本国民が中国のメディア生態系を理解するのも、恐らく容易ではないだろう。彼らにはＣＣＴＶが存在しないのだから。

一四〇年間「腐敗」しない組織　日本赤十字社

陳海

陳海氏

赤十字社取材

右から日本赤十字社広報の畑厚彦氏、同松本彩香氏、陳氏、劉新宇氏

二〇一一年夏、日本を訪問した一週間余りの間に、私たちは日本の政治、ビジネス、学術、NGOといった各界のリーダーや著名人十数人を取材した。囲碁棋士・大竹英雄氏、読売新聞編集委員・濱本良一氏、前外務大臣・前原誠司氏、日本財団会長・笹川陽平氏、経営評論家・針木康雄氏、朝日新聞編集委員・五十川倫義氏などから話を聞くことができた。どの取材先でも啓発されることが多かったが、最も強く印象に残ったのは、日本赤十字社の広報部門の二人に聞いた、その組織運営に関する詳細な説明であった。この話こそ日本社会を深く見る上で最良の観点になるのではないかと私は考える。

日本赤十字社の前身は博愛社といい、一八七七年に設立された。この年、日本最後の内戦と言われる西南戦争が勃発している。これは明治維新期に鹿児島士族が起こした政府に対する反乱であり、鎮圧されて終わった。この戦争に際して、当時の元老院議員であった佐野常民が先頭に立ち、敵味方の区別なく負傷兵の救護に当たる団体として博愛社を設立させた。一八八六年に日本はジュネーブ条約（赤十字条約）に加入し、その翌年博愛社は日本赤十字社に改称され、佐野は日本赤十字社の創立者となった。

ヨーロッパの王室が国際赤十字活動に熱心であったのと同じく、近代化を追い求めていた日本もこの伝統にならった。明治天皇と昭憲皇太后は積極的にこの活動に取り組み、これが基礎となって日本赤十字社は貴族や地方の名士を中心とした組織となっていった。

初期の日本赤十字社は、幾度か起こった戦争において捕虜を大切に扱ってきた。例えば一九〇四年の日露戦争ではロシア人捕虜を人道的に待遇し、第一次世界大戦当時、中国の青島で捕虜となったドイツ人についてもまた同様だった。一九三四年に東京で第一五回赤十字国際会議が開催されたことは、その前年日本政府が国際連盟から脱退した直後だけに日本赤十字社の適法性が認められたことを意味する。しかし第二次世界大戦では、その役割は正しく果たされなかった。強い立場にあった日本の軍部によって、中日戦争ではジュネーブ条約（俘虜の待遇に関する条約）が適用されなかったし、日本は東南アジアに捕虜数十万人を収容する施設を設けたが、日本赤十字社は何ら人道的救援・

救護を行わなかったため、国際社会から厳しい非難を浴びた。

第二次大戦が終わると、日本赤十字社でもその改革が始まった。一九五二年に『日本赤十字社法』が制定され、これに基づき日本赤十字社は国の認可を受けた非営利団体となった。この法律で定められた最も重要な原則が「人道主義」と「国際性」の二つである。つまり日本赤十字社は、各国赤十字社と協調し、世界の平和と人類の福祉に貢献することに一層の重きが置かれることになり、これによってその主な役割は、災害救護や国際救援へと転換していくことになる。

現在、日本赤十字社名誉総裁を務めるのは美智子皇后であり、名誉副総裁も皇族が主となっている。また現社長は近衛忠煇氏で、鎌倉時代に成立した五摂家の筆頭、近衛家の当主に当たる。

日本赤十字社は個人社員一〇六三万人、法人社員一五万社を擁し、また全国に支部組織がある――各地に支部が設けられ、支部長はしばしばそれぞれの都道府県知事（中国の「県長」に相当）が兼任する。また全国に赤十字病院九二カ所、血液センター五四カ所、看護師教育のための大学及び看護専門学校等が二五校ある。多くの市町村に奉仕団が結成され、さらに学生を中心とする青年赤十字奉仕団があり、災害発生時には第一線で活躍することができる。

日本国内での災害発生時に重要な役割を担う日本赤十字社は、日本の『災害対策基本法』『災害救助法』でその負うべき義務と責任が定められている。

近年、日本赤十字社が挙げた最も際立った成果は、災害発生後の迅速な義援金の受け付け（また海外から寄せられる寄付について）を可能にしたことだ――ここは日本国内最大の資金調達額を誇る組織なのである。インターネット時代に呼応して世界的なウェブサイトとも常時協力体制を構築し、中でもＹａｈｏｏ！（ヤフー）、Ａｍａｚｏｎ．ｃｏｍ（アマゾン・ドット・コム）との協力では著しい効果を挙げている。また二〇一一年三月一一日の東日本大震災後には初めてＧｏｏｇｌｅ（グーグル）とも協力関係を結び、ネット上ですぐに寄付ができるページを開設した。わずか数分で日本赤十字社に送金することができ、しかも海外への寄付にはつきもののさまざまな仲介人が入らず、透明性が高いということで、この募金方法は中国、とりわけ台湾のネットユーザーから大きな支持を得た。

私たちが日本を訪れたのは、その東日本大震災の後のことである。日本を離れた二〇一一年八月四日の時点で、日本国内はもとより全世界から日本赤十字社に寄せられた義援金は約二七三一億円。約二五九四億円が既に被災者の手元に届けられている。義援金は、まず赤十字社から被災地都道府県の義援金配分委員会に全額が送金され、義援金配分委員会から各都道府県内の被災市町村に送られ、最終的には被災市町村から被災者に届けられる仕組みだ。このような義援金配分の流れと詳細な金額は、すべて日本赤十字社と各地方自治体の公式ウェブサイトではっきりと開示されている。例えば宮城県の公式ウェブサイトでは、義援金配分の詳細を示す資料（ＰＤＦ形式の電子化文書）を入手することもできる。わざわざ行政監察機関が監督するまでもなく、誰でも自宅にいながらコンピューター上で義援金の行方を知ることができるのだ。

二〇一一年七月二〇日午前、私は「中国新聞週刊」元副編集長の劉新宇氏、中国新聞社東京支局支局長・孫冉《そんらん》氏と共に日本赤十字社を訪れ、疑問を解決すべく、企画広報室の広報主幹・畑厚彦氏、松本彩香氏に話を聞いた（以下敬称略）。

これまでの不祥事　整備された監督制度

問　国民の誰でも、私のような中国国民でも、日本赤十字社に加入して社員（会員）になることはできますか。それにはどのような手続きが必要ですか。

畑　はい、誰でも加入可能で、登録すればすぐ社員になれます。日本赤十字社に加入するには五〇〇円を納めていただきます。これは「社費」と呼ばれます。現在、日本では一〇〇〇万人が加入し、私たちの社員になっています。日本赤十字社を日常的に運営していくため資金の主要な財源となっているのが社費、つまり会員の会費に相当するものです。

問　すると、赤十字社は年間五〇億円もの社費を支出に充てられるのですね。また、社員になった人は以後毎年社費を納めなければならない、これが社員の基本的義務である――そういうことですね？

畑　社費は年間二〇〇億円以上になります。社員になるには五〇〇円以上から、ですから、例えば二〇〇〇円払う人もいるかもしれません。それは社員によって異なります。社費は毎年納入していただくことになりますが、強制ではありません。今年は五〇〇円払ったけれど、次の年は二〇〇〇円払う……そんなケースもありえます。

問　では、社員の権利は？

畑　社員でさえあれば、評議員や代議員に選出される資格を持ちます。代議員はこの赤十字社の活動内容を全国レベルで決定する権利を持ちます。また活動内容は、定期的にすべての社員に報告されねばなりません。今、日本には約二〇〇人の代議員がいます。四七の都道府県、それぞれにいます。

問　社長は代議員による選挙で決まるのですか。

畑　社長、副社長は日本赤十字社の代議員会の中で推薦で選ばれます。

問　これほどの大金を誰が管理・監督するのですか。

畑　資金については直接管理が行われます。本社と四七都道府県の支部がそれぞれ管理します。四七支部の下には赤十字病院、血液センター、社会福祉施設があります。これらの施設はいずれも各支部の管轄下に置かれています。

また支部には支部長が置かれ、多くは各都道府県の知事が兼任しています。もっとも支部長は名誉職（名義上の役職）ですが。そして支部所在地で受け取った寄付については、その支部で管理します。つまり赤十字社の職員が管理していることになります。

問　これまで資金の流用や横領はなかったのですか。

畑　日本赤十字社には一四〇年もの歴史があります。当然ながらこの一四〇年間、そのような事がなかったとは言えません。赤十字社のシステムは、例えば都道府県のレベルでは、都道府県ごとに一つ支部があります。日本ではさらにその下に市町村がありますね。これら寄付はまず支部に届けられるのではなく、市町村を通じて、順に一レベルずつ上がっていくのです。市町村における社費担当者は、市町村の地方公務員が兼任していて、彼らは社費募集を業務として担当しています（市町村には日本赤十字社の職員がいないため、このように市町村自治体の協力を得ています）。実はかつてこの段階で流用が生じたことがあります。本来ならば赤十字社に渡すべき社費を別のところに流用した、ということが起きました。むろん私的に使ったのではなく、別のところに流用してしまったというケースです。しかし幸いにも赤十字社の職員による流用や着服、横領などは今までありません。

問　お金が別のところに流用されるケースが発生したのであれば、一般市民は「倫理によって規制するだけでなく、よりよい制度を設けるべきだ」と考えるのではありませんか。

畑　われわれの制度は非常に細かく考えられ、定められています。市町村レベルの行政評価から会計上の管理、監査まで、制度として良く整備されています。

業務全体の中の一部分を担うこれら市町村公務員は、社会的にも厳しく監督されています。ですから公務員による流用や横領といった事案は極めてまれです。また各都道府県支部については本社が監督していますし、本社は外部からの監査が行われています。社費などの報告については市町村から支部へ、支部から本社へと報告され、最終的には一般にも公開されます。お金を幾ら使ったか、幾ら配分したか、どこへ配分したかについては、具体的な報告がなければなりません。

問　万一、寄付や設備機器などの流用があった場合、関係者の処分はどのように行われますか。

畑　市町村で活動経費（社費）を集めている時に、事務処理上、別のところに回してしまったことはあります。

このようなことがあった場合、どの手続きで問題が発生したかを明らかにした上で、関係者とその主たる監督責任者の責任を問うことになります。また同じようなリスクの再発防止に向けた制度や対策を定めます。これは非常に厳格なものです。

また赤十字社自体でも事業部門と管理部門を分けています。例えば、何か資材を購入したいとか、救援物資を調達しようといった場合は、公開入札を行わなければなりません。どれを購入するか、どうやって購入するかについて、誰かが一人で決定することはありません。この点でも、業務部門と管理部門は完全に分けられています。また全ての請求書・領収書は管理部門がチェックし監督します。事業実施部門でチェックしておしまい、ということはありません。

公平性の確保を最重視

問　一口一口の寄付について、どのようにしてより合理的な配分を確保していますか。東日本大震災を例に説明してください。

松本　先ほど畑から説明のあった分の資金とは、赤十字社社員（会員）の会費、つまり社費と呼ばれるもののことです。これは赤十字社の活動資金となり、義援金とは異なるものです。例えば今回の東日本大震災のような大災害が発生した場合、日本国内からの義援金だけでなく海外からもたくさんの救援金が寄せられますが、これと社費はまったく別に扱われます。社費は赤十字社の日常的な活動経費となり、大震災での義援金は全額がその大震災の被災者に届けられます。一円たりとも別のところに使われることはありません。例えば、三月一一日から今日（七月二〇日）までに、全国から二六〇〇億円余りが集まりましたが、このお金は一円まで間違いなく、この震災の被災者に送られなければいけないのです。寄付で生じる手数料、活動経費、それから救護班の派遣や救援物資の輸送といった仕事で必要な費用は、義援金から支出することはできません。これらは社費から支出し、義援金からは一円たりとも出ていきません。そういうことで、活動経費と義援金はまったく別のものなのです。

問　ここに援助すべき二人の被災者がいるとします。しかしこの二人はそれぞれ被害の程度が異なる――そういった場合、どうなりますか。

松本　赤十字社の活動範囲は、これらの浄財や義援金を集め、取りまとめることだけです。配分の方は、各都道府県が設置する義援金配分委員会です。さらにその下には市町村があります。そして被災の程度を確定する、あるいは被災の程度をどのように区分するか、各人にどの区分を当てはめるか、これについては都道府県と市町村が方針を決めています。

問　どのようにしてそれらの公務員を監督していますか。

松本　各都道府県の義援金配分委員会には必ず赤十字社支部の構成員が加わります。配分が完了したら、必ず監査があります。つまり必ず会計監査報告書が作成されるのです。

問　中国国内のメディアは、今回の震災被災者支援について日本社会から不満が出ていると報じています。中でも日本赤十字社に対する非難は、主に災害義援金の配分が非常に遅いことに対するものだと聞いています。

松本　確かにおっしゃる通りです。現在、一般社会から、赤十字社の義援金配分の遅れに対する指摘が出ており、お叱りも多く受けています。実際のところ赤十字社では、公平かつ迅速にという原則に立ってこれらの義援金を送金しようとしています。しかし東日本大震災は、本当に私たちの想定を超える規模のもので、市町村職員も多数が被災しました。そのためスピードの点では思うに任せないところもあります。皆さまから多くのご指摘やお叱りを受けていますが、私たちとしては、公平性を確保すること、これが極めて重要だと思っています。

先ほども説明した通り、都道府県のレベルがあり、その下にさらに市町村レベルがあるというこのシステムによって、公平でミスのない配分を確保しようとしています。ただこれを前提とすると、スピード面では問題が生じてしまうかもしれません。お叱りに対処するため、このような配分方法を改めるべきでしょうか？　そういう考え方もあるでしょう。しかし現状を見ると、私たちは今のこのシステムが最も安全で、最もミスのない方法だと考えます。義援金配分が遅れる事態となっているのは、このようにいくつもの段階を経て被災者に届けられているからだ――このことがあまり知られていないからかもしれません。それでご意見がすべて直接赤十字社に来るのでしょう。ですから、しっかり広報しないと私たちは非常に難しい立場に立つことになります。

問　ある特定の人からの義援金が最終的に誰に届けられたか、これについてはどうやって把握し、あるいは監督しているのですか。

松本　一人ひとりへの義援金の流れまでは分かりかねます。ですが、例えば先ほどお話しした二六〇〇億円余り、これは毎日金額が変わりますね、その日々変わっていく数字をウェブサイトで詳しく公開しています。二六〇〇億円余りの義援金についても、各都道府県に送金された金額を公表し、各都道府県から市町村に幾ら送金されたか公表します。また市町村が幾ら配分したかについても、日々発表しています――この数字が被災者に届けられた額になります。

問　東日本大震災では、海外からも多額の救援金があるのに、これはまだ全額が使われていません。このような問題はしばしば起こるのですか。

松本　各国の赤十字社を通じて集められた海外救援金は二三〇〇億円に上っていますが、送金した赤十字社が東京に集まって協議し、そのうち一九〇〇億円を使いました。これで被災した九万世帯に六種類の家電品からなる生活家電セットを寄贈するのです。被災家庭は九万世帯もあり、今は作業が追いつかず、寄贈が済んだのは五万六〇〇〇世帯にとどまっています。

問　一セットにつき中国人民元で二万元足らずになりますが、それで家電が六種類も用意できるのですか。新品ですか、中古品ですか。

松本　もちろん新品です。企業側の善意も込められていますから。日本の大手家電メーカーと私たちとで話し合った結果です。ギブ・アンド・テイクの関係があるわけではありませんし、企業にもここから多額の利益が上がることはありません。

情報公開こそ最強の「防腐剤」

問　赤十字社の年間の資金は、収支決算後に剰余が出るのでしょうか。

松本　災害援助の寄付・義援金は、全て都道府県に送らなければいけませんから、赤十字社には一円も残りません。活動資金の方は、非常に残念ながら、収入が年々減っています。活動経費のうち、別に「災害救護事業費準備積立金」というものがあり、これは緊急事態に備える資金です。この部分を除けば、各都道府県が使える活動経費は年々減少しています。

問　日本赤十字社では、何か事業経営をする考えはないのですか。実際、日本赤十字社はコカ・コーラ等のグローバル企業などともパートナーシップを結んでいます。赤十字社と企業との関係はどうあるべきでしょうか。

松本　日本コカ・コーラ社とのパートナーシップは新たな試みです。従来、活動経費はすべて個人からの寄付に頼っていましたが、今は減少傾向にあります。一方企業は今、社会貢献、社会的責任の履行を重視していますし、またイメージ改善のためにも社会貢献活動への取り組みに努力しています。現在では、企業も赤十字社とパートナーシップを結び、社会貢献活動を行えるようになりました。それで例えば千葉県と栃木県でコカ・コーラの自動販売機を設置する形で公益活動が始まったところです。

問　企業とのパートナーシップでは、どのようにしてビジネスに「抱き込まれない」ようにしていますか。

松本　企業とのパートナーシップを結ぶに当たり、協定書を取り交わします。例えば先ほどの自動販売機の例では、何台設置するか、また一本販売するごとに二〇円を寄付してもらう……などを規定します。しかし今はまだ最終的にどれほど売上が出るかわかりませんから、協定書締結時に、販売量にかかわらず企業として最低三〇〇〇万円を寄付してもらうことにしました。このような数字を決めておくことも、パートナーシップでの原則の一つです。

また企業がこのように自販機を利用して赤十字社に協力するときは、日本赤十字社の活動内容をはっきりとPRしていただいています。例えば、私たちは日本の防蚊剤メーカーとも協力しています。企業側は寄付をした上で蚊帳を購入して、ケニアに届けます。こうして赤十字社が実施するこの活動を、企業が推し進めてくれているのです。

私たちがこの方法を採ることで、もう一つメリットがあります。より多くの人に赤十字社を知ってもらうということです。例えば、コカ・コーラはよく飲むけれど、赤十字社のことは知らない、という人がいるとします。その人が例の自動販売機でコカ・コーラを買うことがあれば、コカ・コーラと赤十字社のつながりを知るでしょう。そうやって赤十字社を知ってもらえば、赤十字社の支持者が一人増えるかもしれません。

問　これほど多額の寄付がありますが、日本赤十字社では資産運用をしないのですか。

松本　日本赤十字社に寄せられた寄付は、預金の保護の観点から、利息のつかない決済用預金に預けます。日本の銀行では無利息の預金業務も行っているのです。個人でも、「利息は要りませんから、もし銀行が潰れたら、私が預けたお金は全額払い戻してください」と、この預金を選ぶ人がいるようです。

問　運営コストや管理コストの削減について、日本赤十字社はどのように取り組んでいますか。

松本　日本の赤十字社は活動資金を使うに当たってできる限りコストダウンに努めています。この点では国連教育科学文化機関（ユネスコ）をはじめとする多くの類似の国際機関と同様、活動経費でのコスト管理を厳しくしています。国際機関を基準として見ても、私たちのコスト管理は厳しいもので、広報活動費などは、予算を組む段階からとても厳しく、中間コストを減らすよう努力しています。

問　日本赤十字社の有給職員は全部で何人ですか。

松本　五万九〇〇〇人ほどでしょう。赤十字社には九二カ所もの病院がありますから、職員の八割は病院で働いています。病院は独立採算制を採っています。そして二割が組織の運営に携わっています。

問　中国紅十字会〔中国赤十字社〕は目下、信頼の危機に陥っています（注：二〇一一年の「郭美美事件」[1]をいう）。同じ赤十字関係者として、これをどう思いますか。

松本　今回の東日本大震災のようにこれほど多くの寄付が寄せられれば、誰もが注目し、お金の行方に関心を持つでしょう。一方、インターネットの普及によって、誰もがすぐに情報を得られるようになりました。このことには心配な面もあります。例えば、赤十字社が途中でマージンを取っているのではないか、マージンがどこかに流用されているのではないかと、疑う人が出ます。それは誤解なのですが、それでもネット上ではすぐに拡散してしまいます。恐ろしいことです。これが「郭美美事件」から学んだことです。そこでこれを防止するために、私たちは情報公開をさらに推し進める必要があると考えます。業務に関する正確な情報を、適切に、あらゆる人に知ってもらうこと。これが人々に憶測を招いたり、疑いを持たれたりしないための、最も根本的なやり方でしょう。今私たちが最も努力しているのが、これです。中国紅十字会に関しては、きっと一般の人々は誤解しているのだと思います。この点では同情を覚えます。しかし、だからこそ日常的な情報公開への努力が必要なのです。中国紅十字会だけでなく私たちも含めて、もっと努力して取り組まなければ、違反行為を防ぐことはできないと思います。

（1）郭美美事件

二〇一一年六月頃、「中国紅十字会商業総経理・郭美美」を名乗る若い女性が、自らのマイクロブログでゴージャスな生活ぶりを写真付きで自慢する書き込みをしたところ、炎上。非難や中傷が集中し、彼女と中国紅十字会に関するさまざまなデマがネット上に登場した騒動。その直後に郭本人がこの肩書きは虚偽であり、中国紅十字社とも無関係だと謝罪している。しかしこれと同じ頃、中国紅十字会による寄付金横領疑惑が浮上。裏で営利活動を行っていることや、二〇〇八年の四川大地震で、アーティストグループから寄せられた巨額の寄付金がそっくり使途不明になっていることなどが報道され、同会の信用が大きく損なわれた。

日本のひとしずく　震災ボランティアのこと

林楚方

林楚方氏

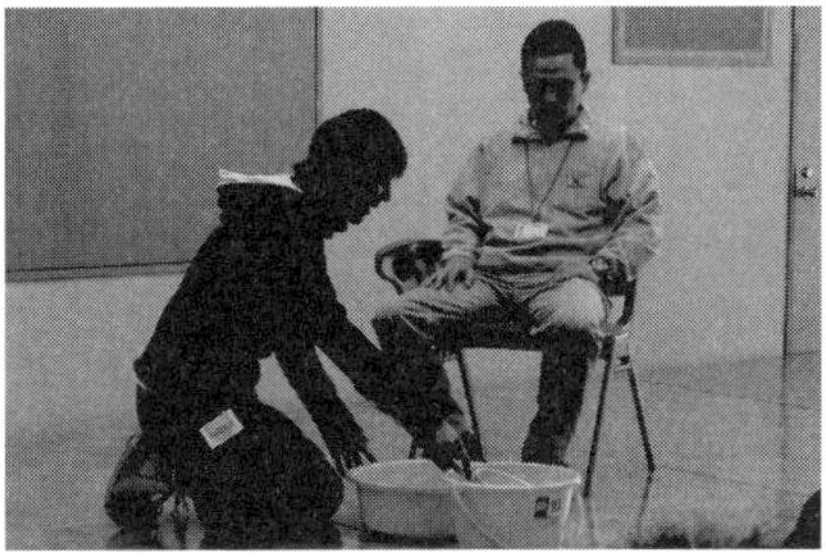

足湯ボランティアの講習

開北小学校での足湯ボランティア活動

二〇一一年四月一六日、つまり日本で地震と津波があった一カ月後に私は友人の王小山さんと共にその被災地に行ってみることを決めた。こうして私たちは一週間ほど被災の現場に身を置いて、強くたくましい人々に出会い、復興していくさまを目にし、いくつもの疑問を明らかにしていった。

心が大きく揺さぶられる旅だった。災害の爪痕もさることながら、この島国でなければ出会えない数多くの小さなエピソードによって。

ボランティアたちのこと

私たちがまず見たかったのはボランティアの仕事ぶりだった。しかし彼らは私の想像をはるかに超えたものだった。そのボランティアたちの任務は、被災者に「足湯」を使わせることだという。あなたも不思議に思うだろう。どういうことなのか、これから説明していこう。

四月一八日午前、都内の日本財団ビル一階で「足湯ボランティア」のオリエンテーションが行われていた。講師が若者たちに説明している。「ほとんどの被災者は、この一カ月、風呂にも入っていません。だから足湯の機会を提供することで、被災者に喜んでもらい、ホッとしてもらおう、というのです」

しかし実はその「ホッとしてもらう」ことは二の次で、第一の目的は被災者のニーズを拾い上げることだという。講師は「見知らぬ人同士であっても、スキンシップはお互いの信頼感を容易に築いてくれます。皆さんを信頼した被災者は、自分が何を必要としているのか、つぶやいてくれるでしょう」と言う。そして「皆さんは夜戻って来たら、その情報を班長に知らせてください。班長はそれをまとめてグループのリーダーに報告し、リーダーはこれをボランティア団体へ、そこからボランティアセンターへと報告します。ボランティアセンターではこれらのニーズ情報をもとに、このニーズを満たすため、新たなボランティアの準備をします」。

足湯の目的はニーズを把握することだという。ではなぜこのような方法でニーズの把握を行うのか。知りたいのはここだ。

足湯のボランティア活動では、被災者が湯に足を浸している間、ボランティアはその手を取ってマッサージする。日本では異性によるマッサージのサービスはめったにないそうだ。しかしこの足湯では、異性が相手をすることこそが肝心だという。サービスを受ける人にリラックスしてもらうことが狙いで、リラックスしてこそ本音も出てくるというものだ。

この講師はたびたび会場に笑いを引き起こして講義を中断させる。「だいじょうぶ、恋に落ちるなんてことはありえませんから。だって相手はおじいちゃん、おばあちゃんが多いから」。その一方で、多くの時間を割いて非常に細かく説明をする。

実はこの講師は、これまで非常に多くの経験を積んでいる。たとえば一九九五年に発生した阪神大震災の時にもボランティア活動に参加している。当時の神戸でのエピソードを語ってくれた。家を失い、家族も見つからない中、年若い女性からマッサージのサービスを受けたおじいさんがいた。マッサージが終わると、そのおじいさんが思いがけず冗談を言った。「こんなべっぴんさんにマッサージしてもらったら、もういつお迎えが来てもええわ」。そして「べっぴんさん」の問いかけに対して、おじいさんは、今何が必要なのかをあれこれ語り始めたのだった——。

日本人は内向的な人が多く、しかも他人に助けを求めることをよしとせず、困難があってもがまんしてしまう人が大多数なのだそうだ。だから被災者が求めている物事をどう把握するかが重要な課題になってくる。阪神大震災を経て導き出されたのが、「マッサージでニーズを拾い上げる」方法だ。あのマッサージをした女性と、それを受けたおじいさんのおかげだ。

検証され受け継がれているノウハウは、マッサージだけではない。日本のボランティアのはたらきは阪神大震災によって大きく変わった。当時ボランティア活動では大きな混乱が生じたのだが、その後の災害時には（今回の大震災を含めて）秩序だった活動が展開されている。だから阪神大震災が発生した年は、日本の「ボランティア元年」だと言われている。これについては後で詳しく述べたい。

話を足湯のオリエンテーションに戻そう。講習は四時間近くにわたった。講師は想定されるありとあらゆる問題についても、こと細かく説明する。例えば、顔を合わせて早々につらい話題を持ち出さないこと。どのように会話を進めればよいか。「『お子さんは?』『行方不明だ』『ご親戚は?』『連絡が付かない』『家財道具は?』『流されました』……これではダメですよね?」。互いに気持ちが通じ合うようになって、相手から自発的に話してもらうのが大切であること。

続いてボランティアからももっと細かい質問が次々と出された。「もしも被災者の方から子どもの世話を頼まれたら、どうすればよいですか」。講師は「自分には保育の資格がない、と返事してください。それでもどうしてもと言われた場合は、班長の指示を受けてください」と答えて、「たとえ資格があっても、自分から進んで資格を持っているとは言わないでください。もし保育ができると言えば、被災者はあなたの好意に応えようとし、その能力発揮の機会を与えなければ、と思うかもしれません。それはかえって被災者の負担になってしまいます。わざわざあなたに子どもを預けるかもしれません」。

別のボランティアが「(足湯サービスを受けている人が)もしも決められた時間になっても腰を上げてくれなかったら、どうしますか」と質問すると、講師は「マッサージを受けながらおしゃべりしていると、ついつい時間を忘れてしまう。これは普通のことです。けれどもあなたの方から『もう時間です、どいてください』などと言ってはいけません。相手の方はきまり悪いだろうし、がっかりするかもしれません。さっきまで親切だったのに急につっけんどんになったら、せっかくのいい雰囲気も台無しです。良くないですよね。でも、お湯やタオルを配るボランティアからあなたに、『君、もう時間だよ、次の人をお願いします』とでも声を掛けてもらったらどうでしょうか」。

また「初めて相手の方と対面する時、私はマスクを付けたままでいいのですか」と聞かれた講師は、「最初に被災者の方とあいさつを交わす時は、外してください」と答え、「足湯に取りかかる時にごく自然にマスクをすれば、相手も気にならないでしょう。最初は外さないと、礼儀正しくないと思われるかもしれませんね」と付け加えた。

「相手の方の方言が聞き取れないと、相手の方は気を悪くしませんか」という質問には「それは……うーん……」とさすがの講師も言葉に詰まり、「私にも分かりません！」という答えにどっと笑いが起こった。しかし「大事なのは、被災者のためになること、被災者を尊重することです」。

このオリエンテーションではプログラムの一つとして、講師とボランティアによる足湯の実演があった。その時のやりとりでも会場は何度も爆笑に包まれていた。

私はずっと日本人というものは四角四面だと思っていたが、それは誤解だったらしい。説明によれば、オリエンテーションがつまらなければなかなか聞いてもらえない、だから楽しいものにして効果を上げようとしているのだそうだ。「今回は急なことで、詳しく丁寧な講習ができません。ふだんだと、活動時間が二日あれば、そのうちまる一日をオリエンテーションに充てています」

オリエンテーションの終わりにも、驚くべき光景が繰り広げられた。一〇〇人近い見ず知らずの男女が三つのグループに分けられると、早速各グループのリーダーが決まり、グループはさらにいくつかの班に分かれ、それぞれの班長が決まった。このプロセスにかかった時間は三〇分にも満たない。それまでばらばらだった人々が、あっという間に効率的な組織になったのだ。

足湯の現場とさまざまなボランティアたち

オリエンテーションが終わると、王小山さんと私はボランティアたちと共に最も被害の大きかった石巻市へと向かった。

バスの中で講師は皆の注意を促した。「これから行くのは町の半分が水に浸かってしまった所で、本当に悲惨です。それに刺激されて『絶対がんばって仕事をしよう、命がけでやろう、そうでないと被災者に申し訳ない』と思うかもしれません。でも、くれぐれもそんなことは考えないでください。そんな気持ちが他のボランティアにも伝染して、他の人もがんばろうとする。みんながみんな一生懸命になってしまう。そんな雰囲気が、被災者にとって心理的な負担になってしまうこともあります。皆さんは自分がやるべきことをきちんとやれば、それでいいのです。どうかこのことを忘れないでください」。さらに「もしも被災地から戻って来て心の不調があったら、メンタルケアセンターに電話してください。配付した資料の中にセンターの電話番号があります。きっと助けになってくれるはずです」。

そのメンタルケアセンターもボランティアによって運営されている。

二〇一一年四月一八日夕刻六時頃、私たちは石巻市のボランティア受け入れ先に到着し、宿泊場所としてカラオケ店が指定された。

震災後、何日も経たないうちに多くの商店が店を開けた。この危難に乗じてぼろ儲けしようとしたわけではない。早く店を開けて人々に必要な物を手に入れてもらおう、それが自分たちの責務だと考えたからだ。だがカラオケ店のオーナーの考えは違ったのだろう。「このような時にカラオケなどふさわしくない、でも何か人助けはできないかと考えて、この店をボランティアの宿泊所として使ってもらうことにしたのでしょう」というのが、私たちに同行してくれた日本人の推測だ。

私の経験からすれば、被災地は、なりふりなど構っていられない、余裕のない場所になっているはずだった。しかしそれは違った。大きな被害を受けた土地であっても、衛生面に関しては日本人の要求は極めて高いものだった。だからカラオケ店に入る時には、一人一足ずつスリッパを渡され、ボランティア受け入れの担当者からは、汚さないように、衛生に気を付けて、と注意を受けた。その後私たちは、被災者の足湯会場でも避難所でも、どこへ行っても、靴を脱いでスリッパに履き替え、スリッパを脱いで靴に履き替える、という動作を繰り返すことになった。

翌日、私たちは足湯が行われる場所に行った。ボランティアの準備作業は周到で手際が良かった。ガスボンベをセットし、バケツを並べ、水を汲んで来て湯を沸かし、倉庫のような大部屋にビニールシートを敷く……一時間余りで、ボランティアたちはお客さんを迎えることができた。

予想に反したのは、異性を相手にマッサージするよう指示されていたボランティアたちなのに、何人かが同性を相手にしていたことだった。そんな男性ボランティアに「女性にマッサージするのではなかったの」と尋ねると、男性の希望者の方が多く、女性が来るのを待ってばかりもいられなかったので「なりゆきです」という返事だった。

会場には笑い声が絶えず、被災者はこのサービスを喜んでいるようだ。事前にできるだけ写真撮影は控えるよう言われていたが、私たちが声を掛けると、被災者は皆笑顔でカメラの前でポーズを取ってくれた。

被災地では泥出しをするボランティアにも出会った。言い忘れたが、ボランティアは足湯、散髪、泥出しなどに細かく分けられている。私たちが訪れた日の前日はちょうど週末に当たり、ボランティアの数はふだんの倍を超える一五八〇人を数え、記録を更新したという。その夜は泥出しボランティアの反省会に出てみた。昼間起こったさまざまな問題をここで取り上げて解決しようというのだ。たとえば、地元の人をもっとたくさん雇えないか、そうすれば職を失った人の就業の場を増やすことができるだろう、ではどのような人を雇用すればよいか、といったことまで。細かいことは覚えていないが、発言の内容はとても具体的で詳細だった。記憶に残っているのは、反省会でもしょっちゅう笑い声と拍手が起こっていたことだ。通訳によると、笑い声が起きたのは、あるボランティアが「そこの泥はとても臭くて、うんこよりも強烈でした」と言ったから。拍手は、あるチームは一〇〇人もいて一二軒しか清掃できなかったのに、別の四〇人のチームが三五軒も清掃したからで、前者には笑い声が漏れたが、後者には拍手が送られた。

あるお寺の地下室に納められていた遺骨を取り出した、という話も聞いた。その地下室は入口が狭く、小柄な人一人しか入れなかった。そのボランティアは中にもぐり込んだものの、なかなか出て来なかった。「映画のシーンみたいで、とても怖かったんです」。

度重なる災害を乗り越え、その経験を振り返って

今でこそ災害ボランティアの活動はスムーズに展開されているが、事情をよく知る日本人によれば、それは阪神大震災での教訓があったからだという。阪神大震災の時には、「何か役に立ちたい」と思った何万人もの人々が被災地に押しかけたものの、現地には彼らを受け入れるシステムがなかった。助けを必要とする人が助けを得られず、助けたい人が助けを必要とする人を見つけられず、多くの人は右往左往した挙げ句、引き返さざるを得なかった。しかもボランティアと称して商売をする者も現れ、とにかく混乱した状態だった。

その後、ボランティア組織が全国にボランティアセンターを設置してそれらの連携体制を整えたことで「熱意」は組織的な力に変わった。

足湯を通じて被災者のニーズを把握するというのも、阪神大震災の経験から生まれたものだ。ボランティアの木村奈々恵さんはその時の震災を経験している。「その頃は足湯という方法がありませんでしたから、みんなで避難所へ行って暇そうな人から情報を集めるしかなかったのです。でも被災地で暇な人といったら子どもたちばかりで、有益な情報を得ることはまったくできませんでした。どれも『おうちに帰りたい』『住む家が欲しい』『パパやママがいてくれたらいいのに』……それは、私たちにはどうしようもないですよね。足湯のことを聞いてやってみると、人と人の距離がぐっと近くなって、被災者は足湯をしながら本音の話を聞かせてくれたんです……足湯ってそんな大きな力があるのですね」

今回のボランティアの一人、浦田尚美さんは、昼間、一人の還暦過ぎのお年寄りの相手をした。ズボンの裾をまくり上げたとき、驚いたという。「あまりにも汚れていたので。その方はこのひと月の間に一回入浴しただけでした。寝たきりの奥さんがいて、そばを離れることができなかったそうです」

そのお年寄りから、避難所の木の床が痛いから毛布がほしいと打ち明けられ、浦田さんは「その要望はもう上の方に伝えておきました」。事前のオリエンテーションはとても重要だ。「私たちは被災者の方々を傷つけることのないよ

うに、細心の注意を払っています」と言っていた。

しかし、日本人のそのような細やかさ、丁寧さを高く評価する私に、学生の夏本茂男さんは「逆に考えてみれば、日本の教育が日本人をダメにしている、日本人は自分でものを考えることができなくなった、ということでしょう。だからそんな細かい事まで教えてもらおうとするんですよ」と冗談を言って笑った。

夏本さんは給水役を担うボランティアだ。「今回被災地に来たのは、何か良い事がしたかったからではないんです。ただ、体で経験してみたかったんです。将来、自分の子どもに『あの大震災の時、パパは何もしなかった』と言いたくありませんから」。それまで夏本さんは自分の国に反発を感じ、むしろアメリカの方が好きで、周りからアメリカかぶれだと見られたこともあるという。しかし彼の言葉を借りれば、「ここに来てイメージが変わりました。自分たちのとても良い部分をたくさん目にしましたから」。

浦田尚美さんにも一生忘れられない出来事があった。小さな女の子があめ玉をプレゼントしてくれたことだ。「私たちはもらうことができないのよ、と話したのに、その子はどうしてもあげると言ってきかないんです。泣きたくなって、結局そのあめをもらいました。記念に……」。浦田さんは美容師で、その女の子の髪をカットしてあげたのだった。恐怖にうちのめされた女の子が、どんなに困難な状況に置かれていても、その良い心根を示してくれたことに、彼女は日本にはまだ希望があると感じたという。

地震で倒れなかった学校を目の前にして

日本での大震災発生後間もなく、こんな作り話がインターネット上に投稿された。「日本の被災者が全員学校に避難させられている光景を見て、中国の一視聴者が大慌てでテレビ局に電話した。『中日友好という大局に立ち、テレビ局から日本国首相に伝えてくれ！　学校なんて危険きわまりない、と』」

この話には誰もが笑った。つまり中国人は、少なくとも、日本の学校は最も頑丈な建物だということを知っているからだ。実際、学校は最も頑丈であるべきだ。日本で地震などが発生する度に、中国メディアはそのニュースを倒壊しない学校という「教訓」で締め括る。なにゆえに倒壊しないか、どうしたら倒壊しないか、どうして今もなお倒壊しないのか……耳にたこができるほどだ。だが実際にその倒壊しない学校を目の当たりにした時は、さすがに驚きの気持ちが湧いた。

四月一九日午後、王小山さんと共に、海岸から五キロほど離れた所にある学校を訪れた。二つの建物がぽつんと立っているのが遠くからもよく見えた。近くまで行くと石碑があり、その前には鉛筆やバスケットボール、おもちゃといった子どもたちの持ち物、それに生花が供えられていた。ここが話に聞く石巻市立大川小学校だ。

一カ月あまり前、ちょうど授業を終えた子どもたちを津波が襲った。子どもたちが高台へ駆け上る前に、海の水はここへも押し寄せた。その日学校を不在にしていて難を逃れた校長が学校に駆けつけた時、子どもたちはもういなくなっていた。

教員一〇人が亡くなり、児童一〇八人のうち七二人が津波に巻き込まれた。

学校の周辺には民家はまったくない。全て津波で流されたのだと教えられた。

被災地で過ごした数日間、私はあちらこちらで折り重なるように倒れた家屋を、道路に泊まっている船を、ぐにゃりと折れ曲がった鉄骨を目にした。しかしこの海近くの学校は地震にも津波にもびくともしなかった。日本人の言う「他の建物は倒れても仕方ないが、学校は倒れてはならない」という言葉が、ここでようやく実感できた。

その前日、私たちは女川町という小都市を訪れた。その時、地元の人が廃虚の中から一枚の紙きれを拾い上げた。保育所の学級新聞だった。「昭和六〇年」とあるから一九八五年のもので、太陽とひまわりのイラストがあり、子どもたちの生活ぶりが記されている。

「九にち、のうりょうたいかい。一二にち、ひなんくんれん。二四にち、スライドかんしょう。三〇にち、おたんじょうかい」

大切なものだからこそ、持ち主はずっと手元に保存していたのだろう――二〇一一年三月一一日まで。その日、女川町では八〇〇人以上が亡くなった。この新聞の持ち主は今どこにいるのだろうか。あの時の避難訓練は役に立ったのだろうか。

日本人は幼い頃から避難訓練をしていると聞いた。しかしそれは決して「訓練ごっこ」などではなく、恐怖心の中でも秩序正しく避難するための訓練だ。そうやって津波が来る以前から、人々はできる限りのことをし、できる限り頑丈な建物も建てた。確かにその建物の中にいたとしても、押し寄せる海の水から逃れることはできなかった。しかし水が引いた後、倒壊せずに残った学校の校舎は今も被災者を守ってくれている。

私たちが訪れた石巻市立住吉中学校では、被災者二〇〇人余りを受け入れていた。生きるか死ぬかの瀬戸際を経験した被災者たちは、思い思いに座ったり横になったりしていた。ちょうど自衛隊員が被災者のために米飯を炊いていて、その中には中国の大連出身で日本に帰化後、自衛隊に入ったという青年もいた。この中学校でもボランティアがビニールシートを広げて被災者たちに足湯を使わせていた。被災者たちの笑い声が響く。あるおばあさんは「津波が来たけど、やっぱり桜は咲いたよ」とほほ笑み、言葉を継いだ。「辛い思いでいるときこそ、心の中をにっこりさせないと、ねぇ」

震災だけだったらこれほど多くの命は失われなかった。子どもたちの死も津波が原因だ。だから親御さんたちは誰を恨むこともできない――地元の人々はそんなことを言っていた。

中国の「南方都市報」紙は、二〇〇一年以後の一〇年間に日本ではマグニチュード六・五以上の地震が一八回発生し、合計一一三人が亡くなったが、そのうち校舎の倒壊による児童生徒・教員の死者数はゼロだったと伝えている。二〇〇四年の新潟県中越地震でも、被災地の約二五〇校のうち、倒壊した校舎は一棟もなく、重大な被害といっても梁や柱の亀裂程度だった。この時、震度七を記録した震源地に位置する学校でも、その日のうちに被災者四万人余りを受け入れたという。

日本では日頃から防災訓練が実施されているが、それよりも重要なのは、大きな地震があるたびに人々がそこから教訓を汲み取っていることだと、同紙は言う。その結果、校舎の強度は年々高められ、ついに学校は、特に小中学校の校舎は、最も強固な建物になった。また日本にも「多難」「興邦」という言葉があるそうだ。かつて首相だった吉田茂は一九六七年に出版された『日本を決定した百年』の中で、邦《くに》を興すために日本は教育の普及に大いに力を入れたから、小学校の校舎が村で一番よい建物になった、と述べている。文部科学省の文書でも、校舎の強度を高めることについて触れて、学校は日本の将来を担う子どもたちの命を預かる場所だと述べている。

むろん人の意に沿わないこともあるのだろう。学校の外で会った老夫婦は「菅直人も自治体ももたもたしている」と不満を口にした。しかし「もたつき」は避けられないだろう。確かな数字ではないが、地元公務員の三人に一人が亡くなったと聞く。また街いっぱいに散らばった持ち主不明の家財や資材の片付けもまだ終わらない。国や自治体といえども、勝手に個人の――亡くなった人のものであっても――財産を処分することはできないからだ。そのためには法的な権限が必要だし、そして法的手続きなるものは時間がかかるものだからだ。

二度と帰らぬ日々に　四年半後の被災地に立つ

章弘

章弘氏

大川小学校の壁画

無人の双葉町商店街入口

一

時は二〇一五年一一月九日。

場所は日本の仙台。

午後五時、私が仙台空港に到着した時には、夕日の残照さえすっかり消えていた。曇り空だったからか、ここが世界の東の果てだからか。しかし空港のロビーは煌々と明るく、到着した人、出発する人でごったがえし、行き交う人は絶えない。国内線、国際線の飛行機が次々と着陸し、また離陸していく。まるであの大地震などなかったかのように。

二〇一一年三月一一日。それは金曜日の午後だった。私はとあるホテルにいて、中央電視台に出す広告について長年の親友と打ち合わせをしていた。その日はちょうど娘の一四歳の誕生日で、夜には、高校進学を控えた娘のために、家族全員でお祝い兼激励のパーティーをすることになっていた。北京時間午後三時（日本時間午後四時）頃には携帯電話に「日本の東北地方で大地震発生」のメールが続々と入り始め、友人たちが次から次へと地震の詳しい様子を尋ねてきた。慌てて東京にいる友人に連絡しようとしたが、携帯の国際電話回線は完全に切断されていた。

五時頃、電話が鳴った。かつての勤務先である中央電視台財政・経済チャンネルからで、大至急中央電視台一四番スタジオに来い、生放送番組『直撃　日本大地震』に出てほしい、という。商談相手をほったらかし、娘には謝りを入れて、妻の（交通違反すれすれの）運転で、復興路一一号のメディアセンターにあるテレビ局の東門に乗り付けた。司会を務める姚振山氏の横に座ったのは、六時の放送開始数分前だった。そこで目にした最初の光景が、仙台空港だった。マグニチュード九の大地震が突然発生して、最初に津波の襲撃を受けたのが、太平洋から一キロ、海抜わずか一・七メートルの所にあるこの空港だった。飛行機は全て波にさらわれ、滑走路は泥や砂、樹木や建物、それに車で埋め尽くされていた。搭乗を待っていた乗客、乗員や空港職員ら一六〇〇人は、空港の中で最も高い建物の三階に緊急避難していた。

心を落ち着かせる間もなく、『直撃　日本大地震』オープニングのクレジットと重苦しいテーマ曲が流れ始めた。司会の姚氏が簡単なあいさつを述べた後、私が語り始めた。「皆さん、今ご覧になっているのは日本の東北地方にある仙台空港です。高さ一〇メートルの津波が滑走路に押し寄せ、建物の二階まで水に浸かりました。約一六〇〇人の乗客や空港職員は全員三階に避難しています」……

それから約四年半後の今夜、私は仙台空港の一階ロビーに立っている。

笹川日中友好基金の小林義之さんは、中日両国メディアの交流事業に携わるかたわら、早稲田大学の博士課程で外交史を研究していて、いわば書物と現実とを融合させる場を持つ人だ。彼は今回の私の取材に備えて、たくさん予習をしておいてくれた。仙台空港では早速、当地の観光復興のために設けられた観光プラザに連れて行ってくれた。ここでは、二〇一一年三月一一日午後、地震と津波両方の襲撃を受けた仙台市、名取市とその周辺の状況をまとめた一三分間のビデオを見せてくれる。

画面の中の空には黒雲が流れ、雨まじりの雪が降る。地面は泥で覆い尽くされ、壊れた建物が倒れている。そして津波は木々や岩、がれき、車両、電線を巻き込み、家を、学校を、病院を、集落を、町をのみ込んでいく。映像と共に流れるナレーションは、ある小学生の日記だ。

「わたしはテーブルの下にもぐりこみましたが、ママがいないのに気がつきました。『ママ、早く来て』といっしょうけんめいよびました。そこへママが飛んで来て、わたしといっしょにテーブルの下にかくれました。それから、『今、パパはどこにいるんだろう』と、パパのことが心配になりました。けい帯電話はもう通じませんでした。家ががたがたと鳴って、今にもたおれそうになりました。ママがわたしを引っぱって家からにげ出したとたん、家がくずれ始めました。何も持って出られませんでした。何もかもがれきになってしまいました。ママとわたしは、もしかするとパパに会えるかもしれないと考えて、道路を歩いて行きました。ずっと歩いていくと、パパが見えました。パパは地しんの後、車に乗っていっしょうけんめい家に帰ろうとしましたが、道がでこぼこになっていて、しかたなく車をおりて、家にかけて帰って来ると中でした。わたしたちは三人でしっかりとだきあいました。それからパパが、『じいじとばあばの家に行ってみよう。あそこは高い所にあるから、安全かもしれない』と、言いました。わたしたちは二六キロメートルも歩きました。じいじとばあばは庭で、わたしたちが来るのを待っていました。わたしは『今日は世界の終わりの日になったけれど、今日一番幸せなのはわたしの家族だ』と、思いました」

ビデオが終わった。小林さんと私はしばらく何も言えなかった。私たちと前後して観光プラザにやって来た、おしゃれな服装をした二人連れの若い女性は「友達にも見せてあげたい」、だからこのビデオのコピーを持って帰りたいと、目の周りを赤くしながら言っている。そこへまた何人かの二〇歳前後の男女がやって来て、ビデオのことを聞いている。四年半前の「三・一一」大震災を忘れられないのは、私たちメディア関係者だけではないようだ。見たところごく普通の、心優しい若者たちも震災当時とその後に心を寄せている。

観光プラザを出た私たちの両脚は鉛のように重かった。大地を揺るがす天災を幸いにも逃げのびた市民が、それに続く真っ黒な津波にのまれて命も財産も失ったのだ。怒り暴れる大自然の前で、人はいかに小さく弱いものなのか。

夕食どきだった。小林さんは私に、何を食べたいかと聞いた。北京を発って仙台空港に着くまでほとんど何も口にしていなかったが、空腹は感じなかった。小林さんは一軒の定食屋を指さして、「仙台で一番有名なのは牛タンの炭火焼きです。街なかの店はここよりおいしいかもしれません。だけどここで店をやるのは大変でしょう、ここで夕食にしませんか」。そうだ、津波にのみ込まれたこの仙台空港は、半年以上をかけて改修され、ようやく全面営業を再開したのだ。以前あったテナントも一挙に破壊されてしまい、この牛タンの店は、仙台空港の「顔」としてここでがんばっているのだろう。小林さんの後に付いて店に入った私は、メニューのうちで一番高い定食を注文した。

二

大川小学校は、その傍を流れる河川にちなんでその名が付いた。学校を取り囲むように美しい山や川があり、代々ここで暮らす二百余世帯の家があった。小学校には楕円形をした二棟の校舎、二階建ての事務所、体育館、それに山や林が見え、せせらぎの音が聞こえ、わが家も眺められる広い校庭があった。土地の人々は何世代にもわたってこの小学校から勉学の日々をスタートさせてきた。祖父母と孫が、親と子が小学校の同窓生だという大川小学校は、ふるさとそのものだった。

二〇一一年三月一一日の午後。病気で休んだ児童四人とすでに帰宅していた児童一人、会議で外出していた校長を除く児童一〇三人と教師・職員一一人は、長い年月繰り返されてきたのと変わらない午後を過ごしていた。授業中、突然マグニチュード九の強い揺れが起こり、子供たちは教師の引率で整然と校庭に避難した。そしてそのうち児童二七人は家に帰って行った。幸いにも地震の被害を免れた教職員と児童だったが、その後彼らは家や木や車と共に押し寄せる黒い波を前にして逃げ場を失った。四人の児童と一人の教師を除く、児童七二人と教職員一〇人が命を奪われた。最も幼い子はわずか八歳、年かさの子でも一三歳を迎えないうちに、子供たちは二〇一一年の三月一一日を限りの人生を閉じたのだった。

ドアも窓も、屋根も、椅子も机もなくなり、勉強する子供たちの元気な声までも失われた建物が三棟、今もここに残っている。それはまるで「ぼくたちがんばったんだよ」「でも小さ過ぎたんだ」「津波の方が速かったんだよ」と訴えかけているようだ。校庭の南東角には壊れた壁があり、そこに残された色彩豊かな絵に目が吸い寄せられた。『未来を拓く』とある。緑色をバックに子供たちが手をつないで笑っている。和服を着た二人の子供がパンダの手を引いている。さらにチャイナドレスを着た女の子がいて、その横に中国国旗が翻っている。パンダや中国の子供たちと一緒に未来を拓く――それが大川小学校の子供たちがこの世に残した夢なのか！　壁画の近くには、回収されずに残された物が転がっている。靴の片方があった。白い運動靴だ。持ち主は八歳ぐらい？　慌てて走るうちに脱げたのか？　男の子か、女の子か？　好きだったのは歌、それとも野球？　この靴をなくした子が、隣国の国旗をあの壁に、自分の未来に描き入れた、小さな絵描きさんではあるまい？……幼くして亡くなった子供たちの夢を実践していくことが、幸いにも今を生きている者からの、最善の手向けになるのではないだろうか。

三

車が広々とした湿地帯に入ると、建築中の木造住宅が目に飛び込んできた。七〇歳を過ぎたと思われるお年寄りが、手にしていた工具を置いて梁の上から降りて来ると、帽子を脱いで私たち一人ひとりにあいさつした。

高橋さんは名家の出身で、祖先から山二つと日本家屋一棟を受け継いだ。裕福な家庭であったけれど、彼は苦労知らずの「どら息子」になることもなく、その聡明さと勤勉さによって日本屈指の医学校――東北大学医学部附属診療放射線技師学校に進んだ。この大学にはかつて中日両国に名を残す人物がいた――魯迅先生が学んだ仙台医学専門学校（仙台医専）こそ、東北大学医学部の前身である。高橋さんは卒業後、仙台の公立病院に就職し、定年退職するまで放射線技師として勤務した。子供たちは成長して家を遠く離れ、彼は九〇歳になる母親と七〇歳の妻と共にここに残った。

二〇一一年三月一一日午後、津波が木や泥、がれきを巻き込みながら川筋に沿って押し寄せて来た時、七二歳だった高橋さんは裏山の一本の木によじ登ったが、悲しいことに家族は難を免れなかった。

半年後、数多くのボランティアの働きによって、津波が残していった一切合切はきれいに片付けられた。心を込めて手入れしてきた庭は、何もない湿地になってしまった。二年後、高橋さんは子供たちや親戚からの熱心な「引っ越していらっしゃい」という勧めを断って、たった一人で高橋家が二〇〇年以上暮らしてきたこの土地に戻って来た。夜はワゴン車の中で過ごしながら、ボランティアの助けを借りて、先祖代々の住まいの設計図を引き、自分の山林から木を切り出し、ボランティアと共に以前と寸分違わぬ家屋の骨組みを組み立ててきた。「少しでも長く住めるよう、早く完成させたいと思っています」。お子さんたちは来て手伝わないのですか、という私の問いに笑って頭を振り、「ここは先祖代々伝わってきたものです。私の代で失ってしまうことはできません」。私が「しかし地震や津波は不可抗力です。あなたのせいではありません」と言うと高橋さんは、「今の人々は三月一一日の大震災を知っています。ですが後々の子孫には、二〇一一年三月に家がなくなったこと、それは私の代の出来事だとしか、分からなくなるでしょう。だから私が建てなければならんのです」。高橋さんは壮健ではない。もう七六歳になる。しかし私に語ってくれる時のその表情には憂いはなく、涙も見せず、始終ほほえみがたたえられている。明るく整った面差しからは、強く大きな精神がうかがわれる。

別れを告げ、車の中から振り返ると、また建物の梁の上に戻って、一つまた一つとねじを締めている高橋さんが見えた。「私自身、何年も住むことはないでしょう」、それに家を継ぐべき者もふるさとには帰って来ないつもりだ。ただ先祖から受け継いできた財産を自分の手で絶やさないため、そして子孫から後ろ指を指されないために、七六歳の老人はここで黙々と作業を続ける。

津波が来て、高橋家が代々住み継いできた家を押し流した。しかし津波は山を沈め、林を壊すことはできなかった。山も林も変わることなくどっしりと立っている。これが高橋さんの命の源であり、エネルギーなのではないか。

四

車が長面浦《ながつらうら》に至る道に入った時、日本語の「浦」の意味を尋ねると、同行の日本人がそれは「湾」のことだと教えてくれた。日本の沿岸部には内海のように見える湾が多くあり、そこでは連なり入り組んだ山肌に青い海が迫る。広さ約五平方キロの長面浦はそのような湾の一つで、ここには漁港がある。

私たちが車を降りた時、小川さんはちょうど漁網を片付けているところだった。彼女の家は先祖代々長面浦の東岸に暮らし、サケ漁とカキ養殖で生計を立ててきた。二〇一一年三月一一日の午後、ここは沿岸に暮らす漁師たちの命の港ではなくなった。津波は漁船や民家のがれき、泥と共に長面浦に流れ込んだ。わずか半日で湾は巨大な「ゴミ置き場」となり、何十年も営まれてきたサケ漁やカキ養殖の基地は壊滅状態になった。

「海辺に座り込んで、長いこと泣いていました。こんなにたくさんのがれき、いったいどうしたらいいのかと思って」と、小川さんはほほえみながら語った。収入源を失ったことよりも何よりも、小川家の人々や漁師たちが嘆いたのは、将来が見えなくなったことだった。湾のゴミやがれきを片付けることは、本来ならば地方自治体の仕事であり、漁師がその片付けを手伝えば、自治体は報酬を支払ってくれる。しかし自治体には出せる人手がなかったから、漁師たち自身が動かねばならなかった。「だけどいつになったら取りかかれるのか」。小川さんとその父親には手の付けようがなかった。そんなとき、数多くのボランティアが日本各地から駆けつけた。彼らは入れ替わり立ち替わり、小川さん父娘をはじめとする長面浦の漁師たちを手伝って、半年余りの時間をかけてがれきやゴミを撤去した。長面浦に元通りの青い水をたたえた港が戻ってくると、自治体はがれき撤去作業の報酬の支払いを止めた。小川さん一家は無収入となった。養殖を再開し、販売にまでこぎ着けるには、まだがんばらねばならない。

私は長面浦と外海とを隔てる山の方に頭を向けた。そこには二カ所、海に通じる「出入り口」が見える。不思議に思って小川さんに「どうして外海に出てカキを獲らないのですか」と聞くと、彼女は笑った。日本では外海漁業と内海漁業はそれぞれ別の免許が必要で、外海で操業する免許を持っていても内海では操業できず、反対に内海の漁師は外海に出て操業することはできないのだそうだ。震災後は特例の対象にならないのだろうか？　収入がないときに外海で操業して生計を立てることは、外海の漁師だって理解してくれるのではないか？　「うーん」、小川さんは頭を振った。「もしも船を外海に出しても、誰もそれを止めたり、追い払ったりしないでしょう。けれど外海の方が先に津波の襲撃を受けて、多くの漁村が被災したのです。船は壊れてばらばらになったし、養殖場もだめになった。元通りになるにはもっと時間がかかるでしょう。ね、私たちが外海に出て行けると思いますか」

そう言って小川さんは静かに私を見つめた。彼女の瞳は澄み切って、まるで長面浦の海のようだった。マグニチュード九の地震や津波に襲われても、それが濁ることはなかったのだ。

五

その「佐藤水産」という会社にたどり着いて、私たちはどれほど意外に感じたことか。真新しい乳白色をしたモダンな建物が、堂々と女川の海辺に立っていたからだ。

佐藤水産はもともと従業員数わずか三〇人ほどの小さな会社で、主に水産加工業を営んでいた。私たちがこの会社を目指してやって来たのは、ここには中国と浅からぬ縁があるからだ。

少子高齢化が進む日本で、佐藤水産も人手不足の問題に直面し、経営の危機にまで陥った。そこでこの会社は中国の実習生送り出し機関と協力関係を結び、安徽省と遼寧省から二〇人の中国人技能実習生を招いた。

佐藤水産は、兄の佐藤仁さんが社長を、弟の佐藤充さんが専務を務めて、兄弟二人で経営していた。二〇一一年三月一一日午後、激しい揺れに襲われた工場は今にも崩れそうになった。震災経験のない中国人実習生はおろおろするばかりだ。周囲の民家があっという間に倒壊し、女性従業員たちが泣き叫ぶ。そんな中で佐藤専務は従業員全員を裏の高台へと引率した。「早く、早く！」専務は声を限りに叫ぶが、事情がのみ込めない実習生たちは、屋外に逃げれば安全だと思い込んでいた。「山の上へ行って！　上へ！」手を引っ張られ、背を押されて、二〇人全員は佐藤家が代々守ってきた高台の神社まで登った。そこから下を見てようやく、先ほどから聞こえるゴーッゴーッという響きは、雷ではなく津波なのだと理解した。彼らが大きな恐怖に陥っている中、専務は「絶対にここから下りないで！」と全員に命じ、「もう少しするとお客さんが来ることになっているんで、心配だから見に行ってくる。それから大急ぎで家に戻って家内や子供を助けなくては」。「危ないです、行かないでください！」と止めたが、皆を安心させるように、「大丈夫！　ここを動かないで。すぐ迎えに来るから！」と言いながら、専務は急いで高台を下りて行った。

こうして二〇人の中国人実習生は佐藤神社にとどまって佐藤充専務の帰りを待った。しかしもう暗くなろうという頃になっても専務の姿は見えない。夕暮れどきになって、目を真っ赤にした佐藤仁社長が高台に登って来た。実習生たちが口々に「専務さんは？」と尋ねると、社長はしばらく口ごもっていたが、やっと「知らない。家族とどこかに避難しているんじゃないか。あんたたちは心配しなくていい」、震える声で答えた。

佐藤水産の工場は高さ一二メートルもあったのに、大量の住宅のがれきと共に押し寄せた津波は一四、五メートルの高さに達し、まるごとのみ込まれてしまった。専務はその後も戻って来なかった。社長は、実習生二〇人を中国政府が派遣したチャーター機に乗せるため、車を走らせて地震で崩れた町、流された道路を越え、新潟空港まで送り届けた。

一カ月後の四月一〇日、水が引いた佐藤水産の廃墟から佐藤充専務の遺体が見つかった。専務の家は土台だけを残して全て流されてしまったが、妻と息子はその前に逃げ出していて無事で、家からやや離れた避難所にいることが分かった。二〇人の中国人実習生を救い、家族や来客の安否を気遣った佐藤充さんただ一人が、津波によって帰らぬ人となった。

二〇一一年三月一五日だったと思うが、私は中央電視台のスタジオで日本のテレビ番組を見ていた。大連出身の女性が取材に応えてこんな話をしていた。「地震が起こってすぐ家に戻っていたら、家族も助けられたでしょう。でも先に私たちを助けてくれた。お客さんに会い、家族を助けるために下りて行かなかったら、彼は死ななかったでしょう。いつもまっ先に他人を助けようとする人でした……」

以来、その佐藤水産がどうなったのか、いつも私の頭から離れなかった。生産を再開したのか？　企業は再建できたのか？　だから今回の被災地取材の前に、笹川日中友好基金の胡一平さんと小林義之さんに、どうしても佐藤水産という会社を訪ねたいとお願いした。佐藤仁さん本人に会って弔意を示し、話を聞き、また佐藤充さんが中国人技能実習生二〇人を危難から救ってくれたことに感謝したかったのだ。会社のある女川町に行くと、佐藤さん一家はどのような取材も受けたがっていない、と知らされた。佐藤仁社長は弟を表彰した社会貢献支援財団にこう語っている。

「国内のテレビ、新聞等、また中国から弟への取材の申し込みがあったが、当人が亡くなっていることもあり断ってきた。その中で、弟が表彰されることについて、色々考えてもみたが、弟家族がここで一区切りをつけるためにもとの思いから受賞させていただいた」。当時の痛ましい状況を何度も語りたくはないだろう。

しかし私には諦めきれなかった。車を走らせて、佐藤水産を見つけた。会って話すことはできないが、現在の会社を一目見るだけでよかった。いずれにしろ中国の同胞を救ってくれたのは、佐藤充さんなのだ。ちょうど昼休み時分で、工場のあたりはひっそりとしていた。建物の裏で、偶然にも休憩中の二人の女性従業員を見かけた。うまい具合に、彼女たちは中国から来たという。温かい雰囲気で話ができた。地震と津波から一年半後、地方自治体、漁業組合、銀行、ボランティアの支援によって、佐藤水産は再建を果たしたという。その後もまた中国人実習生一七人を受け入れ、そのほぼ全員が中国の東北出身だそうだ。「一日八時間仕事をします。残業はまったくありません。休みは週に二日あり、(給料も)たくさんもらえます。宿舎は高い場所にありますから、津波も来ません。風呂にも入れるし、自炊もできます。満足です」「私たち中国人がここに来ているのは、佐藤社長を慰めるため、そして中国人を救ってくれた弟さんに感謝するためです。もうご本人には会えないけれど、それでもよろしく言ってくれと、しょっちゅう頼まれます」

故郷を遠く離れ、充実した毎日を送る二人に私は言った。「北京から来た者です。どうか佐藤仁社長によろしくと伝えてください!」

六

鈴木紀雄さんのふるさとは、白砂の美しい海岸だった。毎年夏になると各地から人々がここを訪れ、老いも若きも海水浴を楽しんだ。二〇一一年三月一一日午後、津波はこの海岸から陸地へと押し寄せ、鈴木さんの家の両わきを通り過ぎていった。家が倒壊しなかったのは不幸中の幸いだった。しかし鈴木さんには思いも及ばなかったことだが、この世には「幸い中の不幸」もまた存在する。家屋は大地に踏みとどまったものの、外壁やドア、窓の破損はひどかった。ところが地方自治体の補助金制度によれば、全壊した家屋に対してはまず一〇〇万円(約五万人民元)が支給され、住宅の建て替えまたは新規購入するときには改めて二〇〇万円（約一〇万人民元）が支給される。鈴木さんの家は倒壊していないし、主体構造部もきちんと残っている。だから自治体は一銭たりとも補助金を出せないと言うのだ！

鈴木さん一家は、最初、自治体が無料で提供する木造仮設住宅に引っ越した。だがいつまでもそこに住むことはできない。鈴木さんは日夜わが家の再建を夢見たが、にっちもさっちもいかない。この時、全国各地から来たボランティアが彼の家の前に集結した。がれきを片付け、設計図を引き、建築材料を買い、家を建て直そうというのだ。それから半年後、震災前とまったく変わらない、暖かな色をした二階建ての家が、青い海、白い砂の海岸沿いに現れた。鈴木さん一家はほぼ一年半ぶりに自宅に戻った。

鈴木さんは赤みを帯びた顔に大きな目で、「ボランティアの皆さんには感謝しています。ボランティアがいなければ何もできませんでした！　いまだに家にも帰れなかったでしょう」と語った。

鈴木さんが住む宮城県石巻市の波板《なみいた》地区は、伝統的な硯《すずり》の産地。もともと後継者がなく廃れようとしていた硯産業は、「三・一一」大震災後、存亡の危機に立たされた。中高年層の多くの住民がこの津波にのみ込まれた土地を離れていったからである。しかし震災後も波板地区にとどまった硯職人たちのもとには思いがけなく全国各地から硯の注文が舞い込んだ。「これも彼らのおかげです」と、鈴木さんは顔いっぱいに笑った。そして話し終えると、慌ただしく自分の持ち場に戻って硯用の石材を削り始めるのだった。

七

宮城県女川町は漁業で栄えた小都市だ。良港を持ち、エンジン付き漁船の製造、水産加工が盛んで、ここに代々住む人々は豊かな日々を送ってきた。中国の「鎮」程度の小さな都市ではあったけれど、大きな病院も擁していた。二〇一一年三月一一日の午後、大きな地震と津波が相継いで町を襲った時、女川町立病院の一階部分は全て水に浸かった。入院中の患者やちょうど診察を受けに来ていた患者一〇〇人ほどの面倒を見なければならなかったし、さらに震災後、家屋が倒壊して行き場を失った被災者をも受け入れねばならなかった。揺れと泥水の中での奮闘の結果、ここにいた患者は誰一人命を落とすことはなかった。

この病院は、地震発生のその日のうちから情報を発信し続け、引き続き外来診療を行った。患者が健康保険証や受診カードを持っていなくても、無料でいつもどおり診察して医薬品を提供した。たとえベッドが足りず椅子一脚しかなくても、けが人や患者を受け入れて救急医療を行った。

翌日になると、病院は近隣の被災者に無料で食事を提供した。温かい汁物やおにぎりを道路際まで運んで、避難生活を送る人々に配った。

三日目からは病院の診療チームが避難所や倒壊を免れた家々を回り、医療サービスと温かい笑顔を届け始めた。そして復旧・復興に向けた動きがスタートすると、早速、地域の住民や全国各地のボランティアが集まり、津波で壊れた病院施設の改修作業に着手した。こうして女川町立病院は新たに女川町地域医療センターとなり、いち早く平時と変わらぬ保健・医療サービスの提供を再開した。

八

七十七銀行は地元の小さな銀行なので宮城県外ではあまり知られていないかもしれない。地震発生後、この銀行は他に先駆けて、「預金者は銀行カードや預金通帳が見つからなくても、本人の住所、氏名を申告することで、一回限り一〇万円まで個人預金の引き出しが可能」であることを広く知らせた。

銀行の想定外だったのは、震災翌日から特殊事情を抱えた顧客が数多くやって来たことだ。それはこの地域で働いている中国籍の人たちだった。この地域では多くの中小企業が中国人従業員を雇い入れていて、名取市、石巻市だけでもその数は四〇〇人以上。震災発生後、彼らはごく早いタイミングで安全に避難することができ、死傷者はゼロだった。中国政府はすぐさま被災地から最も近い新潟空港に飛行機を派遣し、同胞を帰国させることにした。しかし被災地から空港までの交通手段は、全て失われてしまった。東京の中国大使館はバスを何台も被災地に差し向け、中国人一人ひとりを探し出して空港へと移送することにした。しかし彼らのほぼ全員が、空港行きのバスに乗ることをためらった。被災後の何もかも破壊された光景を見ると、復旧にどれほどの年月がかかるのか予想もつかなかった。今ここを離れたら、もう二度と戻って来られないだろう。では、自分が銀行に預けたお金はいったいどうなるのか？多くの者が何年も故郷に帰っておらず、預けた給料にはほとんど手を付けていない。苦労して稼いだお金まで津波で失われるなんて！

七十七銀行は中国人従業員たちの苦境を知ると、さっそく担当チームを設けて倒壊した銀行の跡地で彼らの対応に当たった。勤務先の会社名と本人の氏名、預金額を申し出れば、七十七銀行は全額を払い戻すことにしたのだ。一人当たり数百万円という金額だ！　こちらの出張所で現金が不足すれば、あちらの出張所が助け、この銀行の手持ち現金が足りなくなったときには、他の銀行が応援した。こうして四〇〇人余りの中国人は長年の苦労の対価を一銭も欠けることなく受け取り、七十七銀行への信頼を胸に無事祖国へと帰ることができた。

九

被災地を取材した数日の間、人びとの話に最もよく登場したのが、「ボランティア」だった。幸いにも今回の全行程には、数ある日本のボランティア団体の中でリーダー的存在とも言える黒澤司さんに同行してもらうことができた。日本におけるボランティア活動の始まりは、一九四五年の第二次大戦終結時にまでさかのぼれるが、被災地支援への本格的な参加は、一九九五年一月の阪神・淡路大震災からだろう。当時、黒澤さんは日本最大の公益法人である日本財団で専ら開発途上国支援を担当していたが、その大震災直後に被災地に入り、死者数も被害額も日本で過去最大となった被災現場を目の当たりにした。そして消防や自衛隊に頼るだけでは被災者支援のニーズを十分に満たすことはできないことに気付いた。数多くのボランティアがやって来たが、彼らは組織化されず、経験もなく、何をすればよいのかさえ分からない状態だった。頭の切れる黒澤さんの使命感に火が付いた。まず大急ぎで他の非営利団体の責任者たちと各被災地域での支援ニーズをまとめあげ、さらにボランティアたちの得意とする技能も調べた上で、人員の派遣を行った。こうしてボランティアたちはそれぞれの長所を生かすことができ、それぞれの願いを果たすことができた。

　現在、日本の企業、団体、省庁などでは「ボランティア休暇」を設けている。希望者は勤務先の状況に応じて、職場を離れて一、二週間のボランティア活動に参加することができる。さらに年末年始や有給休暇を利用すれば、被災地で一カ月間も活動できる場合もある。また黒澤さんの所属する日本財団や大きな非営利団体では、ボランティアの技能・特技の登録受け付けも行っている。こうしておけば、いざ災害が起こったときに、経験豊富な熟練者を最も必要とされる所に派遣できるからだ。

　二〇〇八年の中国・四川大地震では、黒澤さんは日本人ボランティアによる救援チームを率いて四川省都《と》江堰《こうえん》市に入った。しかし日本の木造、軽量構造の建築物と違い、中国の建築物はほとんどが鉄筋コンクリート造かレンガ造なので、大型重機がなければ救援活動は不可能だった。その現場で黒澤さんに強い印象を与えたのは、人民解放軍が見せた迅速な行動と日頃の訓練の成果だった。今でも言える中国語は、「鉄軍来了《ティエジュンライラ》——鉄の軍隊が来た！」。それは都江堰市内の壊れた壁に書かれた言葉で、彼自身もこの言葉に勇気づけられ、心を落ち着かせたという。

　社会のシステムが異なるため、日本の支援チームは中国で大規模な支援活動を展開することはできなかった。しかし数年後、四川省の汶川《ぶんせん》県、北川《ほくせん》チャン族自治県、都江堰市の各被災地は復興を果たし、被災住民は新たな町、新たなコミュニティー、新たな住まいで生活を始めた。

　日本の国や地方自治体は、災害発生後になってようやく復旧・復興に向けた計画策定と予算確保を行い、直接復旧・復興作業に携わる人員を派遣することまではできない。消防、自衛隊も災害直後の救援活動には参加するが、長期にわたる活動はできない。だから、あれからもう四年半が過ぎたのに、大部分の被災者は今もなお仮設住宅に住むか、あるいは遠く離れた土地の親戚や友人の元に身を寄せている。大規模インフラや住宅の再建は、ようやく始まったばかりだ。

逆にこのことは、ボランティア団体が大いに活躍できるチャンスを生み出している。休日や夏休み、年末年始になると、大勢のボランティアが各地から被災地にやって来て、がれき撤去などの復旧・復興活動に参加している。名取市の被災地に行ってみると、津波被害が最もひどかった沿岸の地域も整地がすっかり終わっていて、かつてこの一帯が二〇〇〇軒分を超える住宅のがれきで埋まっていたとは、想像もできないほどだ。私たちは地震や津波の猛威を嘆くと同時に、ボランティアの大きな力にも感服した。これにとどまらず、漁業を再開し、水産物販売を再開して、可能な限りかつての穏やかで豊かな日々を取り戻してもらおうと、ボランティアは自分たちの力やお金を出し合って、漁業関係者支援にも取り組んでいる。

十

日本のテレビやインターネット、新聞・雑誌が東京電力の福島第一原子力発電所について報道し始めたのは、二〇一一年三月一二日からだったと思う。マグニチュード九クラスの大震災と津波の襲撃によって一号機が爆発したのではないかとか、放射性物質が漏洩したのではないかと伝えていたが、その表現は非常に慎重なものだった。ところが翌一三日、中国の電子メディアはこぞってこれを伝え、また中国の二大ポータルサイト新浪《SINA》と騰訊《テンセント》のミニブログには容赦ない非難のメッセージが次々に投稿された。上海市、江蘇省、浙江省の住民は恐怖におののいた。福島第一原発の放射性物質が海を越えて真っ先にこれらの市・省をはじめとする華東地区に漂着すると信じ込んでしまったからだ。さらにヨウ素添加塩が放射能に効くと言い出す者まで出て、この地区ではヨウ素添加塩がたちまち売り切れ、パニック寸前に陥った。

中央電視台特別番組『直撃　日本大地震』の生放送は三日目を迎え、混乱もなく引き続き進行していった。その晩は、レギュラー番組『経済半小時〔経済三〇分〕』の時間にいったん生放送を中断して、その日の「『三・一五』世界消費者権利デー　消費者の権利を守れ」を放送していた。そこへ李彬彬《ひんひん》プロデューサーがやって来て「章さん、福島第一原発について報道しなくちゃならない」と告げた。「了解。そろそろやらないと厄介なことになりそうだね」と私が応じると、「だけど、あれほどひどい地震と津波に遭っても、日本人の反応はどちらかと言えば前向きなんだ。福島第一原発の事故では、放射能が漏れたんじゃないかとか、政府の怠慢や、大企業の隠蔽工作があるかもしれないとか、悪い情報がどんどん出てきそうなのだけど」。私は「『実事求是』、事実に基づいて真実を追究せよ、だ。事実であれば伝えなければ」と言った。

李プロデューサーと私は一九九〇年代から一緒にがんばってきた仲間同士で、メディアセンターにある中央電視台の『経済半小時』オフィスでは、デスクも隣り合わせだった。私にとっては四代目のチーフプロデューサー、言ってみれば一番上の上司だった。今まさに起こっている災害を生放送で報道する場合、状況が刻一刻と変化するから、プロデューサーにとって司会者や解説員との信頼関係は最も重要になってくる。

そしてその夜の担当司会者は馬洪濤君だった。山東省濰坊《いぼう》市の出身で、華東師範大学歴史学部を卒業し、一九九五年に私と相前後して入局した。私の初めてのテレビニュースはこの馬君と組んで制作した。だから彼とは実の兄弟のように親しい間柄だ。

その夜は、福島第一原発について伝えるため、国家核電技術公司〔中国国家原子力発電技術会社〕の某安全委員を中央電視台のスタジオに迎えた。福島第一原発の最新状況を伝える映像を流した後、司会の馬君はまずその安全委員にコメントを求めた。すると「あなた方の番組は大いに問題だと思いますね！　勝手にこのような報道をしてはならないのです。国際的な慣習では、もしも放射性物質の漏洩があれば、福島第一原発はこれを東京電力に報告し、東京電力は日本政府に報告する。日本政府は必要だと考えれば中国政府にも通知し、中国政府は必要だと思えばあなた方マスコミにも知らせる。それで初めてマスコミは報道できる、そういうことになっているんです！」そこまで言って、馬君と私があっけにとられた表情をしているのに気付き、語気を緩めた。「章さん、あなた何か間違えて翻訳したのでしょう。訂正すればいいんですよ」。彼は私たちに逃げ道を与えるため、その「問題」を翻訳ミスにすり替えようとした。福島第一原発について報道するというわれわれの「主観的誤り」を、翻訳ミスという客観的問題にして、ごまかそうとしたのだった。

司会者と私は、いつでもディレクターなどからの指示を受けられるようイヤホンを付けているが、ゲストは通常装着しない。この時、李プロデューサーの冷ややかな声が聞こえてきた。「反論するんだ、中央電視台の報道に誤りはない！」。馬君にちらっと目をやると、彼は私に反論するよう促した。安全委員に名指しされたのは、この私だから。そこでできるだけ気持ちを落ち着かせ、穏やかにゲストに話しかけた。「お話のあった国際的慣習は、確かにそうなっています。しかしそれは、重大な放射性物質漏洩事故が発生し、その影響が中国に及ぶ場合の規定ですね。そのような場合は当然、政府関係当局が一元的に情報発信すべきです。しかし今は放射性物質の影響が中国に及ぶような、重大事態の可能性はありません。それなのに他のメディアがこれを報道したため、ヨウ素添加塩を買い求めようとパニックまで起きています。ですから今私たちが報道することは、根本からその誤りを正すという、そんな役割を果たすことになるのです。今だからこそ必要なのです。こうやって報道してこそ、さらなるパニックの発生を抑えられるのではありませんか」

すぐさま馬君が「万一、本当に福島第一原発で放射性物質漏れが発生したら、放射能は中国まで来るとお考えですか。またヨウ素添加塩には、本当に放射線を防ぐ効果がありますか」と尋ねた。

徐々に安全委員の渋面はほぐれていった。そして、福島が位置する場所の風向や気象条件、日本が公式発表したデータをもとに、たとえ放射性物質の漏洩があるとしても、その放射能は中国まで届かないという科学的結論を、とうとうと述べ立て始めた。

「おふたりさん、よくやった！」イヤホンからプロデューサーの温かい声が聞こえてきた。

その翌日、中国国務院は緊急会議を開き、あらゆる原子力発電事業の一時休止を決め、改めてその安全問題について話し合った。

華東地区でもヨウ素添加塩を争って買う者はいなくなった。そこからほど近い湖北省武漢市のある「やり手」業者は、市内でヨウ素添加塩を買い占めて商機を狙っていたが、結局、大量の在庫を抱えることになったそうだ。

十一

それから四年半余りを経た二〇一五年一一月一一日の正午、私たちが乗った車は福島県南相馬市に到着した。双葉町に入る手前で、取材に同行してくれた黒澤さんと小林さんが一軒の食堂を指さして、「人が住んだり働いたりできる場所はこの近くまでで、ここが最後の食堂です。この先は無人地帯になります」と、教えてくれた。

車を降りて、その和食も洋食も出してくれる食堂に入った。それぞれ定食を注文したがどれも大盛りで、私の前に出てきたのは、握りこぶしのようなハンバーグ二個、山盛りの千切りキャベツ、大盛りの白飯だった。昼食をとりながら賑やかにおしゃべりをしていたが、その実、皆胸の内は悲壮感でいっぱいだった。

この日午後一時、私たちの車は双葉町に入った。道路の両側はずっと柵で封鎖されていて、自動車はひたすら前進するしかない。枝道への曲がり角には、今でも真っ白な防護服を身につけた警備員が立っていて、住宅地への立ち入りを禁じている。ごくたまに音が聞こえ、人影が見えるが、それはショベルカーで汚染された表土を取り除いているのだった。

双葉町は、地震と津波による被害が最も深刻な所だ。二〇一五年の三月一一日を過ぎた後も、住民たちはわが家に戻ることが許されていない。ここは福島第一原発に最も近い町で、地震、津波、放射能と、立て続けに三重の打撃を受けたからだ。富岡町駅前で「桃源」という中華料理店を見つけた。かなり損壊が進んでいる。かつて店の主人がその店に託したこの地に「桃源郷」を築こうという夢は、もうすっかり潰えてしまった。

双葉町、大熊町をはじめとする福島第一原発周辺の広い地域では、一見したところあらゆるものが地震と津波で破壊され失われたわけではないようだ。今もなお、何本もの赤い旗が風に翻っているのが見える。しかしよくよく見れば旗には「除染作業中」と書かれている。円筒形をした黒い包みが整然と並べられているのも見える。包みの中は地表面の土など、放射性物質で汚染された廃棄物だ。これら黒い包みは担当行政当局や地元住民の苦悩の種になっている。地下に埋めてしまえば水源を汚染するかもしれないし、どこかに運び出そうとすれば搬送先住民の猛反対に遭う。廃棄物を包む黒いプラスチックバッグの寿命はわずか一〇年だという。一〇年後はいったいどうするのか。

生命を脅かす放射性物質に汚染された廃棄物が目の前にあるのに、誰にもなすすべがない。それなのに、廃棄物の包みは一つ一つ整然と並べられていく。包みで築かれた壁を目の前にするとき、たとえ廃棄物であってもきちっと並べておこうとする人々に対して、畏敬の念を抱かざるを得ない。

双葉町を出発した。遠くに目をやると、立派な民家、色彩鮮やかな商店、白っぽい色の診療所、オレンジ色や褐色をした銀行、赤白模様のガソリンスタンド、青と黄で塗られた学校……。どれも無傷できれいな形のまま立っている。それなのに、そこは人の住む世界ではない。動くものは見えず、何も聞こえない。子供たちの元気な声など聞こえるはずもない。

もしもわが家が地震によって倒され、わが町が津波によって流されてしまっても、人はその事実を理解し受け入ることができるかもしれない。それは結局のところ、天災なのだから。しかし放射性物質の漏洩・拡散は、どのような理由を挙げて申し開きをしようとも、人災でしかない。民家にしろ商店にしろ、それらを建てるとなれば、一生かけて築くほどの財産が必要だろう。その財産はどれほどの苦労の結晶なのか。それだけではない。生まれた子の元気な笑い声、校庭での駆けっこ、教室に響くピアノの音、下校途中の悪ふざけ、社会を生きる厳しさ、休日の一家団らん……。ある日の午後まったく突然に、何世代も続いたここでの暮らしの一切は「終わり」を告げられた。わが家はもうわが家ではなくなり、そこから出て行かなくてはならない。昨日までの自分は、もう遠くのものになってしまった。双葉町、南相馬市の人々の心は、どれほど傷ついていることか！

今この文を書いている時、インターネット上では「原子力発電が米国を破滅させる」、「原子力発電が日本を破滅させる」といった類の文章が拡散している。その文章の冒頭では、日本では四〇年間原子力発電所事故はなかったが、やはり地震や津波の襲撃を阻むことはできなかった、極めて脆弱だったのだと、鋭い指摘がなされている。引き続き原子力発電を推進すべきかどうか、確かに深く考えるべきなのだ。たとえ放射性物質の漏洩がなくても、発電によって生じる核のゴミをどう処分するか、これも検討すべきテーマだ。

しかし移住を強いられた福島県双葉町、大熊町、浪江町などの一六万人に近い住民にしてみれば、このような議論は遅きに失したのかもしれない。彼らはとっくにわが家を失ったのだから。聞くところでは、避難した住民が必要な物を持ち出すために一時帰宅を許された時、誰もが自宅からアルバムや、家庭生活を記録したビデオテープやＤＶＤを持って避難先に戻って来たという。そこにはそれぞれの家族の過去が残されている。いまや人々は家も車も庭も、原っぱも森も川までも、全てを失い、アルバムの中の思い出だけが唯一の財産になってしまった。彼らは元のわが家を離れ、いやおうなく新しい道を進まなければならない。

二度と帰らぬ日々に向き合うとき、残された唯一の道は、まったく新しい生活を切り開くことだけだ。

日本的風俗営業

徐春柳

徐春柳氏

歌舞伎町

日本は中国現代化の師であるが、今やそれが中国に及ぼす影響は言語や組織機構にとどまらない。現代的「風俗営業」も、台湾と香港が中継ぎとなって中国に深刻な影響を与えている。ＫＴＶ〔女性従業員の接待付きカラオケ〕、マッサージ、出会い系サイト、援助交際など、思い当たるものはいずれも日本にその原型を求めることができる。

夫婦のセックス回数が少ないことでは世界一なのに、好色で有名な国民。映像では性器の露出が禁じられているのに、アジアどころか世界でも最もアダルトビデオ（ＡＶ）制作が盛んな国。そして売春・買春は完全に違法なのに、性風俗産業の発展著しい国――。そう聞けば誰だって「これはぜひともツッコんでみたいものだ」と思うだろう。（ツッコミを意味する「吐槽《トゥーザオ》」も、もとは日本語だ。）そう、オレら中国人の目で実際に日本の風俗営業を見ると、もうツッコミどころ満載なんである。

「喝花酒」キャバクラで飲む

日本の大都市には歓楽街がつきもので、日本人はこういった場所を「風俗」と呼ぶ。有名なのは東京の新宿歌舞伎町、大阪の心斎橋、札幌のすすきの、九州は福岡の中洲あたり。歓楽街でのよくあるお楽しみと言えば、日本人サラリーマンが部長や課長のお供をして、あるいは仲間たちと連れ立って、キャバクラに行くことだ。中国のＫＴＶみたいなものだけど、広い個室はないし、店内はずっと狭くて数人で小さなテーブルを囲むスタイル。中国ほど薄暗くなく照明も煌々としている。もちろん、一緒に飲んだり遊んだりしてくれるカワイイお嬢さんがたもいる。たいていの場合チップを一〇〇〇円も出せばお触りだってさせてくれるけど、蝶々のように、こっちのテーブルに来たと思ったら、すぐにあっちのテーブルへ飛んでいってしまう。グループで行って、ひと晩飲んで食べて歌って、キャバクラ嬢も付いて一万円程度、中国人民元で五、六〇〇元というところだから、中国の同等クラスのＫＴＶよりもずいぶん安上がりだ。

日本の法律は、たとえ性風俗店といえども、客に挿入させるサービスを禁止している。早い話が売春・買春は御法度ってこと。しかしだ、法治国家だからこそ、法律で禁止されていないことはやってもよいわけで、身体の別の部分を使うのならば構わないし、特定の場所でなければよろしいということになる。なので、お嬢さんがたは性行為そのもののサービスはしない。ただし、約束を取り付けてデートするのなら誰も文句を言わない、ってことは知っておいていい。だけどお嬢さんがたの誰も彼もがうんと言うわけじゃない。それは中国のＫＴＶも同じこと。キミの腕次第、それにカノジョの財布の中身次第ってことだ。

それに中国と違うのは、デートで「ラブホテル」を使えること。警察の手入れなんか心配いらない。日本には三万七〇〇〇軒以上のラブホテルがあり、一日平均二八〇万人が利用する。中国にある「クリスタル・オレンジホテル」なんかのいわゆるテーマホテルはますます進化中だけど、これも日本のラブホテルを真似したものだ。でもオレらには一つ強みがある。日本よりも土地が広いってこと。日本のまっとうなホテルでもベッド一台分の広さしかないんだから、土一升金一升のラブホテルは――？　ご想像にまかせよう。そうそう、カプセルホテルも試してみたかったら、ぜひ。ただし行くのはお一人で。二人で泊まっても身動きできないから要注意。

ツッコミどころは――。歓楽街の道端で客引きをしているのは、黒人でなければ、ほぼ全員中国人。東京の日比谷近くの裏通りで、中年女性が日本人のおじさんにつきまとって、「いいコ」を売り込んでいるところを目撃した。おじさんは無視を決め込んで歩いていく。そのおばさんは次の角までねばったけど、何事か罵ってやっと離れた。一目で中国人だとわかったから近寄って声をかけてみた。おばさんは最初上海人だと自称したが、話しているうちにお互い江蘇省北部、揚州の出身だと分かり、そうなるともう必死で中国娘を売り込んでくる。はるばる日本まで来て中国人と遊ぶなんて、ありえる？　聞くところでは、この手のブローカーに騙されるケースは多いんだそうだ。オレら中国人観光客はプラスエネルギーを大切にして、珍しいものは見るだけにした方がいい。騙されたら元も子もない。

「脱衣舞」ストリップ

日本にはストリップティーズもある。西洋はパブだけど、それとは違って劇場になっている所が多い。大阪にはストリップ劇場が三軒ある。日本の当局は毎年適当に一軒を選んで取り締まり、営業停止を申し渡す。だけど翌年には営業再開を認め、また別の一軒を閉めさせて総量規制しているんだそうな。劇場内のステージはファッションショーのそれに似ていて、踊り子は後方のステージから前方のステージへと歩いて来る。それを観客が取り囲むようにして座る。はっきり見えるから、前列席の料金は高めだ。

もちろん客は圧倒的に男が多い。女性も来るけど、それはだいたい物見高い観光客。この手の店のオーナーはだいたいが保守的で、しかも日本人ときたら英語が苦手だから、見た目日本人じゃない客は中に入れてもらえない。それはレイシストだからじゃなくて、何かと面倒だからだ。もし日本人の友達がいれば一緒に行ってもらうといい。それなら何も言われない。

ストリッパーのなり手はいろいろあって、女性会社員のアルバイトだったり、現役女子大生だったり、有名AV女優だったりする。AVスターの小向《こむかい》美奈子は経済的な事情から浅草のストリップ劇場に出演した。その時盗撮された舞台写真がメディアに流出して大騒ぎになり、劇場とメディアは裁判で争う始末。そうそう、こういった場所はちょっと始末が悪くて、バックに暴力団があったりする、ってことは知っておいてほしい。とにかくストリップの上演中、写真撮影は認められない。メディアだからってきまりを破っていいということはない。

どうしても写真を撮りたい？　うん、劇場だって目の前のお金は欲しいからね。ショーが終わって休憩時間になったら、ステージの隅に行くといい。一〇〇〇円でお気に入りのアイドルと一緒に写真を撮れる。整然と列を作って並んで待っていた日本人が、自分の順番になると人目もはばからず下品なポーズで記念撮影する、そんな様子を鑑賞するのもなかなかできない経験かもしれない。劇場によっては、追加料金を払うとカーテンで仕切った中に案内され、その中で時間いっぱいいろんなサービスをしてもらえる。劇場では、お客さまにじっくり鑑賞してもらうためだと称して、懐中電灯、拡大鏡、バイブレーター……いろいろなツールも用意している。

　ツッコミどころは――。日本人はストリップを見ながら何をしていると思う？　なんと拍手しています！　それも全員が大まじめに一糸乱れぬ手拍子を打ってるんだ。ステージの踊り子さんもその手拍子に合わせて、開いたり閉じたり……。欧米のストリップティーズだと、ヤジが飛んだり口笛を吹き鳴らしたり大騒ぎだけど、ここはぜんぜん違う。だって考えてもみてよ。オレらの旧正月の年越し恒例番組「春節聯歓晩会《チュンジエ・リエンホワンワンフイ》」で、大御所歌手の李穀一女史が『歓楽今宵〔今宵もたのしく〕』か何かを「再見《ツァイチエン》、再見、また〝太平間《タイピンチエン》〟〔霊安室〕で会いましょう」（もちろんこれは、「再見、再見、また〝彩屏前《ツァイピンチエン》〟〔テレビの前〕で会いましょう」のパロディだ）――って歌うと、客席のみんなが一斉にリズムに合わせて手拍子をするじゃないか。ストリップを見ている日本人も、ちょうどそんな感じなんだ。日本人ときたら、こんなエッチなシチュエーションでも均一性を忘れない。さすが東洋民族、集団行動が大好きだ。それに洋の東西の違いは舞台演出にも見られる。欧米のストリップはセクシーさを前面に出すけれど、日本のは正直言って、美的じゃない。人体の解剖学・生理学的展示って感じがするんだ。

「成人視頻女優」ＡＶ女優

　初めにも言ったとおり、日本のＡＶ産業は、アジアで、いや世界でも最も盛んだ。それがよく現れているのは、登録女優の数一七万人、制作本数は月二五〇〇タイトル以上という数字だろう。今流行の言葉で言うならば、有名なＡＶ女優一人ひとりが一つひとつの「ＩＰ」〔知的財産、転じてコンテンツ〕なのだ。どうりで彼女たちが続々と中国に稼ぎに来るわけだ。

　オレは仕事の関係で何人かの女優とオンライン、オフラインのつきあいがある。紅音《あかね》ほたるといえばかつて無修正動画では一時期大いにもてはやされた。中国での知名度は、たぶん、出演タイトル数トップの武藤蘭に次ぐ。彼女がミニブログ「微博《ウェイボー》」を始めた時、フォロワーのコメントは「服なんか着ていると誰だか分からない」といったものばかりだった。

確かに彼女は脱がなくなった。中国に来て「微博」を始めた頃にはもうAVを引退していたから。しかも引退後の転身ぶりは、言ってみれば、自分で自分の立ち位置をぶち壊し、これまで築き上げてきたものをいったんゼロに戻すようなものだった。彼女はエイズ感染予防と、女性の権利保護のボランティア活動を始めたんだ。「微博」もそのためのものだった。「AVのシーンは本当のことではなくて、ただの演技。例の潮吹きもたくさん水を飲んでおいて生じさせる一種の尿失禁だから、あれが普通だと考えてはダメ」とよく語っている。若者の性知識に悪影響を与えているのではないかと心配し、過去に自分がしてきたことについて繰り返し謝っている。だから彼女が中国でやっていることは、金儲けじゃない。性にかかわる中国の学術関係者やNGOと共に「(コンドームを)つけなアカン!」をPRしているのだ。

紅音ほたるは自分のセクシーな写真をめったにブログにアップしない。それよりも、自分の新たなミッションに関する話題の方がずっと多い。ポールダンスを習い始めたこともその一つだ。ゆるふわ女子だから初めのうちは力業など無理だったけれど、つらいトレーニングを経て、今では彼女のポールダンスはかなりのものだ。動画を見るとそのたくましさが分かる。手足の筋肉が発達し、手でポールを握って難なく反転したり開脚したりしている。「微博」ブームは一段落し、彼女もほぼ中国という舞台から退いている。だけど彼女ほどの能力があれば、日本でもうまくやっていけると信じている。

もう一人挙げれば、派手な演技で知られる大沢佑香。引退後、マネージャーから与えられた新たな身分は、なんと「写真家」だ。彼女が撮る写真はイメージ重視のもの。スクリーン上で「やめて……!」を連発してたAV女優がこんな抽象芸術を生み出すなんて、まったく意外だった。マネージャーは、シリア人の血を引き、白い肌と美貌を持つこの写真家に、中国でも個展を開かせたいようだ。

総じて彼女たち女優は礼儀正しくて、とても「日本人」だ。その立場や職業はどちらかと言えば「陰」ではあるけれど、それでも真摯であることを忘れない。杉原杏璃（まだ現役の杉原杏璃は、ＡＶ女優じゃなくてグラビアアイドル。なのに中国国内では、どうも蒼井そらなんかと区別されていないみたいだ）を取材した時も、一人ひとりと記念撮影してくれて、サイン入り写真もくれた。クライアントの要望に対してとても気を遣う人だった。

一般的に言って、ＡＶ女優としての寿命なんて本当に短いもので、人気が出ても数年がいいところ、そのうちまた新しいコが出てくる。だからこそ彼女たちは方向転換をはかろうとしている。普通の女優だって同様かもしれないね。二〇〇五年にヒットした日本のテレビドラマ『嬢王』には、蒼井そら、吉沢明歩《あきほ》らが出演している。飯島愛、高樹マリア、及川奈央などは、もう普通のタレントとして認知されている。すごく人気が出た者は少ないけれど。

ツッコミどころは――。当然のことだけど、ＡＶ女優引退後、必ずしもよい仕事が見つかるわけじゃない。一ノ瀬アメリ、光月夜也《こうづきやや》の二人も、人気が出てから引退して結婚した。けれど人生というものは決して幸せじゃない。特技もなくただ年齢を重ね、結局、赤ん坊のミルク代を稼ぐためにまた元の世界に戻ったりする。

それにさっきも話したけれど、あの小向美奈子だって浅草のストリップ劇場に出た。それは、一九九五年に日本の純情派ＡＶ女優のトップに立った夕樹舞子が、後にはストリップで稼ぐしかなくなったのと似たようなケースだ。日本ＡＶ界の「黄金時代」を代表する女優だった小向美奈子なのに、二度復帰を果たしてもいまひとつぱっとせず、結局、引退宣言するしかなかった。長い間思うようにいかず、精神的に参ってしまってドラッグに手を出したとか、それで激やせして顔形も変わりグラマラスボディーではなくなったとかいう話も聞いている。

最悪の場合、引退後に性風俗業に転向するＡＶ女優だって少なくない。二〇〇一年の石岡正人監督の映画『ＰＡＩＮ／ペイン』は、そんな彼女たちの苦しみを描いている。もっとも早川瀬里奈みたいに、六本木のキャバクラ嬢出身で、ＡＶで稼いだ後、また元の職業に復帰した女優だっているんだけれど。

「情趣店」アダルトショップ

アダルトショップは日本のどこにでもある。ここは世界一賑わうアダルトグッズのマーケットとなっていて、最新モデルが続々と売り出される。

地価の非常に高い秋葉原にあるのは、電脳《コンピューター》や家電だけじゃない。東京最大のアダルトショップもここにある。例えばあるチェーン店などは六フロアあって、扱う商品もフロアごとに、ビデオに雑誌・漫画、グッズ、コスプレ用品、「家具」や飾り物などなど、多種多様なアダルトグッズが並び、器具やコスチュームがよりどりみどり……店内に入ってみれば、大いに見聞を広められる。ただ日本の他の店でもそうだけど、ものすごく狭いので身動きがとれないこともある。オレらも人にぶつかられながら、「ハズカシー！」と日本語をつぶやきつつ、「人造陽物」をチェック。

この店の唯一良いところは、外国人客を当て込んで、パスポートがあれば消費税を免税にしてくれること。

ツッコミどころは――。日本の電源は一一〇ボルト！　だからこんなコトもあるある。キミはカノジョのために強力な電動マッサージ器を買い求め、喜び勇んで帰国した。いそいそと包みを取り出して「これ、君にプレゼント」。包みを開けてカノジョは顔色を失う（ふりをする）。

いよいよ電源につなぐと、たちまち焦げる臭いがして（中国は二二〇ボルトだ！）、マッサージ器はただの棒きれに。カノジョは怒りと軽蔑のまなざしで「あんた何やってんのよ！　めっちゃ楽しみにしてたのに！」

唐代老人漂流記　唐招提寺で思いを巡らす

張発財

張発財氏

唐招提寺金堂

東大寺大仏

鑑真和上の眠る開山御廟

不敬にあらず。

「按掲芸術家《モーゲージ・アーティスト》」たる俺は、常にビジュアル的に思考し連想してしまう。その俺が日本の唐招提寺御影堂で鑑真和上坐像を拝観したのである。和上のお顔はうす黒く、目鼻と口の部分だけが白っぽくて、だから泥パックを貼ってお手入れ中のようだ。で、フェイスパックとくれば、ごく自然に「日本に行ったら買って来て」と頼まれていたことを思い出し、視線はあらぬ方へとさまよう。温水洗浄便座は、電気炊飯器はどこにある……？

ああ、滅相もない、勿体ない……。


『宋高僧伝』の「唐揚州大雲寺鑑真伝」及び『鑑真和上三異事《さんいのこと》』の記載によれば、鑑真は名門の出であり、春秋戦国時代において名の知られた淳于髠《じゅんうこん》の子孫である。「髠」というのは古代の刑罰の一種で、頭を剃られ丸坊主にされるものである。そのような祖先に対する崇敬の念からであろう、鑑真は一四歳の時に揚州大雲寺で剃髪して僧となった。

唐の神龍元（七〇五）年、高僧道岸が大雲寺を訪れて律を講じた。鑑真が学識人に優れ、徳行高尚、前途有望な若者であることを知った道岸は、彼に菩薩戒を授けた。唐の授戒制度では、二〇歳になってようやく比丘になるための摂律儀戒を授けられ、正式な僧侶としての資格を得られる。その後さらに苦しい修練を経て、仏教学の知識を全て身につけなければ、菩薩戒を授かることはできない。しかし道岸大師から菩薩戒を授けられた時、鑑真はやっと一八歳になったばかり。この破格の授戒によって鑑真の名は一挙に高まり、揚州で篤く敬われる青年僧となった。間もなく鑑真は洛陽、長安の二京に遊学する。道岸が推薦する幾人もの高僧大徳から教えを受け、さらに玉泉寺の高僧弘景を師と仰いだ。弘景は鑑真に具足戒を授けて、彼を自らの最後の弟子とした。鑑真が二京で大いにもてはやされる様は、オーディション番組で審査員全員をうならせたときの盛り上がり以上のものだった。

鑑真は二京で経典と仏教芸術の研鑽に没頭し非常に大きな成果を挙げた。二六歳の時に遊学を終えて揚州に戻り、大明寺において経を説き、仏の道を広め、戒律を授けることになった。やがて「唯大和上のみ独り秀でて倫《たぐい》なし。道俗心を帰し、仰ぎて授戒の大師と為し」、こうして律学の大師として知られるようになり、その名声の高さは当時並ぶ者がいないほどだったと、『大唐和上東征伝』は記す。日本をはじめ東アジア各地の仏教僧たちもまた、鑑真が「鬱《うつ》として一方の宗首と為」り、敬い重んじられる宗教界のリーダーであることを知っていた。

仏教は六世紀に朝鮮を経て日本に伝えられて広まった。日本ではもともと土地と民の私的所有が認められていたが、大化の改新以後、公地公民に改められ、中央政権が直接これらに租税、労役を課すようになっていた。権力の集中は一連の間抜けな政策や命令の実施を後押しし、社会の両極化は激化した。大多数を占める農民はぎりぎりの生活すら維持できない状態に陥り、浮浪、逃亡する者が後を絶たなかった。当時の日本でも、唐と同様、僧籍にある者は課税や賦役の免除という特権を受けていたから、庶民は生活のためにやむを得ず寺に入り税や兵役を逃れた。こうして全国津々浦々、頭を光らせた坊主だらけとなった。僧侶の増加はダイレクトに国家財政収入に悪影響を及ぼし始めた。朝廷は仏教を利用して統治体制を固める一方で、寺院勢力の拡大による政権転覆リスクにも配慮する必要があったから、仏教関連プロジェクトをうまく抱き込み、規範化し、規制することは必然の流れだろう。こうして「飴と鞭」の政策が打ち出された。

当時日本で出家するための手続きは至極簡単で、戒師一人を立てて「三聚浄戒」を受けるというのは、まだましな方だった。もっと手っ取り早いのは、仏像の前で自誓受戒する方法で、たとえ暴れ者のアニメキャラ光頭強《こうとうきょう》君でも、鉄砲を捨てればたちまち仏弟子に変身できるようなものだった。今日日《きょうび》、北京市朝陽区は自称リンポチェがぞろぞろいるが、当時の日本もそんな感じだったのだ。一方、中国において僧侶の資格を取得しようとすれば、その手続きは戒律の規定に沿った非常に煩雑なものだった。仏に帰依しようとする者は、まず十戒を授けられて沙弥となり、さらに具足戒を授けられて比丘となる必要がある。しかも具足戒には戒和上、教授師、羯磨《こんま》師の三師と立会人としての七人の僧侶、つまり「三師七証《さんししちしょう》」が揃って初めて有効となる。しかし日本は「三七二十一」などお構いなし、たとえ家付きカー付き嬶《かかあ》付きでも、僧になりたい者は即認可されたのだ。

そこで天皇は、中国仏教の手続き制度を導入して僧侶となるハードルを上げ、資格と人数に規制を加えることにした。そのためにはマイナンバーも必要だし、ＩＳＯ９０００認証の取得も必要だ。何よりも仏の教えを広め、戒律を伝える高僧一名を中国から日本に招へいしなければならぬ。こういった事情も鑑真の日本渡航を後押しした要因のひとつである。実は鑑真の訪日に先立って、日本政府は既にこの道の専門家を受け入れていた。七三六（開元二四）年、中国留学中の日本人僧、栄叡《ようえい》と普照《ふしょう》は、禅宗の一派・北宗の始祖である神秀の高弟・普寂のそのまた自慢の弟子である道璿《どうせん》を日本に招いた。しかし道璿が学んだのは禅宗で、戒律を導入しようとする日本のニーズにはややミスマッチだった。鑑真が修めた律宗こそが理想のターゲットとされた。道璿の名声や地位が鑑真に見劣りしたこともある。そこで七四二（天宝元）年、栄叡と普照はリサーチを実施し、鑑真こそ必要な人材だと結論づけた。さっそく揚州の大明寺に赴いて鑑真に面会し、「はやり歌にも『万水千山、総てこれ情』と申します。一緒に日本に行きましょうよ」と真摯な態度で日本への招へいを申し入れた。鑑真は「結構結構、たいへん結構、けっこう毛だらけ猫灰だらけ」、と即答した。

大和上が躊躇しなかった理由は、まず、栄叡、普照の誠意にある。彼らはこの時「大和上の足下に頂礼《ちょうらい》」した。頂礼は、両膝を突いて両手を地に投げ出し、頭を相手の足下に置く、仏教徒にとって最高の敬礼だ。またかつて西安に行脚した鑑真は大雁塔でも学び、第二の三蔵法師となって異郷で仏法を広めると誓ったからでもある。この機会に戒律を東の国日本に伝えれば、仏教東漸を加速させられる。第三に、学術界においてありがちな理由だが、当時の社会環境は仏教の発展には不利だったことだ。唐王朝を興した李氏は、自らの家柄に満足できず、李耳つまり老子こそが先祖であると称した。そして道教を国教と定め、また詔を発して三教〔儒教、仏教、道教〕の順位を「老先、次孔、末釈」、つまり老子が最高位にあり、孔子が次、釈迦牟尼は三番目とした。このランク付けは大変興味深い——中国の俗語「老子天下第一《ラオズ・ティエンシャーディーイー》」、「孔老二《コンラオアル》」、「印度阿三《インドゥ・アサン》」[1]は、おそらくここに由来するものであろう。それ以前、則天武后の時代に仏教は興隆したが、鑑真が生きた玄宗の時代になると道教が大いにもてはやされ、仏教はおとしめられた。開元二（七一四）年、玄宗は新たな仏教寺院の建立を禁止し、民間においても仏像を造り、経を書き写すことを禁じる勅命を発した。これは鑑真に「心曲、千万端。悲しみ来たりて却って説き難し」を実感させる出来事だった。

そんなわけで鑑真は、四句から成る偈「此の処に爺《や》を留めずば、自ずから爺を留める処有り。処処爺を留めずば、爺は去りて小鹿を看る」を投稿すると、毅然とそして決然と日本への一歩を踏み出した。なおこの偈は単に韻を踏んだものではない。果たして鑑真は日本の鹿児島に上陸することになる。

決意を固めた大和上は準備に取りかかった。独り西域を目指した三蔵法師と違ったのは、鑑真が弟子に向かって「誰か師に従って扶桑〔日本〕の地へ行く者はいないか」と尋ねたことだ。その問いかけに誰も返事をしなかったので、鑑真は「是《こ》れ法事の為なり、何ぞ身命を惜しまん。諸人は去《ゆ》かず、我即ち去かんのみ」と大いに失望した。弟子たちはその悲壮な言葉に師の決意が揺るがないことを知って、すぐさま随行する意向を示した。ところがツアー参加申し込みの受け付け中にトラブルが発生した。鑑真の高弟の道航がこう言い出した。「今回は国家を代表しての外国訪問であり、我が国のイメージを損ねてはなりませぬ。しかれば如海のような教養もないおバカ弟子など、連れて行ってはなりませぬ」。如海は大いに怒り、とうとう当局に「鑑真という坊主が、日本に渡り海賊の首領になろうとしていますぜ」と密告した。当時唐王朝はみだりに出国することを禁じていて、密出国には重い刑罰が科せられた。『唐律疏議』には「これ私に関を度《わた》る者、徒一年」とある。鑑真が出国するには、きちんと申請手続きをして許可を取る必要があったし、また当時長江河口あたりの海は「海賊大いに動きて繁多なり。台州、温州、明州の海辺は並《な》べて其の害を被る」という状況だった。結局、鑑真を日本に招へいした日本人僧の栄叡と普照を含む関係者全員が捕まってしまった。

ところがいざ取り調べを始めてみて、役所は相手の手強いことを知った。鑑真和上の日本行きを支援する黒幕がいたのだ。宰相李林甫の弟、李林宗である。そこで結局、如海は虚偽の告発をした罪で杖刑六〇の処分となってしまった。この如海は高麗人〔朝鮮出身者〕であったから、処刑の上で還俗させられ強制送還された。その他の者は無罪放免となり、押収された物資も返却されたが、「海賊大いに動く、過海を須《もち》いずして去《い》く」ように警告され、船は没収と相成った。

続く第二次渡日の失敗は、この船が原因になる。

それにしても信仰の力とは恐ろしいものだ、四月に拘束され、八月に釈放された日本人僧の栄叡と普照は、出獄後、鑑真のもとを訪れて再度渡航をそそのかした。この年一二月、鑑真は水手《かこ》一八人、僧一七人を集めた。さらに玉作人《ぎょくさくにん》や画師《えし》、塑像製作や碑文彫刻の工人など八五人も同道させることにして、航海の準備が進められた。前回の船は差し押さえられてしまったので、鑑真は仕方なく、銭八〇貫を出資して船を一隻購入した。

八〇貫の価値はどれほどだったろうか。アメリカの歴史学者黄仁宇氏の著作『中国マクロヒストリー』では、唐宋時代の交換率を金一両＝銀一〇両＝一〇貫としている。食糧で換算すると唐代の米一石《せき》は五九キログラムで、これが二〇銭、ちょうど白銀一両に当たる。一両は四二グラム、黄金一に対して白銀は三で、白銀一両が中国人民元二一三七元に相当する。これらの数字からざっくり見積もって、銭一貫は人民元五〇〇〇元前後になる。では四〇万元でどのような船が買えたか。この船について『唐大和上東征伝』は「嶺南の道の採訪の使に劉臣鱗が軍の舟一隻」だと記す。軍需物資だから、道理から言えば、品質に関するリスクはないはずだ。しかし実際にはこの船は皆の期待を大いに裏切ることになる。

隋・唐時代の軍船には楼船、蒙衝《もうしょう》、遊艇、走舸《そうか》、海鶻《かいこつ》、闘艦の六種類があった。楼船は戦闘用の大型船舶であり航空母艦のようなもの。蒙衝は船体が皮革でカバーされた船足の速い小型船舶。遊艇、走舸は救急用でスピードは速いが、多人数の兵士は乗せられない。海鶻は左右の船べりにはやぶさの翼のような浮き板が設けられている。船体を安定させるはたらきがあり、大波にも転覆しない。乗員の数と購入価格、それに文献の記事から推定すると、鑑真が入手したのは水軍の中でも最も装備の充実した闘艦と思われる。『通典』には「闘艦。船舷に女牆《じょしょう》を設ける。高さ三尺になるべし。牆下に棹孔を開掣《かいせい》す。舷五尺に又棚を建て、女牆に斉す。棚上に又女牆を建つ」とある。この船は一般に指揮船として用いられ、しかも主に内陸河川用に設計されているから、航海には向かないはずだ。

天宝二（七四三）年一二月に狼溝浦、現在の江蘇省太倉あたりまで来たところで、言ってみればまだ広義の揚州市も出ないうちに、「悪しき風の漂浪に撃《う》たせられ、舟破れ」、僧侶全員が海に投げ出された。その時の状況は「和上は烏蓲草《うきくさ》の上に在す。余人は並《みな》水の中に在り」と描かれている。船が壊れてしまっては先に進めない。ひとまず岸に上がり、暫くそこに滞在して船を修理しながら、三回目の出立に向けて風を待った。古代、航海する船はその動力源として季節風を利用した。長江を発って東の方日本に渡るには、秋から冬にかけて吹く北または西よりの季節風が適していた。西北の風は航海に役立つだけでなく、万一の場合には、これを飲んで飢えをしのぐことも可能だった。(2)

一カ月後、いよいよ帆を上げ、今の浙江省東部嵊泗《じょうし》県の辺り、桑石山まで進んだ時、ガシャン！　今度は岩礁にぶつかった。鑑真は何とか岸にたどり着き、沈んだ船を見て考え込んだ。「これはどう見ても潜水艇ではないか！　間違えて発注したかな？」

船が座礁し、一行は取り巻きたちの勧めで浙江省鄞《ぎん》県の阿育王寺に落ち着くことになった。ここから程近い杭州、宣州、湖州などの幾つもの寺は、鑑真大師の来訪を聞き及び、律を講じ戒を授けてもらおうと鑑真を招待した。鑑真は講義を行うかたわら、第四次渡日の準備を進めた。今度は福州から出発することにしたが、またしても謀反の徒が現れた。弟子の霊祐は、高齢の老師が波濤を越えて行くのは無理だと心配し、また宗教界のハイレベルな人材が流出することを憂えて、「共に官に告ぐるに遮《さえぎ》りて留住せしむべし」と決心した。当局はこの告発を重く見て逮捕状まで用意した。福州に向かおうとしていた鑑真はあっさりと捕らえられ、逃亡防止のため「防護せること十重囲繞して送り、採訪の使の所に至りぬ」。こうして揚州に送還された。「旧に依りて本寺に住まわせしむ。三綱に約束し、防護して曰く、更に他国に向かわしむこと勿《なか》れ」。鑑真自身には特におとがめはなかったが、招へい人である栄叡と普照の二人の日本人僧は獄につながれた。鑑真がたびたび日本へ渡ろうとするのは、この二人の異邦人の誘惑のせいだとされたのだった。第四次渡日はこんな具合で終わってしまった。鑑真は大いに恥じ、大いに怒り、「霊祐を呵責す。開顔すること賜わず」、密告者の霊祐を罵倒した。霊祐は師の許しを得ようと「日々に懺謝して歓喜を乞」い、来る日も来る日も一晩中扉の前に立ち続け謝罪した。

誓いは揺るがず、心は折れず、幾多の艱難があろうとも、後へは引かぬ。既に四たび失敗したが、日本に仏法を伝えるという鑑真の決意は揺るがなかった。「一、二、三、四、ごくろうさん」だ。続く第五次渡日は、これまでとはまったく異なり、素晴らしい冒険譚が繰り広げられる。そこで起こった不思議な出来事には誰だって驚嘆させられるはずだ。

唐の天宝七（七四八）年、出獄した日本人僧の栄叡と普照はまたもや鑑真のもとに行き、日本への渡航を画策した。そういえば栄叡と普照は中国に一〇年余り留まっているが、二人ともこの間ずっと監獄の中か、そうでなければ監獄送りの途上にいる。だから「家賃」とは何なのかも知らないはずだ(笑)。中国には仏法を学びに来たはずなのに、それよりも中国の「ムショ」事情の方に詳しくなったなんて！

六月二七日、栄叡と普照は鑑真と共に崇福寺を出発、これまで幾度も計画倒れで終わってきた行動に再チャレンジすることになった。今回同行する僧侶は祥彦、神倉、思託、光演、頓悟、道祖、如高、徳清、日悟、栄叡、普照。それに水手一八人とその他の随員合わせて三五人。航行と停泊を繰り返しながら三カ月余り経っても、まだ中国の海域を出られない。そんな中で一〇月一六日未明、鑑真は自分が見た夢について語った。「昨の夜の夢に、三《み》たりの官人を見る。一《ひと》りは緋を着たり、二《ふた》りは緑を着たり。岸の上に於きて拝み別れぬ。知りぬ、是れは国の神相別れぬるなり。疑うらくは、是の度必ず渡海を得てむと」。この夢は日本への渡航とほとんど関係がないし、こぼれ話の一つにも数えられない程度のものだ。が、鑑真研究においてこれは肝心なところなのだ。このことから鑑真の色覚はまずまずだったと推定できるからだ。少なくとも、赤と緑は識別可能だったと分かる。

鑑真はこの夢を吉兆だと思い込んだ。『東征伝』の記載によると、この日、海に出て間もなく東南の海域に突然大きな山が現れた。と思うと山は突然消え、再び現れて、また消えた。「山を見るに是れ山、山を見るに是れ山にあらず、山を見るに又是れ山」、禅の教えそのままだ。こうしてその日のわずか午前中だけで、一生分の認知修練が完了してしまった。

この蜃気楼が消えると今度は津波が襲ってきた。大和上がおかしな夢の話をしたからかもしれない。「沸く浪一《ひと》たび透らば、高山に上るがごとし。怒れる濤《なみ》再び至りて、深谷に入るに似たり」。船は火の上で盛んに振られる中華鍋のようだった。船長は荷物を海に投げ捨て始めた。香木の篭を捨てようとしたその時、にわかに天から「抛《す》つること莫《なか》れ、抛つること莫れ！」と呼ばわる声が聞こえた。水手はにわかに落ち着きを取り戻し、この船は神様がお守りくださっているのだと言い出した。しかも、その数と立ち位置まで――舳先に二人、帆柱の下に二人いる、と言い立てる。この人数と位置関係を聞けば、神々は麻雀をなさりたいのだと推測できよう。

さてようやく波風が収まると、今度はハラハラドキドキのシーンが展開する。まず、ふいに船の傍に海蛇が現れた。「其の蛇の長きは一丈余り、小なるものは五尺余り、色皆斑斑として、海の上に満ち泛《う》かべり」。無数の海蛇が海面いっぱいに浮かんでいる。船は航行すること三日、ようやく蛇の海を抜け出た。しかし新たに出た海域の景色は、「白色の飛魚、空中に翳満《えいまん》す。長《た》けは一尺許《ばかり》」、空一面に白い魚が飛んでいるという一段と幻想的なものだった。三日後、飛魚がいなくなった空には、人間ほどの大きさの飛鳥が群れていた。「鳥の大きさ人の如し。舟上に飛び集まる。舟重くなりて没《しず》まんと欲す。人、手を以て鳥を推《かきさく》れば、即ち手を銜《く》う」。

以上三種類の奇異な生き物について、歴史学者の汪向栄氏は、それぞれウナギ、トビウオ、アホウドリであると『東征伝』に注釈を付けている。またある生物学者は、オオウナギ、トビウオ、ペリカンだと言う。ならば按揭芸術家《モーゲージ・アーティスト》はどう考えるか――湯浴みする白素貞《はくそてい》たち、海に乗り出した敖丙《ごうへい》たち、航路を見失った雷震子《らいしんし》（3）たちか。

その後二日間は特に変わったこともなく、ただ強い風と高い波が起こるだけだった。物資は乏しくなってきた。積み込んだ物資のほとんどが、先日の大波で海に沈んでしまったからだ。真水も尽きた。残っているのはいくらかの生米ばかりで、とても食べられたものではない。あまりの空腹に普照は生米を口に入れるが、のみ込むこともできず、吐き出すこともできず、まるで川鵜のようにのどを詰まらせた。海の水は塩辛く、飲めば腹が膨れる。苦海無辺、頭をめぐらしても岸はない。船上の人々は誰もがぐったりとして、ただ互いの頭を見て梅干しを思い浮かべて、何とかのどの渇きを癒やそうとした。そんなところへ突然、一丈ほどもあろうかという金魚が四匹現れて、船の周りをゆうゆうと泳ぐ。すぐ手の届くところに上半身裸の人魚が四人も泳いでいるのに、僧侶という身の上の悲しさ、食べることはおろか、撫でることもならぬ。この誘惑に僧たちの欲望の炎は燃え上がり、ますます喉が渇く。そして翌日、とうとう乾燥しきった喉から煙が立ち始めた。

いよいよもうだめかと覚悟したその時、栄叡がふいに不気味な笑みを浮かべた。そして、誰かが自分に乳汁のような色の飲み物を差し出す夢を見た、「取りて飲むに甚だ美《よ》きなり、心即ち清涼になん」と説明し、そして皆にも間もなく水が届くだろうと語った。この夢はなんと正夢だった。その翌日の未の刻、西南の空から風が吹き、雲が湧いて、やがて豪雨となった。人々は手に手に碗を持ち、雨水を飲んだ。次の日もまた雨が降り、誰もが満ち足りて一斉に叫んだ。「感謝します、神様、仏様、蕭敬騰様《ジャム・シャオ》（4）！」

不思議な旅はまだまだ続く。さらにその翌日、今度は四匹の白い魚がやって来て停泊可能な浦まで船を導いてくれた。人々は水を求めて陸に上がってみた。すると意外にも大きな池が見つかり、皆満ち足りるまで水を飲んだ。ところが奇怪なことに、次の日再び行ってみるともう水はなくなっていた。「昨日の池なりし処但陸地のみありて、池は見えず」、そこで「衆共に悲喜して、知りぬ、是れは神霊の化出せし池なりと」。按掲芸術家《モーゲージ・アーティスト》は、水が涸れたのは神霊のなせる業ではなく、取水装置の故障ではないかと疑っている。それに確か何かの史料にも「三人同《とも》に往《ゆ》く」と記されていたはずで、ならば「和尚が三人寄れば飲み水は得られない」[5]ことは古くからの教えにある通りだ。しかし島の景色は素晴らしかった。時は旧暦一一月、鑑真の経験則からすればこの時期は万物が蕭条とするはずだが、島は「花《はな》蘂《ふさ》開き敷《しげ》り。樹の実、竹笋、夏を弁ぜず」であった。

危難に際して四人の神が船を守護した話は前に述べた。麻雀をしていたのではないかと推測したが、やはり麻雀だったのだ。と言うのは、常であれば季節風は東向きの風であるはずなのに、この年、四人の神が東《トン》・南《ナン》・西《シャー》・北《ペイ》の「風」に夢中になりすぎて、季節風はめちゃくちゃに吹き荒れた。大和上は何日も海上を漂流し、海南島の延徳郡（注：文献から、ここは南シナ海のいずれかの島と思われる）に流れ着いた。

上陸後の旅もスリリングなものだった。鑑真が陸に上がると間もなく、四人の信徒がやって来て出迎えた。その行動は極めて迅速なもので、なぜならば鑑真が食べられてしまうのを恐れたからである。これは何もわざと人を脅かそうとしているのではない。当時の中国の文献には、南部の「未開の地」嶺南に人食い人種が存在すると記されている。まさにその晩、鑑真も人のようなものを目にしていて、それは「晩に見れば、一人は被髪、刀を帯《は》けり」。被髪とはざんばら髪のことだ。文明の地に住む教養ある紳士（実態はともかくとして、だ）から見れば、髪を結わないものなど、野獣でなければ、人食い人種なのだろう。

振州（つまり海南島の延徳郡。記録によれば鑑真らは先述の島を離れて三日後にここに到着した）の役人である馮崇債は鑑真の到着を知り、彼らを州内の大雲寺に留まらせた。一年後、彼らは万安州に移り、更に崖州、桂林、蒼梧、広州、韶関なども訪れている。

この間、さまざまな出来事があった。まず日本人僧の栄叡が病を得て円寂した。同じ年鑑真も、藪医者が治療をしくじったために失明した。『東征伝』に、天宝九（七五〇）年、広州から韶関への移動中、鑑真は「頻《しばしば》炎熱を経て、眼の光暗昧なり。爰《ここ》に胡人有りて言わく、能《よ》く目を治む。遂に療治を加うるに、眼遂に明を失いつ」と記されている。歴史学者の陳垣はこれに異を唱え、「故に鑑真和上は、日本到着の後、晩年に失明した可能性はある。しかし鑑真和上が日本到着以前に失明していたという説は信頼がおけない。日本到着以前に失明していたという後世の説は、『東征伝』の記載を根拠とするが、これ以外に証拠はないからだ」とする。彼の論拠は鑑真が日本に残した『鑑真奉請経巻状』の筆跡にある。「文字は明瞭で、行間が揃い、書式も整っている。失明した者や弱視の者はこのように書くことはできない。さもなくば代筆となるが、そうすると鑑真の真筆でないことになる」。気持ちの上では、俺も陳垣先生の説に賛成したい。苦労に苦労を重ねてやっと日本にたどり着いたのに、扶桑の地の風物とは無縁のまま終わるとしたら、それはあまりにも酷というものだろう。しかし結局は失明してしまい、それ以後は、経を講じる鑑真の権威性にもいささか影響が生じたようだ。後の話になるが、唐の至徳元（七五六）年に、日本の興福寺講堂で鑑真と日本人僧賢璟《けんきょう》の論戦が繰り広げられる。最終的に鑑真側が勝利を収め、その結果、改めて戒を受けることになった賢璟らは心中穏やかならず、「鑑真は見る目がない」と語っている。

さて第五次渡日に失敗した鑑真は、天宝九（七五〇）年、揚州に戻って来た。鑑真既に六四歳。そのもとを去ることになった日本人僧普照との会話の中で、鑑真は「戒律を伝えんが為に、願を発して海を過ぐ。遂に日本国に至らずば、本願を遂げじ。是に於きて手を分かちて、感念すること喩え無し」と述べ、既に諦めかけていたようだ。ところが天宝一二（七五三）年、転機が訪れる。この年帰国することになっていた日本国大使の一行が揚州に立ち寄って鑑真を表敬訪問した。大使の話では、彼らが長安を出立する前に唐政府に申請したところ、皇帝陛下は鑑真が大使一行と共に日本に行くことを許可したという。ここまで聞いて鑑真は、押っ取り刀でスーツケースを引っ張り出してきた。ところが話にはまだ続きがあった——聞いて鑑真は座布団の上にへたり込んだ。玄宗皇帝は許可したものの、「ただし、鑑真と共に道士二人を日本へ連れて行き道教を広めさせよ」と条件を付けたという。日本側はこの「一個買えば、おまけを二個プレゼント!」のいわば抱き合わせ販売に強く反発した。髪の毛のある道士など必要ない、「なので断りました」と言う。断ったということは、つまり「和上の名も亦奏を退く」、渡航予定者リストから鑑真の名前は取り消されたということだ。だが何事にも二面性がある。この偶発的なトラブルが却って日本行きを前進させることになった。

鑑真は招へいキャンセルについては意に介さなかった。使節団の船にもぐり込み、再び日本に密航することを考えたのである。ところが日本使節団の訪問は揚州の僧侶、俗人の注意を引くところとなり、鑑真に対する監視は強化された。「龍興寺防護のこと甚だ固し。進発するに由なし」。脱出は難しくなった。折良く弟子仁幹が婺州《むしゅう》から揚州にやって来た。仁幹は自分が乗って来た船に鑑真を乗せて揚州を出立し、長江下流の黄泗浦《こうしほ》で日本の遣唐使船に乗り換えさせる計画を立てた。一〇月一〇日戌の刻、「弟子にも用心、火の用心」と心得ている鑑真は、弟子たちの警戒が緩んだ隙をついて龍興寺を抜け出て、船に乗り込んだ。揚州市政府は、鑑真を追い掛けその行く手を阻むよう命令を下した。二三日、日本の大使は鑑真に告げた。「方に今、広陵郡、和上日本国に向かいなむとすと覚知し、将に舟を捜《あさら》むと欲するに、若し捜り得られなば、使の為に殃《とが》有りなむ」。当局の捜査をどう逃れるか? 船を換えよう! 使節の船団は四隻から成り、鑑真は第一船から第二船に移った。密航だから行く手を阻まれる。阻まれるから船を換える。船を換えたから、日本に到達するはずだ。事故は一二月六日に発生した。この日、突然の南風が起こり、第一船は暴風を受けてむざむざと流され、ベトナムに漂着した。乗員一八〇人のうち一六〇人が命を落とした。実はこの船には有名人《セレブ》が乗っていた。日本人の阿倍仲麻呂、李白の友達で詩人の晁衡《ちょうこう》その人である。事故の知らせは中国国内に伝わり、晁衡死亡という誤報に李白は『晁卿衡を哭す』を詠んで友を悼んだ。一方、第二船に乗り換えた鑑真は一二月二〇日、無事日本の鹿児島に到着した。

鑑真は足かけ一〇年ほどの間に六回渡航を企て、五回失敗した。四回は海に乗り出し、たびたび窮地にも追い込まれた。病気やけが、船の事故で三六人が亡くなり、二〇〇人余りがメンバーから離脱した。ただ一人鑑真だけが意志を曲げず、挫折にも負けず、遂に終生の志を果たしたのだ。「五度装束して、渡海に艱辛して、漂い廻《かえさ》るといえども、本願退かずして」、その本願を成就させたのだ。

この最後の旅の同行者には、揚州の白塔寺の法進、台州の開元寺の思託、泉州の超功寺の曇静、揚州の興雲寺の義静、衢州《くしゅう》の霊耀寺の法載、竇州《とくしゅう》の開元寺の法成ら一四人、それに滕州通善寺の尼の智首ら三人、揚州の居士潘の仙童ら三人、さらに胡国の人安如宝、崑崙国の人軍法力、瞻波《チャンパ》国の人善聴ら合計二四人もいた。一行はまた『華厳経』などの経典、論、疏《しょ》など八四部、計三百余巻、さらに王羲之、王献之父子の真筆の行書やその他名書家の書数十帖も携えていたし、このほか数多くの仏像、繡軸、金銅塔模型や仏舎利三千粒も日本にもたらされた。

これら現物だけではない。醤油の醸造法、豆腐の製造技術が日本にもたらされたと言い伝えられているし、最先端の高度医療技術もまた日本に伝えられた。鑑真は医術にも造詣が深く、日本では医術の始祖とされている。徳川時代に至るまで薬袋には鑑真の姿が描かれており、このことからも日本の医学・薬学に与えた影響の奥深さを知ることができる。『続日本紀』の記載はことに奇妙だ。日本の朝廷は鑑真にさまざまな薬物の真偽を鑑定させ、鑑真は臭いをかぎ、味をみて判断したという。ただ当時の日本にはたいした薬もなかったので、鑑定と言っても「板藍根《ばんらんこん》(6)、水に溶かした板藍根、これは使用期限切れの板藍根……」という具合だったが、一つの誤りもなかったという。

日本の天平勝宝五（七五三）年。大和上の到着は日本国中にセンセーションを巻き起こした。翌六年正月四日に都に入り、五日には宰相、右大臣、大納言以下百官が集って一行を歓迎した。四月初め、鑑真は天皇に菩薩戒を授け、次いで皇后、皇太子もまた登壇受戒した。さらに證修ら沙弥四四〇人余りが戒を受け、また論争があったものの、霊福、賢璟、志忠、善頂、道縁、平徳、忍基、善謝、行潜、行忍ら八〇人余りの僧も、既に受けていた戒を捨て、鑑真大和上から改めて戒を受けた。

これより後、日本においても律儀は次第に厳しく整えられ、師々相伝えられてあまねく広まった。仏が語った通り、仏の諸々《もろもろ》の弟子が次々にこれを行えば、如来は常在不滅なのであり、それはまさに一灯が百千の灯を燃やし、瞑《くら》き者が明るくなり、その明るさが絶えないようなものである。

大和上が一灯を点したことで、日本の仏教界はあまねく照らされた。

（1）「老子天下第一」、「孔老二」、「印度阿三」

「老子天下第一」は、自らを天下一と考える謙虚さのない人のこと。「孔老二」とは、孔家の次男すなわち孔子のことであり、文化大革命期に孔子を指して使われた言葉。「印度阿三」はインド人を指す。いずれも侮蔑語。

（2）万一の場合には、これを飲んで飢えをしのぐ

中国語で俗に「喝西北風」（西北の風を飲むの意）とは、食事にこと欠くこと、飢えることを言い、これを踏まえた冗談である。

（3）白素貞、敖丙、雷震子

いずれも中国の神話・伝説に登場する人物。白素貞は白蛇の精、敖丙は竜王の子、雷震子は鷲のような翼を持つ人とされる。

（4）蕭敬騰

台湾の男性ポップ歌手。二〇一二年夏に北京で行われたコンサートが豪雨に見舞われ、以後、コンサートツアーは思いがけない雨に見舞われることが度重なり、「雨神」とあだ名されるようになった。

（5）和尚が三人寄れば飲み水は得られない

和尚が一人のときは一人で水汲みに行き、二人になったときは協力して水を汲み、三人のときはいかに分担するか

でもめて、誰も水汲みに行かず、ついに飲み水がなくなったという、中国の古い物語。

（6）板藍根

中薬（漢方薬）の一つ。現代の中国では風邪やインフルエンザなどに効くとされ、ポピュラーな家庭常備薬の一つ。

第三部　百聞は一見にしかず

日本漫歩　二〇世紀初頭に思いを馳せ

許知遠

許知遠氏

作家の譚璐美氏と新宿・蒋介石宿舎跡付近での取材風景

狭間直樹京都大学名誉教授（右）取材

三月一五日　東京　晴れ

湖南菜館はビルの四階にあって、その下のフロアには麻雀店と、艶《なま》めかしい写真が掲げられた「娯楽中心《ごらくセンター》」がある。この菜館《レストラン》は間口が狭く奥に長い廊下のような店だが、なかなか繁盛している。壁には中国と日本のメディアに掲載されたLに関する記事、Lとジャッキー・チェンとのツーショット写真、映画のポスター、Lの選挙出馬宣言のポスターまで貼られている——面長で、鮮やかな黄色のネクタイを締め、永遠に笑みを絶やすことのない（と思われる）この湖南省出身の元バレエダンサーは、民主党の候補者として新宿区議会議員選挙に打って出る準備を進めている。ポスター中の彼は、その「裏書人」である民主党の前衆議院議員・海江田万里氏と女性都議会議員の顔写真に挟まれている。

私はしばらく前に中国の雲南省大理でLに出会った。率直、快活で歯に衣着せぬ物言いをし、独特の魅力を備えていた。明け透けに自分が何回結婚したか、幾人の女性を愛したかを語った。もう何年も前から中国国内では彼は、メディア業界人やその受け手である都市在住のネットユーザーの間で「歌舞伎町案内人」として知られているし、また彼自身の経験を題材として執筆活動も行っている。変わり者のように思われているが、中日文化交流においてユニークな立ち位置にある人物だ。

「性も政治も本質は一緒だ」と彼は壁に貼られた「読売新聞」の記事を指差し、「どちらも人と人の関係をうまく処理しなくちゃならない」と言う。そこで私は彼の見方にもう一つの示唆を与えた。「閉ざされた社会では、性も政治もタブーの悦びに満ちているね」。彼が一九八八年に東京にやって来た頃、歓楽街歌舞伎町の夜は、民主政治と深く関わっていた。

中国出身のニューカマー、あの「案内人」が区議会議員になるかもしれない——彼は自身のこの行動が持つ大きな象徴的意味を理解していた。その資格を得るため、彼は日本国籍を取得したばかりだ。このことは日本民主主義の勝利を表すものであり、また中国社会に向けてある種の注意を喚起しているようでもある——開かれ、かつ公私を峻別する社会というものはいかにして営まれているか。彼が「案内人」であることはデメリットにならないが、もしも選挙期間中に不適切な買収行為があれば（例えば有権者に贈り物を配ったり飲食を提供したりすれば）、あらゆる可能性が失われることを、彼は知っていた。

選挙で何を訴えるのかと尋ねてみると、公衆トイレを増やすことと、働く人のための深夜医療サービスの提供だという。彼はここで何年も生きてきたから、勤労者や消費者のニーズを知っている。二〇二〇年の東京オリンピックを契機に世界中の人を新宿に招きたいとも語った。

私は店のガラス張りの個室内で、海江田万里氏が彼のために揮毫した書を目にした。「正是江南好風景、落花時節又逢君」とあり、落款は「甲午孟夏〔二〇一四年初夏〕　海江田万里」。美しい漢字だ。今どきの日本の政治家にもこのような書道の素養があるとは、思いも寄らないことだった。

私は民主党のことも選挙ルールのことも何も知らない。だがLは、一四〇〇票も獲得できれば大丈夫、勝算あり、と信じている。彼はこの土地の人間を一人残らずと言っていいほど見知っている。そしてその一人ひとりは、それなりの敬意を持ち、それ相応の権利も持っているはずだから。

Lが営む湖南菜館では、名物の「毛沢東風角煮（毛氏紅焼肉《マオシ・ホンシャオロウ》）」は食べ損ねたが、素晴らしくおいしい「水煮魚《シュイヂューユー》〔魚のスープ煮唐辛子油がけ〕」、「酸豆角《スワンドゥジャオ》〔いんげんの漬け物〕」を味わえた。その狭い「廊下」の中では、何もかもが衝突し合う元素のようだった。性と政治、窓外に広がる紅灯の巷、新聞に踊る「毛沢東」の文字、日本人の手による優美な漢字の書、続々とやって来る、古い中国とは何の関係もなさそうな中国人客……。

当然のようにLはこの雑然とした衝突の場の中心にいた。私とビールを飲みながらも時々立ち上がっては、わざわざ店を訪れた客と写真に収まり、店を出る友人に挨拶する……そして、その時の彼の笑顔は心底からのものだと誰もが信じて疑わない……。

湖南菜館を出て歌舞伎町をぶらついた。しかしそこには私の興味を引くものはなかった。今の中国では、政治的なタブーはまだ存在しているが、性の面ではかなり自由だ。なぜかこの時私の頭に浮かんだのは、Lが語った美しいルーマニア人女性の話だった。彼らはここではどちらも異邦人であり、つかの間同じ時を過ごし、そして別れていく……その奥に潜む無常観には忘れることのできない詩情がある。

三月一六日　東京　晴れ

彼女は我々に、風を、湿気を、ぬかるんだ小道を想像させた。頭ではなく、心を使って。「重要なのは、何年何月にどんな事が起こったかということではなくて、その出来事の張本人がなぜその時そのような行動を取ったかを知ることです。人の行動は、周囲の人間、周囲の環境との関係から生まれるのです」。譚女史は流暢な日本語にあまり流暢ではない中国語を織り交ぜながら話す。

彼女はさまざまな「旧跡」に連れて行ってくれた。蔣介石が教練を受けた学校、宋教仁が住んだ早稲田大学外の下宿、『民報』の編集部と印刷所、中華革命党メンバーが爆弾を製造した神田川のほとりの工場、革命派の孫中山〔孫文〕が対する改良派の梁啓超と初めて出会った犬養毅の自宅……

穏やかな春の日の午後、私に半世紀以上も前の光景を思い浮かべることができるだろうか。一九四五年の大空襲とその後の都市開発を経て、今私がいるこの場所は、二〇世紀初頭の、二階建ての家屋が並び、時が緩やかに流れる明治末の東京とはすっかり変わってしまったのだから。

今や東京と言えば、ロラン・バルトによって描かれた表徴の帝国に、映画『ロスト・イン・トランスレーション』の困惑させせられるばかりで浸りきれないロマンチシズムが付け加えられた、そんな場所のように思える――そこはポストモダンの、政治化と無縁の偉大な都市。しかし我々は忘れがちだが、一世紀前までこの都市は中国にとって、さらに東アジアと南アジア全体にとって、改革思想発祥の地だった。明治維新の成就を見て、北京から、台北から、ハノイやニュー・デリーから、自国の中で異端とされた者がここに集まり、孤立無援とも思われる奮闘の末に、それぞれの国の歩みに多大な影響を与えた。そこで日本が果たした役割は、我々が習慣的に考えてしまうものよりも遥かに複雑だ。中国人は黒龍会〔日本の国家主義団体〕を純粋に侵略者の組織だととらえるが、かつてこの組織は中国の革命家を全力を挙げて支援した――孫中山の「大アジア主義」はまさにこの組織から生まれたのだった。

譚女史自身もそんな伝統を受け継いでいる。彼女の大伯父は中国共産党創始者の一人であり、父親も地下党員だった。一九二七年、彼女の父親は国民党の清党運動を受けて日本に逃れ、日本語を学んだ後に早稲田大学に入学した。彼女はさまざまな革命の物語の中で成長し、長じて後には歴史文学作家としての道を選んだ。

彼女は父親の語った「中国共産党は才能ある男女から成るエリート集団だ」という言葉を忘れたことはない。しかし初期に演じられた偶像《アイドル》たちのドラマが、なぜ、どうやって、姿形を変えてしまったのだろうか。譚女史は王光美の伝記を執筆するため何度か北京を訪れたことがある。「王光美はとても美しい女性でした」、そして「最後まで、〔彼女を糾弾した〕江青に関して聞き苦しい言葉を使うことはなかったそうです」。

残念なことに私はその日本語で書かれた著書を読むことができない。しかし譚女史の話しぶりと表情からは彼女のロマンチシズムが十分に感じ取れた。彼女のお気に入りは、李漢俊だ。中国共産党創始者の一人であり、また頭脳と素養において最も優れた人物だったらしい。譚女史は、彼が黒い学生服に下駄履きで石畳の道を歩く姿を、遠い過去の歴史上の人物ではなく、今まさに自分の方に歩いて来る一人の美しい青年のことのように語って聞かせる。

彼女の父親と同様、その青年は歴史にほとんど痕跡を留めていない。しかし彼ら敗者こそが人の心を大きく揺さぶるのだと彼女は考える――「彼らは自分の信じる方向に向かって努力しながらも、歴史の波にのみ込まれてしまったのです」。

中国と日本の間に立って本当に両国間の意思疎通を図れる者が、結局このような敗者となってしまうことを、譚女史は残念に思っている。彼らは誠実で責任感があり、帝国日本とその拡張志向を強く批判する一方で、中国と日本の誠意ある交流をも期待した。一九三七年以後、両国対立が激化していく中で、彼ら仲介者は非常に不利な立場へと追い込まれた。

私の世代は巨大な断層の中に生きている。日本は我々に最も近いところにあり、最も影響力があるにもかかわらず、完全に未知の国でもあるのだ。特に現代中国を形作った日本体験とはどのようなものか、我々は知らない。

その夜、譚女史は我々を「維新號」という中華料理店に連れて行った。その店の名は中国の「維新」に関わりがある。店の歴史は明治三二年、つまり一八九九年にまで遡る。創業者は鄭余生という浙江省寧波の人で、一八八七年に日本に来て雑貨店を営んだが、一九世紀末の中国人留学生の急増を見て、店を簡素な料理屋に変えた。維新號という名に象徴されるように、この食堂はたちまちのうちに、しかも一風変わった形で現代中国史に巻き込まれることになる。一切が「維《こ》れ新《あらた》なる」中国——これこそ当時大多数の中国人が期待していたものだった。蔣介石が最初の日本留学を中断する時、友人たちはここで送別会を開いた。周恩来、周作人の日記にもここでの集まりの様子が記されている（そう、浙江料理は彼らのお気に入りだった）。またここで密かに会合を開いていた中国人留学生たちが、警察の手入れを受けて厨房に逃げ込むこともあったという。料理はできなかったから、洗い場係に化けて……。

食事も半ばを過ぎた頃、鄭社長が我々のテーブルに顔を出した。年を取ったレオン・カーフェイといった趣の、整った顔立ちに上品な物腰の男性が、この維新號の三代目である。彼の中国語は流暢かつ癖も訛りもない驚くべきもので、鄭家が中国の伝統をひたすら保ち続けてきたことがうかがわれた。

私が興味を持っていたのは、中日関係が緊張している時期、彼ら華僑はこれにどう対処してきたのか、ということである。例えば一九三一年から一九四五年までの戦時中にはどのような境遇に置かれていたのだろうか。尋ねてみると、特段の差別を受けることはほとんどなかった、という予想に反する答えが返ってきた。

逆に彼らが辛い思いをしたのは、祖国から受けた仕打ちだった。鄭氏の妻も華僑で、譚女史にとっては横浜の中華学校の同窓生同士だという。「新中国」の呼びかけに応じて新社会建設に加わろうとした父親に連れられて幼少の鄭夫人も帰国したものの、文化大革命の混乱に巻き込まれた。幸い香港に出ることができ、そこから日本に渡って鄭氏と知り合うことになる。鄭家は三代にわたって中国国籍を手放さなかったが、今、子や孫たちは日本国籍を取得しようとしている。鄭社長はそれを辛く寂しく感じている。

一瞬私は、この小さなテーブルの上に中国近代史が凝縮されて乗せられているような、そんな錯覚に陥った。

三月一七日　東京　晴れ

佐藤先生は話しながら身振り手振りを添える癖がある。それがその年代の人たちの特徴のようだ。彼らは一九六〇年代に東京大学に入学して、激しい思想闘争と学生運動を経験している。後に学問に、ビジネスに、芸術に身を投じたとしても、かつての行動や熱い感情の痕跡は消えることがない。

ましてや佐藤先生は、かつて丸山眞男氏に師事している。一九五、六〇年代の東京大学において丸山氏が果たした役割は、同時代の台湾大学における殷海光氏〔戒厳令下の台湾における自由主義の代表的人物〕の役割とよく似ていると私は思う。どちらも知識の伝達者であるだけでなく、人格、思索の導き手でもあったからだ。

佐藤先生が研究対象として王韜《おうとう》、鄭観応、何契、厳復、康有為、梁啓超を選んだ当時、彼らは「改良派〔保皇派〕」として一括りにされ、学問の世界ではまともに扱われていなかった。戦後日本の学術界はマルクス主義的な革命史観に大きく影響されていたからだ。

先生が日本で学問的な体系や参考となる研究を見つけることは困難だったが、米国の学者、中でもハーバード大学のベンジャミン・シュウォルツ教授に共感するものがあった。シュウォルツ氏は厳復の翻訳をテーマとした『中国の近代化と知識人　厳復と西洋』で、これらの中国の思想家について斬新な解釈を示した――彼らは西洋を単に中国語に翻訳し、コピーしただけではない。独自の視点によって、西洋人自身も知らなかった西洋を発見したのだ。

私は佐藤先生に特別な親近感を抱いた。それは我々二人がどちらもシュウォルツ氏を評価しているからかもしれない。シュウォルツ氏の研究には中国への深い同情と理解が見られる――近代中国が屈辱的な運命をたどったために、中国の知識人は西洋思想の模倣者に過ぎないと断じられ、疎かにされがちなのだ、と。私の抱いた親近感は、二人ともカリフォルニア大学バークレー校中国研究センターに訪問研究員として在籍したことがあるからかもしれない。私は二〇一三年だったが、先生は一九八〇年だったので、そこでシュウォルツ教授本人や、フレデリック・E・ウェイクマン・ジュニア教授にも会えたと聞く。羨ましい限りだ。

佐藤先生は、一九九六年に出版した『近代中国の知識人と文明』の中で、そのような同情への理解をさらに深化させている。近代中国の士大夫に対する「無能」というレッテルに賛成せず、「彼らがその学問能力を駆使して正しい解答を模索すればするほど、いたずらに時が流れ、危機が深まっていった。もしも彼らが有能な人間でなければ、中国文明の蓄積と自己の能力に限界があり、まったく別の方向に出口を求めるべきことにいち早く気付いていたかもしれない」と反論する。つまり昔日の文明は成熟し、豊か過ぎたからこそ、中国の方向転換は非常に困難なものになり、日本のような臨機応変さに欠けていたのだった。

別れ際に佐藤先生は「東アジアには、お互いを理解でき、意思疎通のための架け橋となれる新しい知識人が必要です」と言っていた。一九世紀末から二〇世紀初頭にかけて、東アジア関係が非常に緊張していたと思われる時代にも、中国、日本、韓国の知識人たちは中国文化圏の最後の共同遺産を共有することができた。しかし今やその共同体は消滅し、隔たりはますます広がっている。

三月一七日　横浜　晴れ

車は新横浜の街をあちらへ曲がりこちらへ曲がりして、とうとう「宮川」と記された家の前に止まった。呼び鈴を押すと、ショートヘアのふくよかな女性が現れた。我々は案内されるままに庭の花壇や低木の前を通り、二階建て家屋の玄関に立った。

靴を脱ぎ、腰をかがめるようにして畳の上にあがった。室内は簡素な造りで多少雑然としていたが、古いタイプの、つましい日本人家庭のようだった。長方形の顔にウェーブがかかった長髪、グレイの洋服を着た老人が立ち上がって、我々を出迎えた。その顔にはどことなく見覚えがあった。彼が宮川弘さんである。その母方の祖父は孫中山だ。

一九〇五年夏、日本に亡命していた孫中山は、横浜に住む一九歳の少女、大月薫と結婚した。一年後に娘が生まれ、暗にその父親を示すかのように、文子と名付けられた。しかしその頃、孫中山はサイゴンにいて武装蜂起の画策中だった。彼は一九〇六年一〇月にいったん日本に戻ったが、その後は時間がなかったのか、あるいは妻子に会いに行くことすら頭に浮かばなかったのだろう――亡命中の革命家の毎日は、失敗の苦渋、壮大な志の挫折、漠然とした希望、同志の裏切り、それに酒と異性の肉体による慰藉から成り立っていたし、革命家自身、過去ではなく現在と未来に生きなければならなかったから。

しかし薫は夫の無視と忘却に耐えられなかった。一九一一年一一月には文子（後に同じ読みの「富美」と改名する）を宮川家に養女として出し、その二年後、薫は三輪秀司のもとに嫁ぐが、この結婚は失敗に終わる。そして一九一五年、寺の住職であった実芳元心と再婚して一男一女をもうけた。

大月薫と孫中山との再会の機会が生じたのは一九一三年のことである。この年、孫中山は前中華民国総統、国民党の領袖、現職の鉄道大臣として日本を訪れた。彼の来日は日本社会に大きな反響を呼んだ。かつて日本の庇護を受けた亡命者が、今や現代中国の父となったのだから。首相兼外務大臣の桂太郎から、民党の指導者犬養毅、玄洋社創始者の頭山満に至るまで、心から彼を歓迎した。新聞も連日のように訪日の日程や目的について書き立てた。華僑社会も沸き返り、革命党支持者は喜びをかみしめた……。

孫中山の逸話は当時の日本の新聞記事にも登場している。かつてこの革命家をもてなしたことのある対陽館という旅館の女将は、『東京朝日新聞』に「孫先生は若い女性がお好みですから、女たちを赤坂（東京の花街）からこちらへ呼びました」と語っている。日本の同志と共に蜂起や資金集めの相談をするとき、あるいは酒で憂さを晴らそうとするときは、「ずっとお酒を召し上がって、しかも皆さんお一人お一人に女をあてがわれるまでは、お開きになりませんでした」。やるせなさや悲壮感は享楽の中にあってこそ深まる。日本の警察の監視の目をかいくぐらねばならなかったし、運命は予測できないことも知っていたからだ。

大月薫もまた逸話の中に登場する。結局、この一九一三年の再会は実現しなかった。薫の病気のためとされているが、あるいは故意に会うことを避けたのかもしれない。もっとも孫中山のやり方も誠意あるものとは言いかねた。かつての妻を大勢の人が集まる歓迎会に招き、しかも彼の傍らには別の妻、盧慕貞がいたのだから。

私が宮川弘さんに対面した時には、既にこれら過去の出来事は雲散霧消していた。宮川さんが生まれた一九四一年当時、彼の母は宮川吉次の妻の宮川富美だった。彼女は歴史の隙間の生き証人だったが、ほとんど誰も彼女の特異な出自を知らなかった。しかしその状況は第二次世界大戦後の日本において徐々に変わった。台湾に逃れた国民党政府が日本との間に冷戦時代の新たな同盟関係を結ぶに至って、国父・孫中山の物語もまた少しずつ掘り起こされるようになり、やがて宮川富美さんとその二人の息子、東一さん、弘さんにも変化がもたらされた。彼らは突然、あの誉れ高く神秘的な伝説の人物と結び付けられることになったのだ。

私はこの経緯を『孫中山と大月薫〔孫中山与大月薫〕』という本で知った。「知られざる」云々というベストセラー小説のようなドラマチックな副題が付いているが、その筆致はだいたいにして真面目なものであり、内容構成はやや散漫であるものの、この中で取り上げられた数多くの日本の古い新聞・雑誌記事は貴重だ。筆者の張氏は、以前中国社会科学院日本研究所の講師だったが、一九九二年に日本に留学し、その転身志向ゆえに科学院を離れて、以来東京で中国語メディアの仕事をしている。ちなみに彼のアシスタントの一人は、後に中国人作家として初めて芥川賞を受賞している。

張氏は日本における孫中山の足跡を追っていた。惜しいことに、このテーマに興味を示してくれたのは香港の出版社だけだった（しかも「艶っぽい」話として売り出した）。ある夜、日本酒を飲みながら火鍋をつついていた時に偶然彼に出会い、私は「孫中山の末裔」という話に興味を引かれた。

宮川弘さんの家の座敷で交わされた会話はひどくぎこちないものだった。私自身何を尋ねればよいのか分からなかったのだと思う。この宮川さんは孫中山について何か特別な思いがあるのだろうか。彼らの血縁関係はとうの昔に歴史と現実とによってずたずたにされてしまったのに。宮川弘さんと孫中山の孫娘・孫穂英さんが対面した時、二人は直接言葉を交わすことができなかったと聞いた覚えがある。宮川さんは日本語、孫さんは英語しか話せないからだ。これは、皮肉なことに、孫中山が世界的な革命家だったことの名残だとも言える。

宮川さんが口を開く度に、元気の良さそうな宮川夫人がその話の腰を折った。張氏が通訳する言葉の端々から察するに、彼女は過去のことを語るのに乗り気ではなく、我々に対して強い不信感を持っているらしかった。我々は人の不安をかき立てる、見ず知らずの闖入者なのだった。我々の歴史に対する野次馬根性が、彼らの日常生活をかき乱しているのだ……。

ばつの悪い思いでそこを辞去する時には、確かに彼女の方が正しいのだと考えていた。

三月一八日　京都　雨

話は淡々と進み、親しげな雰囲気の中によそよそしさが漂っていた。窓外の景色のようだ。止まない小雨の中、遠くに眉墨を刷いたような山並みがはっきりと見える。この街は盆地にあって四方を山に囲まれている。

我々は四角い机を囲んで座っていた。一人は中国共産党史の権威であるS先生、もう一人は孫中山を研究している准教授、それに大学院生二人がいて、それぞれ中国近代思想史と地理学を研究しているという。

握り飯を食べ、コーヒーを飲む時でも、彼らには日本人によく見られる礼儀正しさや堅苦しさがあった。スリムな体つきをして物静かなS先生は一九六〇年代初めの生まれで、中国共産党史の権威であり、癖のない中国語を話す。以前北京大学に留学したというから、いわば私の兄弟子に当たる。

我々は八〇年代の北京大のことや、孫中山の艶聞についても語り合った。孫中山が犬養毅に「自分の趣味は革命と書物、それに女だ」と言ったというのは本当か、といったことを。

この灰色をした四階建ての建物は平凡で味気ない。しかしここには輝かしい伝統がある。ここでの中国研究は内藤湖南（内藤虎次郎、湖南と号した）の流れを直接汲むものだから。内藤は同僚たちと共に中国学〔支那学〕における京都学派を打ち立てたが、その名声には暗い影も見え隠れする。彼らは古典的な中国を崇敬し、近代の中国を忌み嫌った。それは日本の中国侵攻に対するある種の学術的、心理的な面での釈明のように思われる。

しかしS先生の世代になると、もうそのような影は見られない。事実S先生も「できる限り感情的なものを捨て去って、学問の対象として中国を研究している」ことを強調した。

先生の足下に見えるウールのスリッパと紫色の靴下が、彼の性格の別の面を物語っていた。北京大在学中に各地を旅したというS先生の経験談に話が及んだ時、感慨深げに、当時はほぼ全ての省を旅して回ったが、日本にいると行きたいという気持ちは起こらないと語った。また二六年前の夏の悲劇についても話してくれた。友人たちがどうしているか知りたくて、急いで北京に飛んだのだという。

私はS先生の名を世に知らしめた、中国共産党初期の歴史に関する著作を読んだことがある。新たな資料がふんだんに用いられ、また忘れ去られた人物をも取り上げて鮮やかに描き出していた。私の世代の人間は、長年にわたって教え込まれてきた結果、本能的にこのようなテーマを避けてきたし、またしばしば今日の教条を忘れることもある。過去においてはあれほど人を引き付けた教条を。

共産主義が中国をどのように変えていったかについては、中国人研究者に限らず海外の研究者もさまざまな解釈を試みている。S先生はこのように考えている――それは世界的な流れの一部だった。その流れに乗ってかねてからの国内問題を克服することこそ、李大釗《りたいしょう》をはじめとする先駆者が中国共産党を創設した大きな理由だった。その後この組織は極めて幸運な一連の偶然に恵まれた。コミンテルンからの支持、西安事件、中日戦争……。

先生は現在についての論評を避けた。そして自分が関心を持つのは歴史だけだ、と強調した。だが、この党がさまざまな変化を経てきたこと、その変化が党に極めてまれな生命力を付与してきたということについては、先生も認めた。

三月一九日　京都　小雨

今朝目が覚めたとたん、昨日の遺憾なる出来事を思い出した。狭間先生に火鍋をご馳走しそこなった。しかし日本酒を飲んだら、先生はもっと興奮しただろう。

昨日の午後、S先生との話が終わってから、私はその建物の四階にある図書室をしばらく見て回った。その後、大学の向かいにある喫茶店で狭間先生に会ったのだった。

狭間先生はS先生の指導教官であり、私が心引かれたあの小さな図書室を開設した人でもある。その図書室は、梁啓超に関する日本語と中国語の資料が、おそらく最もよく揃っている場所だ。梁啓超が編集した雑誌、彼の著書、彼に関する研究書だけではない。もっと重要なのは、亡命した梁啓超に「思考が一変した」と感じさせ影響を与えた、明治時代の日本語のさまざまな著作物や雑誌も収蔵されていることだ。日本人は西洋の著作物を大量に翻訳し、引用して日本の知識システムを再構築した。そしてそのシステムは、梁啓超が中国の知識システムを再構築する上での情報源となっていた。

私はその資料の中から、影印本ではあったが、複数の版本の『和文漢読法』を見つけた。梁啓超は自らが編んだこの日本語参考書に「凡そ日本文の法を学ぶに、その最も浅にして最も要の第一は、その文法、まさに中国に相転倒するを知ることなり。実の字は必ずや上にありて、虚の字は必ずや下にあり」と記している。この間違いだらけの参考書は、二〇世紀初頭、日本で学ぶ留学生と日本語学習者の間で一世を風靡した。この本は、文字を見て意味を推量し、より手っ取り早く（そして当然ながら、表面的に）日本語の書物を理解する上で役に立った。人々は中国の危機を過剰に大きなものと捉えていたから、あらゆる面について大急ぎで学び取る方法を求めていた。それがあの時代の特徴だったのだ。スピーディーさは翻訳にも求められ、ときには原文をそのまま引き写してしまうこともあった。

狭間先生が編纂した梁啓超と東アジア文明に関する本の中で、筆者の一人が、数多くの細かな事例を挙げて、梁啓超の膨大かつ多岐にわたる著書の多くは日本の思想家の著書を直接手本としたものだ、と論じている。

例を挙げよう。一九〇一年九月に発表された『中国史叙論』は中国を三つの時代に分けている。まず古代は黄帝から秦の統一までの「中国の中国」、次いで秦の統一から乾隆末年までの「アジアの中国」、そして乾隆末年から現在までの「世界の中国」。この区分法の根拠となったのは、一八九八年に桑原隲蔵《くわばらじつぞう》が著した『中等東洋史』だった。そして一九〇一年一二月の『尭舜為中国中央君権濫觴《らんしょう》考』では、黄帝以前の野蛮・自由の時代、黄帝から秦の始皇帝までの貴族帝政時代、秦の始皇帝から清の乾隆帝までの君主権力の最盛期、乾隆帝から現在に至る文明・自由の時代に区分しているが、これは一九〇〇年六月に刊行された白河次郎・国府種徳の『支那文明史』に基づく。また『少年中国説』は徳富蘇峰の『将来之日本』（一八八六年）、『新日本之青年』（一八八七年）の影響を受けたものであり、徳富蘇峰は、明治維新は政治・社会革命を成し遂げたが精神上の革命はまだ完了していない、と断じている。

しかし狭間先生は、このような例があるにせよ、梁啓超が偉大であることに変わりはないと考える。梁啓超が改めて論述し解説したことで、原著よりもさらに広がりと深みが加わるケースが多かった。またこのようなことは、啓蒙思想家には必然的についてまわる雑多な「おまけ」のようなものだ。福沢諭吉は西洋思想をコピーしただけだ、と言う者がいるだろうか。

先生はたぶん日本で初めて系統的に梁啓超を研究した人だろう。一九三七年生まれの彼にとって、この道は多かれ少なかれ想定外の選択だった。その当時、日本のキャンパスを支配していたのは左派思想だったし、彼もかつては熱烈な「革命派」だったからだ。実際、一九六六年には貨物船に乗って「革命的中国」を見に行ったこともある〔この年、文化大革命が始まっている〕。その話しぶりや身振りからも、青年時代の狭間先生がどれほどの熱血漢だったか察することができるだろう。そう考えて見ると、弟子のS先生よりも衝動的であるように感じられた。狭間先生はあくまでも中国語だけで話を続けた。それは先生にとって骨の折れることだったようだが、その一所懸命さが先生の語る話に力を与えていた。雨の降る京都で、生涯かけて研究してきた梁啓超について中国の青年たちと語り合えたことで、先生はとても興奮しているようだった。

こちらが言い出すまでもなく、狭間先生は梁啓超らが日本で刊行した雑誌『清議報』、『新民叢報』の表紙のコピーを取り出して見せてくれた。そのデザインも印刷技術も先端を行くものだったことが分かる。つまり梁啓超は思想家、著述家だっただけでなく、「ニューメディア」のエキスパートでもあったのだ。どう表現すれば読者の注目を集めやすいかを心得ていた。だからもしも一九〇五年に、上海に暮らす一人の少年が書店でこの素敵な印刷物に出会い、この刺激的なタイトルを目にしたら、きっと心躍らせたに違いない。ひょっとするとその少年の名は、胡適《こせき》といったかもしれない。いや、彼だけではない。長沙で、蕪湖で、福州で……数多くの無名の者たちがこれらの雑誌を読み、寄り集まって、中国を変える巨大な力となっていったのだろう。そしてある者は後に名を知られるようになり、ある者は無名のままであり続けた……。

（二〇一五年三月の日本旅行日記から）

馬を走らせ花を見て日本を語る

朱学東

朱学東氏

哲学の道を散策

東京の青空

二〇一四年まで、私が持っていた日本に関するあらゆるイメージは、自身が接した文学作品、ニュース、映像や音楽、それに友人から聞いた話によって作り上げられていた。

幼年時代の抗日映画『地道戦』『地雷戦』の中の侵略軍の記憶。あるいはもう少し後の、日本から輸入された映画やテレビの中のアトム、おサキさん[1]、おしん、『人間の証明』のテーマ曲、大島幸子[2]、杜丘と真由美[3]、寅さん。それから山口百恵、宮崎駿、手嶌葵や、松尾芭蕉、三島由紀夫、川端康成、大江健三郎。それにもちろん魯迅、戴季陶、陳希我[4]、ルース・ベネディクトも……。

これらの「記録」や「話」は、残忍非道なもの、低俗なもの、純潔で美しいもの、揺るぎない意志……と種々雑多だ。だがどのイメージも伝聞から生まれたもので、たとえ心に深く刻み込まれていても、ほとんどが他人の持つイメージを借りてきたものに過ぎない。

二〇一四年四月上旬、私は初めて日本を旅した。わずか数日間、中国でよく言われる「走馬観花」、馬を駆って花を見てまわるような旅だった。ただ、どこも初めてのはずなのに、なじみ深い場所ばかりだった。なぜならばかねて本で読み、話に聞いていたからだ。千鳥ヶ淵や上野の桜、唐招提寺や金閣寺などは、おのずと懐かしささえ感じた。だがやはり異国なのであって、当然、初めて見聞きするものごとの方が遥かに多かった。きちんとした身なりをしてはつらつと歩く人々。セキュリティーチェックもなく、定刻通りに運行される新幹線。緊張感があって静かな生活など、どれも強い印象となって心に残った。

だが私に最も強烈な印象を与えたものは、文化財でも風景でもなく、政治でも、豊かで静かな生活でもなかった。それは清潔な環境だった。想像を絶するほどの清潔さ――中国のむさ苦しくよろしからぬ環境の中にじっと潜んで、めったに外へ出ることのない私は、あの種の清潔さというものに対する想像力が根本的に欠けていた。

この世にこれほど清潔な場所があるとは！

旅行中のメモ帳を繰ってみると、どの日の記録にも、訪れた先々で目にした環境に関する驚きと称賛の言葉がある。

どれほど良かったか？

私が北京を出発した日、北京の天気は、私の感覚では「まあまあ良い」のだったが、市が発表したＰＭ二・五の指数は一〇五（なお、アメリカ大使館が発表する数字はだいたい市の発表よりも高くなる）、「軽度の汚染」だった。そして北京に戻った日、空は鉛色をしていて、ＰＭ二・五は一二一になっていた。

四月一日、東京に着いた時はもう夜だった。夜の東京は爽やかだった。混沌とした環境からようやく抜け出して来た私には、空気がとても清々しく感じられた。メモには「清如許」、非常に澄む、と記されている。

私たちを出迎えてくれた北京出身のドライバーは、東京ではＰＭ二・五が七五になると小学校は休みになる、と教えてくれた。

これが日本の空気についての第一印象だ。

その後数日間、晴れの日も雨の後も、夜も昼も、東京でも、大阪や奈良、京都でも、私が見た大空は、北京のぼうっと霞んだ空と比べると視界を遮るちりやほこりがなくなったようで、新しい眼鏡に掛け替えたかと錯覚することさえしばしばあった。

私はずっと、古臭い空気に満ちた場所に押し込められるようにして暮らしてきた人間なので、急に清々しい空気を吸って驚きと喜びで一杯だった。そして貪るように呼吸した。何と言っても北京でこんな空に出会えるのは、たぶん、秋だけだろう。それから何か重要な政治活動があるときも、こんな空になるかもしれない——「ポリティカル・ブルー」、「イベント・ブルー」とでも言うべき青空だ。

大気の質だけではない。私をもっと震撼させたものがある。

東京に到着した夜のことだ。夕食後ホテル周辺をぶらぶらと歩いていると、一本の通りに出た。それは北京にもよくあるような狭い路地で、小さな飲食店が軒を連ねている。間口の狭い小さな古びた建物が立ち並んでいるのに、通りはきちんと掃除されて整然としていて、きらめく灯火が何とも賑やかだった。

東京の繁華街、高層ビルの下にもかくも活気あふれる路地が存在することに、私は驚いた。これがもし北京だったら、新たに建てられた味気なく冷たい高層ビルに押しやられるか、汚いうらぶれた通りになるか、あるいは金儲けだけが目当ての低俗さがはびこるか、いずれかだろう。高層ビルは別として、何もかもがこんなに整然ときれいに保たれることは、まず不可能だ。

翌日からの旅の途中、風光明媚な公園や名所旧跡でも、住宅街や大通りでも、賑やかな繁華街でも、人気のない街の片隅でも、開放された公共の場所でも、非公開の空間でも、トイレだろうとレストランだろうと、どこに行ってもその整然さ清潔さに目を見張った。

中国にいれば一日も経たないうちにズボンの裾も靴もほこりだらけになるのに、日本では何日経っても汚れない……。

日本滞在中はちょうど桜が満開の時季だった。かつて盛んだった清国留学生のための短期留学課程「速成科」など既にないはずだが、私の旅の途中、浙江、江蘇、四川、上海、北京……お国訛りの中国語が常に耳に飛び込んで来た。中国からの観光客だった。観光客の大多数は――私も含めて――この整然とした環境の中にあって、できる限り自らを律してこの環境を愛し大切にしようと努めていた。いわゆる「芝蘭之室《しらんのしつ》に入る」のと「鮑魚之肆《ほうぎょのし》に居る」のでは大違い、人は周囲の環境に感化されるということだろう。

その背景にある、自らを抑え、自らを律し、管理するということ。日本人はどのようにしてそれらをやり遂げているのだろう。

私を感じ入らせたものはまだある。日本の清浄な水だ。

大阪から京都へ向かう途中、淀川を渡った。青いさざ波が立っていた。

同行の日本人が、淀川は大阪の北東部から市街地へと流れる大阪市の主要な水系の一つであり、市民の大切な水源にもなっている、と教えてくれた。

だが一九六〇年代には、この川は見るもおぞましいほど汚れていたそうだ――もしその日本人が教えてくれなければ、私には思いもつかないことだった。戦後の高度経済成長期、大阪にあった工場は監督管理上の抜け穴をついて、何ら処理を行うことなく汚水を直接淀川に流し、深刻な水質汚染を引き起こしていた。当時の政府・自治体もまた経済発展に配慮するあまり汚染源になっている企業の肩を持った。しかし市民の猛烈な抗議を受けて大阪は一九五〇年代の終わり頃から淀川の汚染問題に取り組み始めた。それから数十年、努力は続けられ、とうとう淀川にきれいな水が戻って来たというのだ。

私も水郷の出身だ。私の故郷にもかつては青い空と澄んだ水があったが、工業化や都市化の流れの中でどちらも失われてしまった。後に再生に向けて行政が巨額の資金を投じているが、いたちごっこは繰り返され、また浄化・復元の作業自体極めて難しいものであり、まだ道半ばの状態だ。大阪での淀川再生は、私たちにとって非常に良い参考事例になるのではないか。

日本における環境整備の事例を中国はどう学べばよいのだろうか。北京に戻ってからのことだが、日本人の同業者たちと語り合ったことがある。私の故郷、江南地方での水系復元に限らず、大気汚染対策も含めて、長い時間と継続的な取り組みが必要なのは当然だ。しかしそれ以上に必要なものは、行政側にあるのではないか。つまり行政が政治的な理念を転換することと、きちんとした、しかも本当に実行可能な法体系を整備することだ。とりわけ地方政府は、上から下まで、表に出ることのない企業との利益関係を断ち切る必要があるし、また人々の環境に対する意識の芽生えを大切にして、それを潰すことなく、大きく育ててやらなくてはいけない。そうすれば、いま目の前にある環境問題を解決していけるだろう。中国を日本のように、経済成長を維持しながらも、従来の資源消費型工業国から環境にやさしく持続可能な発展を実現する国へと、転換させることもできるだろう――。これが私たちの一致した考えだった。

私たちの隣国日本には、この方面で学ぶべき多くの経験がある。

日本に比べて、私たちはどれほどのことをしてきただろう。政治家たちは彼らをあくまでも見くびっているように思える。理非も分からないのに自惚れる——これを「顢頇自負《まんかんじふ》」と言う。心配なのは、このような危なっかしい認識を国民に吹き込み押しつけることだ。ちり一つないことや、爽やかな空気、澄んだ川の水も、見たところ些細な事象のようだが、その背後に隠されているものは、一つの国の文化と実力の秘密だ。全体主義の国は、ある一定の環境の下であらゆる力を動員させることで、何事でも成し遂げられるかもしれない。しかし強い圧力の下では、その行動を長く続けることはできない。すべての人が自発的に動くこともない。権利を与えられれば、庶民の福祉が図られるならば、それが自発性の原動力となる。

古人は「倉廩実《そうりんみ》ちて礼節を知る」と言っている。今、私たちの食糧庫「倉廩《そうりん》」は満ち足りている。しかし現代的な文化を築き上げるにはまだ長い努力が必要なのではないだろうか。

日本を師とする。今こそ、このことに現実的な意義があるのかもしれない。

（1）おサキさん
日本映画『サンダカン八番娼館　望郷』の登場人物。かつて天草からボルネオのサンダカンにからゆきさんとしてわたった女性。

（2）大島幸子
日本のテレビドラマ『赤い疑惑』の女主人公であり、山口百恵が演じた。

（3）杜丘と真由美
日本映画『君よ憤怒の河を渉れ』の登場人物。高倉健が主人公・杜丘冬人を、中野良子が遠波真由美を演じた。

（4）陳希我
中国の作家。一九六〇年代生まれ。日本留学経験があり「知日」派とされる。

日本を越えるために

石述思

石述思氏

「中国におけるソーシャルメディアの果たす役割」ブロガーミーティング

高野山

日本に何を学ぶべきか。

日本には何度か行ったことがある。

直近は二〇一三年三月。アレンジしてくれたのは中日民間友好交流の促進に携わる財団だった。その時の主なイベントは、日本人聴衆一〇〇人との対話ミーティングだった。釣魚島〔尖閣諸島〕のいざこざが激しさを増す中での日本訪問は、明らかに今までと違った。

そのころ北京はひっきりなしに砂塵とスモッグに見舞われていた。東京の上野公園では早咲きの桜が風に揺れていた。その日、北京のＰＭ二・五は東京の七倍だった。

一〇年前と比べてみても日本には大きな変化が見られない。毎日のように大きく変わる「日進月歩」の北京とは違う。

日本経済は「失われた二〇年」に陥り、この落ち込み状態はまだ続くだろう。その一方で、中国の国内総生産（ＧＤＰ）はいつの間にか日本を追い抜き、その差はますます広がっていくはずだ――。このような意見は人の心を惑わせるに足るものだが、楽観視しすぎだ。

ある意味、日本に関する中国の読み誤りは、中国に関する日本のそれと同様、甚だしいものだ。多くの中国人は「トンデモ」抗日ドラマ、マスコミ報道、村上春樹や宮崎駿をもとにして日本像を作り上げる。しかしそれとは違う、また別の日本も存在する。その別の日本はわれわれを単純きわまりない怒りや恨みから解き放つ一助となるものだ。ただし落ち着いて真摯な態度で臨まなければ、この「危険な」隣人を真実強大なものとしている遺伝子について十分に探求することはできないし、これを超越する可能性を探るための努力もできない。

日々の暮らしを守ること

桜のごとく輝かしく生き、落葉のごとく静かに死ぬ。

春、東京の上野では、早咲きの桜が風に揺れている。桜の花が人を引き付けるのは、咲き誇る美しさにあるのではなく、そのはかない美しさにある。

アメリカの社会学者は日本文化を「菊と刀」のイメージで表現した。

中国文化の影響を深く受けた日本は、はかない生命を光り輝かせるために、儒教文化の核をなす「忠」の理念を受け継いで、これを国の基礎とした。この狭い土地、限られた資源の国は、世界の大国としての地位を獲得し維持するために、東洋最強の縦型社会を形成した。しかもこの民族は挙げて勤勉、質素、自律を尊び、自己犠牲の精神に富み、また強い凝集力を示すこともできる。外へ向かって拡大するときは、人に恐れられ憎まれる軍国主義を形成し、経済を発展させるときには、第二次世界大戦後の廃墟から急速に勃興した、あの奇跡の発展をも生み出す。

大戦後、日本に平和的勃興の道を歩ませてきたものは、敗戦の教訓と、アメリカによって推し進められた民主的立憲政治体制だった。たとえ持続的な経済低迷が最近のナショナリズム的な感情の高まりを生み、幾人かの「政治屋」が軍国主義の復活に力を注ごうとも、大多数の日本国民は戦争当時のような大それた考えは持っていない。

東京の朝夕のラッシュアワー。地下鉄はホワイトカラーで耐えられないほどの混雑ぶりだ。おしゃれな女性の多くがルイ・ヴィトンのバッグを提げている。中国といささか違うのは、彼女らのルイ・ヴィトンがほぼすべてホンモノであることだ。

ごく普通の日本人の夢は、がんばって働いて、自分の日々の暮らしを守っていくことだ。歴史問題にからむ隣国とのPK戦など、安倍内閣が心配することだと思っている。つまり自分の生活の方が釣魚島よりも重要なのだ。戦後長きにわたって民主主義のトレーニングを受けてきた彼らは自信満々だ。ある日本人に言わせれば「ヘマをしたら、その人を当選させないだけのことさ」。日本経済はここ数年低迷を続けている。政府もヘマばかりやっている。だから総選挙の実施頻度が高くなる。内閣総理大臣はおおむね短命だ。その主因はロシアの北方四島や、韓国の独島〔竹島〕、中国の釣魚島といった問題ではなく、いつまでも景気が回復しないことにある。それは自分の暮らしに影響するからだ。

政権を握った安倍氏は金融緩和など一連の景気刺激策を打ち出した。以来、支持率七〇％前後を維持しているのは主に景気回復の兆しが現れているからで、彼が右翼的立場にあるということは第一の理由ではない。

日本で本当にお金がないのは政府だ。総債務残高は対ＧＤＰ比二三〇％になる。しかも短期的な改善は期待できない。しかしここ数年、国民の所得水準や福祉水準は全体的に向上している。

冷戦から抜け出た日本と、改革・開放を進める中国。どちらにも一つの責務がある。それは国際社会において「正常な国」であることだ。

日本にとっての面倒事は歴史だ。日本は一貫して自ら犯した侵略の罪を直視したがらず、このことは真の意味での大国となる上で、最大の障害となっている。しかし国内では経済の現代化、国民の現代化が実現している。

中国の問題は現実面にある。転換期における複雑な社会問題、体制改革の停滞、社会的価値の喪失などは、全世界規模での民族の勃興にブレーキをかける。

われわれと日本人との対話ミーティングでは、南京大虐殺、靖国神社、釣魚島など話題に上らなかった。日本人はそんなことよりも、自分たちを征服したアメリカがどう考えているかを知りたがる。だが中国人の方は、日本人に対してもっと誠実にドイツを見習ってほしいと思い、また日本人のせいで罪なくして死んだ人々のことを悔いてほしいと期待する。

この問題を解決する方法は、中国が本当にあらゆる面で（ＧＤＰだけでなく）、この恐るべき、かつ敬うべき相手を追い越すことではないか。

だから差し迫って必要なのは、単純に日本を責め、怒り、抗日ドラマを見て憂さ晴らしすることではなく、日本を正しく理解することだ。

強者の前にのみ屈服する

日本文化の歴史は、中国唐代から受けた啓蒙と深いつながりを持つ。

日本を訪れその古都の寺に遊ぶならば、文化を守ろうとする並々ならぬ努力に驚かされるだろう。そして錯覚してしまう。「中華文明が、かつての後れ閉ざされた島国で今もこうやって息づき、しかもこれほど大事にされているとは」と。

古いものを古いままに修復することにかけては、彼らは一流だ。寺院の古い木の梁や柱が傷むと、多くの場合、元の状態を（傷跡さえも）できるだけ保とうとする。その結果、一〇〇〇年も隔たりのある新旧の木材がごく自然な形でぴたりと継ぎ合わされて一本の梁や柱になる、といった不思議な現象が生じる。

日本の仏教は多くの宗派に分かれているが、ほとんどどこの寺でも香や灯明が絶えることはない。祝日や休日ともなると各地から信徒が、自らの意思で、続々と参拝に訪れる。誰もが敬虔な面持ちで、厳かな雰囲気が漂う。

この宗教はどの宗派であっても、生命の価値を真摯に追究しようとする現代日本人に対して、支援の手を差し伸べる。東日本大震災の時だけでなく、震災後の福島での放射性物質漏洩事故に際しても、浄財を募り支援活動を行う上で寺は重要な役割を果たした。ごく普通の日本国民は自己犠牲、自己修養を重んじ、しばしば「死への畏敬は生きる苦しみに対するこの上ない礼賛だ」という世俗を超越した信念を持つ。

奈良は生きた見本だ。唐の文化が安史の乱によってすべて封印され衰退していった時、奈良は漢民族文化の最も輝かしく最も貴重な灯を静かに受け継いだ。

七一〇年から七八四年までここは日本の首都だった。日本には漢民族の文化が伝えられ、そのほかにも西方の文化、芸術、建築技術が古代の交易路であるシルクロードを通じて伝えられた。ここには東大寺、法隆寺をはじめとする世界文化遺産や、仏教建築、仏像など多くの国宝、重要文化財がある。特筆すべきは、中国の唐の高僧鑑真が日本に渡り、七五九年に唐招提寺を建立したことだ。鑑真大和上の坐像は寺の御影堂にまつられ、今日まで日本の国の宝として尊ばれている。

ある日本人は「漢民族文化が世界に冠たるものだったあの時代、日本は数多くの遣唐使を送り出し、また全面的な唐風化に力を惜しまなかった」と教えてくれた。七一〇年に唐の都長安を模して造営された大規模な国際都市・平城京は、歴史的な遺産として世界遺産の一つに登録されていて、当時の中国が持っていた大きな包容力に今も触れることができる。

日本は古来、強者に対して頭を下げることに慣れている。かつては中国に対して、近代においては西洋列強に、戦後はアメリカに。そして日本が外国に学び、外国を手本にするための扉は、閉じられたことがない。

日本は人道上大きな被害を与えた隣国に対して詫びることをなぜ嫌がるのか——この話題が出た時、早稲田大学の某教授は意味深長な発言をした。「日本は強者の前にしか屈服しない。そして第二次大戦でわれわれを打ち負かしたのが、アメリカだった」

このような説明は中国人にとって受け入れ難いものだ。だが憤懣やるかたない中国の人々にこれだけは注意を促したい。この平和な世の中において日本を屈服させたければ、まずやるべきことは、声高に愛国を叫び、同胞が所有する日本車をぶち壊すことではない。本当の勃興を実現するために努力することだ——唐の王朝のように。

高齢者ほど手厚い保障

山がちで狭く、自然災害が頻発する日本は、急速な現代化の中にあって驚くほど力を入れて伝統を守ろうとしている。中国では古代文化のしるしが近現代の戦争や内乱で無残にも破壊され失われていったのに、日本はまったく異なる状況にある。

和歌山県北東部にある高野山は、世界各地から人々が真言密教を知ろうと訪れる聖地であり、二〇〇四年には国連教育科学文化機関（ユネスコ）の世界遺産に登録された。

古びたケーブルカーで山を登り、高い峰々に取り囲まれた山頂にたどり着くと、弘法大師空海が開き、一二〇〇年の歴史を持つ真言密教の総本山・金剛峯寺はすぐそこだ。

ここは日本で最も有名な静謐で陰鬱で神秘的な墓地だ。日本史に名を残す数多の人物の魂がここにまつられている。豊臣秀吉も徳川家康も誰もかも、ほんの小さな場所にひっそりと眠る。生前には不倶戴天の政敵だった者同士が隣り合わせに葬られていることもある。中国の皇帝、将軍、宰相が壮大な墓に葬られているのとはまるで違う。

恐怖心から逃れる力は完全無欠な道徳から生じるが、それだけではなく、生命に対する畏敬の心からも生じるのだ。このような信念と現代的なシステムとが結び付き、生まれたのが「どの組織においてもヒエラルキーを尊重し、共通の目標を立て、自己を犠牲にして共にその目標を達成する。家庭内であれば年長者を尊び、長幼の順を重んじる」という日本のコアバリューである。もっとも現代化、都市化の中で多くの若者が単独で生活するようになったので、「年長者を尊ぶ」部分の多くは国・自治体が担うようになっている。高齢化社会の到来によって労働力が不足し、働き続ける白髪の高齢者も少なくない。

しかし日本の高齢者に関する制度は、アジアの中でも最も進んでいる。シニア用品は最も値が張るものなので、デパートではその売り場は最上階にあることが多い。私は数年前に中華医学会に同行して東京を訪れ、郊外にある一般的な老人ホームを視察したことがある。その設備もサービスも完璧なものだったから、われわれ一行のうちのある官僚などは非常に羨ましがり、「老後ここに住めれば、私はもう何も言うことはない」と漏らした。

他の先進国と同様、日本政府も赤字が累積して財政的に苦しい。しかし中国が建設工事に忙しいのとは異なり、日本政府の主な支出は教育と社会保障に対するものだ。ある時、日本人との酒の席で、制度の違いについて議論したことがある。その友人は日本酒の勢いもあったのだろう、「日本の方がれっきとした社会主義だ」と言い出した。そしてその根拠として、よく整備された高齢者福祉制度と医療保険制度、それに貧富の差（これは中国に比べればごく小さなものだ）を挙げた。これを聞いて、私は一瞬返す言葉がなかった。

日本は観光大国でもある。日本人ツアーグループに顕著な特徴は、旅先で大歓迎されるほどの高い購買力を持つのがほとんど高齢者だということだ。一方若い人々は、朝早くから夜遅くまで懸命に働き、東京に住む若者などは、一生涯がんばってようやく街なかの小さな部屋を手に入れられるのだ。

ただここには大きなメリットがある。若者の奮闘努力の先には一つの希望が与えられているのだ——老後には少なくとも物質的なよりどころを得られる、という希望が。

秩序の裏にある国民一人ひとり

開かれた国、日本。東京の新宿はこの国最大の性風俗産業の集散地だ。

日本に留学中の中国人テレビディレクターの中には、生活のためにアダルトビデオ（AV）の監督をして第二の「蒼井そら」を発掘しようとしている者もいる。聞くところでは、日本の性風俗産業はAVからストリップ、「援交」、売春まで、多種多様だという。

「その手の業者は必ず警察に届け出なくてはいけない」と、大阪で暮らす中国人は語る。「知る限りでは、規制の枠を超えた営業をする者はまずいないね。あきれたことに、日本人にとって『法治』は信仰みたいなものになっているのさ」

ヒエラルキーが重視され、縦のつながりが強い日本では、現代的制度の庇護の下で恐ろしいほどの秩序が構築されている。公共ルールの順守は、大多数の者が自発的に行っていることなのだ。

お互いに個人の自由を最大限尊重することが、現代社会を滞りなく営むための鉄則だ。

東京の街角にたたずむと、ここは人口一〇〇〇万人を超える都市なのに、耳を澄まさなければ人の声は聞こえてこない。中国の街角の騒々しさとは対照的だ。日本各地どこへ行っても、ゴミを投げ捨て、所構わず痰を吐く光景など目にしたことはないし、赤信号を無視する歩行者を見たこともない。日本の地下鉄車内にも「優先席」はあるが、どんなに混雑するラッシュアワーであっても誰もそこに座らない。
一九六四年の東京オリンピックは、日本が世界の表舞台に復帰し、高度経済成長を後押しした画期的なイベントだった。開会式には何万人もの観衆が集まったが、式典後には紙くず一つ落ちていなかった。二〇〇八年の北京オリンピックでも、同じぐらい大勢の中国人がメインスタジアム「鳥の巣」で開会式を観覧した。そこに残されたゴミは、清掃員が数日がかりで片付けた。二〇一一年、福島県で大地震が発生した時には東京も大きな揺れに襲われたが、都内の地下鉄職員は総掛かりで避難誘導に当たり、何の混乱もなく三時間以内にその任務を完了させた。例によって一切れの紙くずも出なかった。

日本では屋外禁煙の方針が徹底されている。高野山で喫煙場所を探していた私は、弱り果てて土産物を売る中年女性に声をかけた。するとその人はすぐに仕事の手を止めて、地図を描いてくれた。私はその真心と細やかさに感激した。しかもその後、寺の僧侶がわざわざ道案内をしてくれたのだ。そして私をはるばる目的地まで送り届けると、合掌して一礼し、すっと立ち去った。

専制的な社会が真っ先に人から奪い取るものは、権利などではなく、責任だ。
日本人から学ぶに値することは、現代社会の国民が担うべき一切合切を自らすすんで担うことだ。それができてこそ、最大限の個人の自由が得られる。また社会の自己統治を前提としてこそ、小さな政府・大きな社会の構築を進めることができる。

そしてこの過程において、文化の醸成と構築、制度による規制よりもさらに重要になってくるのが、教育による啓発だ。

日本を追い越すには

ではは日本を追い越す上で重視しなければならない事項を挙げていこう。

まず、中国の国土面積は日本の二五倍、人口は日本の一〇倍もある。広大な国土、豊富な資源といった優位点はさておいて、中国の一人当たりGDPを見ると、これは日本の一〇分の一に過ぎない。経済学者のポール・クルーグマンが中国に来て、中国の勤労者収入はアメリカの四%だと言ったが、日本の勤労者収入はアメリカ人の四分の三だから、中国の二〇倍になる。

一九五五年、日本は工業の中でも精密加工を重視する段階に達し、また資金・技術集約型経済への過渡期を迎えた。工業の構造だけを見ても、中国はおおむね四〇年前の日本と同じ水準にある。産業構造の調整と全体的なレベルアップは今日ようやく本格的に着手されたところだ。たとえ昨今日本が貿易で深手を負ったとしても、その製造業大国の地位はまだ揺るぎないものだ。

単位エネルギー（原油一キログラム換算）を消費することで生み出されるGDPを計算すると、二〇〇七年時点の中国は約〇・七米ドルで、先進諸国ばかりでなくインドなどのいくつかの開発途上国よりも低い数値を示す。日本がエネルギー一単位から生み出すGDPは、世界トップの一〇・五米ドルで、中国のおよそ一五倍に当たる。

ノーベル賞（注：ここではその科学部門を言っている）を盲目的に崇拝すべきではないが、国の科学技術力を測る重要な指標ではある。日本はその「常連客」だが、われわれは恥ずかしいことにゼロ記録を誇る（注：本文は屠呦呦《とゆうゆう》氏の受賞以前に書かれた）——華人のノーベル賞学者楊振寧先生は「中国は二〇年後に受賞する」と大胆にも予測したが、多くの人は信じていない。

日本の基本医療保障は幅広く行き届いている。その体制は健全で、明確なシステムが整えられている。患者はおおむねどの医療機関に行っても、十分な配慮を受け尊重されていると感じることだろう。しかし今の中国の医療現場では特権が乱用され、なかなか診療を受けられず、費用負担も重いことが庶民にとって大きな悩みだ。病気をきっかけとする貧困者層は一億人を超える。

昔の日本人は先天的なDNAの要因と生活水準の低さとによって体格が劣っていた。彼らはしばしば中国との国境において戦を仕掛けたので、わが堂々たる大国は長きにわたって日本人を「倭寇」と呼び、蔑んできた。しかし現在、国民の身長や寿命など、「国民の素質」の基本指標を見ると、日本は中国を上回る。数年前、ある専門家が「中国の初等教育は日本の一九〇〇年頃の水準にほぼ等しく、日本に一〇〇年後れている。中等教育は一九一〇年頃の水準であって九〇年後れ、高等教育は一九二〇年頃の水準であるから八〇年後れだ」と述べていた。しかも教育はしばしば民族の将来を左右するものだ。

中国政府は、海外旅行に出かける者に対して、言動に気を付け、礼儀をわきまえるようにと注意喚起を怠らない。一方、日本国民は世界中で高く評価されている。それは購買力があるからだけでなく、おしなべて礼儀正しい振る舞いをし、現地の文化や習慣を重んじ、ルールを守るからだ。

大国の勃興というものは、世界各地にその製品を輸出すれば実現するというものではない。それよりも、価値観をも輸出し、広く認められることが肝心だ。中国文化の影響を受けた日本は、アメリカ・ハリウッドの映画産業に進出して買収劇を演じた。それだけではない。アニメ産業でも世界をリードする立場にあり続け、特にアジアにおける影響力では並ぶものがない。中国の子供を対象とした最近の調査では、お気に入りのアニメキャラクター上位二〇のうち一九までが「日本製」であり、唯一の「ＭＡＤＥ　ＩＮ　ＣＨＩＮＡ」は昔からおなじみの孫悟空だったという。

現代ビジネス社会において日本は『論語』とそろばんをうまく合体させ、「士魂商才」を追求するビジネスマン像を作り上げ、「外柔内剛」という行動原則を打ち出した。

中国各界のエリートたちが日本を追い越したいと切に願うのならば、これらをもって他山の石とすべきである。われわれのビジネスにおける社会的価値の欠如、公的責任の不在、華美に流れる気風はもはや例外的な事象ではないのだから。

昨今の日本を追い越そうとする動きが、国家のためというよりも、一人ひとりのごく普通の国民の生活の質、幸福度のために行われるように、また経済規模のためというよりも、人類共通の価値観と心情のために行われるようにと、心から願ってやまない。

日本を越える最善の手段は、実は、自らを越えることだ。相手を恨むよりも、むしろ相手を知ることの方が肝要なのだ。

日本で静かに静を考える

劉新宇

劉新宇氏

尾張屋の店先で

南禅寺方丈内の枯山水

初めて日本に行った時、京都では、東山清水寺近くの温泉旅館に泊まった。

夕食前、何もすることがなくて、一行四人で旅館北側に見つけた山道の階段を上ってみた。石段の間に苔の青い色が見え隠れする。左手は人家で、低い塀から数匹の猫が様子をうかがっている。右には時にひっそりと時に音を立てる流れがあり、その横を歩いていると心が癒やされていく。

太陽もそろそろ退こうという、一日のうちで最も心動かされる時分だった。東山から西の方を望むと、空の彼方には大きな黒雲が幾つも折り重なるようにして悠々と浮かんでいる。時折雲の隙間ができると、夕陽は懸命にそこを埋めようとする。

「キリストの光だよ！」誰かが大声を上げた。

その時、私はその名前を初めて耳にした。夕暮れの涼風が吹いてくる中で、皆石段の途中で歩みを止め、頭を西の方へ振り向けた。太陽は重なる雲の隙間で力を得て速度を増したのだろうか、空の高みから大地へ向けて一本また一本と光芒を投げかけていた。光は、神仏からある特定の人への賜物のごとく、宗教的な雰囲気を伴ってこの世を点々と照らしている。

キリストの光――。誰が名付けたのか知らないが、とにかく、私はその名に込められた霊的なものを感じた。以前にも幾度となく、内モンゴルの故郷で、学び舎での日々に、記憶に残る辛く苦しい歳月に、これを眺めたことがあった。その度に受ける感覚は、内陸部に暮らす私が初めて海辺に立った時のものに似ていた。果てしない寂しさ、打ちつける波の轟きに創造主の姿形を見た思いがするのだった。

我々一行は、随分長い間、東山に立って西山を眺めていた。

あの情景は、私が日本で得た体験を凝縮させたようなものだ――イングランドの湿気を帯びた憂鬱な空気とも違い、ボスポラス海峡に響くアジア史とヨーロッパ史のこだまとも、人を陶酔させるフランスの甘美なロマンスとも違う。ましてやアメリカの壮大な野心などとは全く違う。日本を漫遊していると、中国の書物に描かれた情趣を街の片隅に発見する。とりわけ京都や奈良では曰く言い難い共振にしばしば襲われた。夢に驚いて飛び起きたとき、まだ胸の動悸が止まらない中であの一瞬を振り返ってみると、曖昧模糊として夢か現《うつつ》かさえ判然としない――そんな類のものだ。

金閣寺に遊んだ日。昼どきになったのでひと休みすることにした。細い路地の奥、木造の門の前に「尾張屋」と書かれた白いのれんが掛かっていた。門前に並んで待つことしばし、小さな戸の向こうに見える屋内は、昼間でも明かりをともさねばならぬほどの暗さだった。

初夏の空気にほんのりと漂う香りは木犀《もくせい》を思わせる。最近の北京での食事どきのような、魚の唐辛子煮込みの強く刺激的な臭いなど絶対に存在せず、仲間と杯を交わして痛飲するあの騒々しささえもない。同じ麺類を商うにしてもこの蕎麦屋には蘭州拉麺《ラーミエン》店のような威勢の良さはなく、どことなく北京の臥仏寺にある茶店を思わせる。

門の傍らに置かれていた店のパンフレットを手に取り、平仮名や片仮名の間に混じる漢字を拾って読んでみると、驚くべきことに、この人目に立たない小さな店は五八〇年余りも続いているらしい。計算してみると、ちょうど明の景泰年間に当たる。長い歴史の中にあって、路地の奥にある小さな蕎麦屋は、戦乱にも巻き込まれず、同業者との競争にも負けず、また一人息子が跡を継がぬと言い張る事件もなく、蕎麦を打ち続けてきたのだろう。細く、長く。時代が変わっても、雨が降っても風が吹いても、びくともせずに五〇〇年も続く小商い――。引き比べれば中国の「老《し》字号《にせ》」など、いずれも作り直したまがい物、長い歴史の中では転入生も同然で、それにモザイクをかけて誤魔化しているもののように思えてくる。

実のところ歴史など、大方の中国人から見ると小説か芝居の中の事のように感じられるだろう。五〇〇年前はおろか六、七〇年前の事でさえも、文士が書き上げ、講談師が語る神話のようであって、口では滔滔と語っているのに、心の底では半信半疑だ。詩に詠われた悲歌慷慨の燕趙の士であれ、語り継がれる伯牙と子期の邂逅であれ、歴史にかけられたモザイクによって、現実とのつながりはすっぱりと断たれてしまっている――神話の良いところはひれ伏して拝めることで、神話の悪いところはひれ伏して拝むしかないことだ。そして今、我々には文化から何かを汲み取ろうとする衝動はなく、また歴史に何かを学ぼうとする興味もない。本当にあった事、本来ならば我々民族の魂の遺産とすべき事実に対しても、もはや畏敬の念など失われてしまっている。

しかるに、このように一杯の蕎麦を食するにしても、連綿たる歴史の中の文化的オーラが感じられ、そこから更に、当時はまだ藤吉郎と名乗っていた男、後の豊臣秀吉が、今ここにあるこの卓で同じような一杯の蕎麦を食べながら、頭角を現さんと密かに闘志を燃やす姿を想像するかもしれない——。この感じはちょうど「両面テープ」のようなものだろうか。歴史と現実を貼り合わせ、歴史に神懸かりさせる。そこからもたらされるのは、時空が連続し、明々白々で、守ることも侵すこともできる、統一感。それは、天地が覆るほどの勢いで激高することなどなく、また今のところは歴史の刺客ではなく、歴史の子でいてくれる——子が祖先に対して持つべき畏敬の念や尊敬が、戦いを挑むことさえ許さない正当性をこの継続性に与え、これによって民族は自らの遺伝子の継続と承継を繰り返して強固なものにしていった。こうして、「菊」でも「刀」でも構わないのだが、一つの変わらぬものが代々存在していく。

しかるに中国は、歴史上大きな出来事が起こるたびに、幾度でも復活する不死鳥がイメージされる。しかし我々の文化の奥にあるものが唐装なのかそれとも旗袍《チーパオ》なのか〔前者は漢民族の、後者は満州族の衣服〕、明言できる者はいるだろうか。戦国時代の義侠心溢れる豪傑や、姿も雄々しい霍去病、唐代の気風、宋代の詩歌は、我々とどれほどの関係があるのだろうか。侯孝賢《ホウ・シャオシェン》監督の最新作『黒衣の刺客』を見た観客は、訳が分からないと騒ぐ。実のところ、あの映画は侯監督が自ら思い描く唐王朝の「原状」を描き出したものだ。私は映画を見ながらこう考えた。侯監督はタイムマシンで唐に行ってどんな様子かぜひ見たいと言い、文化の化石のかけらを前にして阿房宮の「原状回復」をしようとしているのだな、なるほど、それが難しいことは推して知るべしだ、と。

京都に数多くある庭園や寺にはいわゆる「枯山水」の庭がある。かつて孔子は大河に対峙してなすすべもなく、「逝く者は斯《か》くの如きか」と嘆いた。しかし日本の庭師は枯山水の手法によってこれを「スクリーンショット」した——つまり山を固定し、水の流れを止め、「静」を以て「動」を制した。実は日本文化にも「逝く者は斯くの如きか」

の感慨は存在し、その中心的役割を担うのが桜の花だろう。しかしこのような瞬間の美に対する悟りは、それとは別に時を止めるシステムが構築されることを妨げないどころか、両者は補完し合っている。だから桜の木の下に座して枯山水をうち眺めるのだ――個々の生命が求めるものは絢爛さであり、無数の絢爛さが綴り合わされて安定的な伝承を生み出す――。ここに仏教の輪廻転生の意味合いがあるか否かは、また別の、しかしもっと漠然としたテーマになるのだろう。

午後の観光客もまばらになってきた頃、南禅寺にある庭園では、裸足になった日本人女性がひとり縁側に座って静かに本を読みふけっていた。周りには誰もいない。赤みを帯びてきた陽光が木々の間から差し込み、廊下の柱の影が庭の中心にある白い石を並べて表現された池の波紋の上に落ちる。その時、「静」の一文字が頭に浮かんだ――「俗塵にまみれたこの広い世界において、動と静のどちらが真意に近いのだろうか」。私は自分自身に問いかけた。

最近また日本を訪れた。二〇一五年夏のことで、家族と共に半月ほどかけて北海道から関西まで回った。帰国前、大阪駅近くで、日本在住の中国人美女ライター・唐辛子さんとの一席を設けた。彼女はこのところ日本の職人を取材しているという。中国でも食にまつわるドキュメンタリー番組『舌尖上の中国』が大流行していて、職人に対する興味関心も高まっている。そこで、どんな人に会ったのかと聞いてみた。「まず……」と彼女が語り出した話に私は驚き呆れた――それは鏡を磨く職人、鏡師の話だった。磨くものは銅鏡、使うのは三国時代の魏の国の技術、出来上がるのは光を透過させる「透光鏡」、日本で魔鏡と呼ばれるものだという。中国では宋代の『夢渓筆談』にこれに関する記載はあるが、その時代には既に技術は途絶えていた。前漢時代の魔鏡「透光鑑《とうこうかん》」二面が上海博物館に収蔵されており、これが中国に唯一残る実物である。

しかし鏡師として代々続く山本家では、古い技法だけで魔鏡を作り上げる。何よりも神秘的なのは、銅鏡に太陽光線を当てると、反射する光線によって、鏡自体には存在しないはずの十字架や仏の姿といった文様が投影されることだ。山本家の作品は二代のローマ教皇にも贈呈されている。

後日唐辛子さんが書き上げた文章によれば、一人前の鏡師になるには三〇年かかるという。山本家代々がこの技のために費やした時間を全て足してみると、私が考えていた手仕事というものの時間の尺度を軽く超えてしまう。

中国人は「逝く者は斯くの如し」だからこそ「昼夜を舎《お》か」なければならないと考える。早く名を挙げねばならぬ、金儲けするならば手っ取り早く、商品を作るならば大ヒットを狙い、供給が需要に追いついてはならぬ――のである。しかし私は魔鏡づくりという一事に、売れる商品を作り上げることがいかに「慢《スロー》」であるか、はっきりと見た。魔鏡づくりには、文化的な意味でもまた象徴的な意味でも、「鉄杵《てつしょ》を磨いて針と成す」が欠かせないことを暗示している。中国と日本は隣国であるのに、現代の時間軸に関しては、それぞれの好みや志向するところは大きく異なる。

中国の改革・開放は既に三〇年余りになる。我々は高らかに歌いながら勇んで前進することに慣れ親しみ、中国式スピードに慣れてしまった――第二次大戦後の日本にもこれと似た時期があった。しかし日本民族の根底に蓄積されてきた「静」は、ありとあらゆる「動」の中での点睛として機能しているのだと、私は信じる。さもなくば、上に述べたような私自身が目にした物事一切を説明できない。率直に言えば、我々は近代から現代へとたゆみなく変革してきた過程で、あるいはさらに遡って歴代王朝が交替する中で、大いに開放する一方で大いに締め付け、あるいは大いに破壊する一方で大いに建設することを、しばしば繰り返してきた。ここには当然、戦に赴くときの壮烈さもあるのだが、その血の中には沈みゆく太陽を名残惜しむ気持ちは少なく、新たなものを求める気持ちの方が強いのではないか。

現在、国の考えに基づき伝統文化教育が推進されている。しかしこれまで関係が断ち切られてきたために、それらがどのようなものなのかさえ明確にすることは困難だ。だから、数冊の古典をひもといた程度で中国伝統思想・文化学の大家だと称する者が、わずかな間に無数に登場することになる。

日本の土地を旅してみると、中華文明の血を見出すことができるが、それは人様の「拿来《ナーライ》主義」[1]によって取り入れられたものであり、染付の陶器で洋式の客間を飾っているようなものだ。それが受け継がれてきた系譜は人様の方にある。我々には何もない。

話を侯《ホウ》監督の『黒衣の刺客』に戻そう。映画館の中の人は、おおざっぱに、怒って席を立つ者とうとうとと眠り込んでいる者の二種類に分けられる。「中国版ムーアの法則」〔ネットワークのホストとユーザーは半年ごとに倍増するというもの〕によって既に遺伝子が組み替えられてしまっているから、中国人はあの手のゆっくりした速度や物静かさが我慢できない。しかしながら、端正で落ち着きがあり、質実剛健であることは、かつての中国人のありようだったはずだ、そう考えたことはないだろうか――。車にはエンジンのみならずブレーキも必要であり、同様に、素晴らしい芸術には間合いとリズムが必要である。だから今こそ、長年放送されている全国民参加のドタバタバラエティー番組『ランニング中国』にこう告げる時が来た――さあ、静かに静《しずか》について考える時が来た――。むろん「静」とは何者か、これもまた我々がまず真摯に解き明かすべき設問ではあるが。

（1）拿来主義

西洋の文化を導入するに当たっては、やみくもに流入させ定着させるのではなく、実用の観点に立って選択的に「持って来る（拿来《ナーライ》）」べきだとする考え方。一九三四年に作家・魯迅がそのエッセイの中で主張した。

黄昏どきのほの暗さを含んで

巫昂氏

早来町のチーズ工房夢民舎にて

千歳観光連盟の佐々木さん（左から２人目）

巫昂

小さな、これ以上小さくはなり得ないほど小さな梅の花がひと枝、前菜の皿に乗っている。ためつすがめつ眺めたけれど、どうしても口に入れてしまうことはできなかった。傍らに置かれた日本語のメニューには、これは酒肴だと記してある。薄紅色に染まった白ゆりの花びらのようなものが胡麻豆腐に添えられ、小さな鮑はスライスされて白い桜の花びらのよう。

このひと皿は春の訪れを表現している。この年二〇一二年の桜の開花予報によれば、東京では三月二九日にようやく咲き始め、北海道ではずっと遅れて四月か五月になりそうだという。桜が満開になることは日本では重要事とされている。時季が来れば花が咲く。花は人の一生と同じ。ふいにやって来て、また突然飛び去っていく。この国の文化にはそのように優しくデリケートなところがある。日本語には「いっしょうけんめい――一生《イーション》懸命《シュアンミン》」という言葉がある。わたしの好きな言葉。この一生は枝に懸かる花のようなもの。花が宙に浮かび揺れるあの感じは、季節の移ろいに応じて変わっていく――。

大学院生のころ、わたしは第二外国語として日本語を選択していたから、このミステリアスな言葉「一生懸命」を知っている。この言葉を教えてくれたのは、皇帝の叔父――愛新覚羅という姓の老先生だった。先生の漢語の名前の方は、今はもう思い出せない。老先生は胴回りが五、六尺ほどもあるかと思えるほどたいそう太っていて、丸々とした姿は枢軸国の魂の伴侶《ソウルメイト》を連想させた。日本語の授業は校舎の（今やその校舎も「カルチャー・クリエイティブ産業地区開発」とやらで、「単向空間・花家地支店」という書店兼カフェになってしまった）三階で行われるはずだったのに、太り過ぎでしかも年寄りの先生はとても三階まで上れないということで、急遽一階に変更された。

一階に移ったものの、狭い廊下を歩いて来る先生はそのうちどこかで身動きがとれなくなりそうだったし、教室のドアも先生のシルエットでますます小さく見えた。そんな老先生だったから、わたしたちの日本語レベルなどお構いなし、講義はほとんど日本語だけで進められた。講義もやがて佳境に入ると腰を下ろして目を閉じて話し始める。板書も始めから終わりまで日本語だけ、右から左への縦書きだった。その文字はとても美しかった。後になって老先生があの啓功先生〔書家、教育者。清の雍正帝の子孫に当たる〕にも引けを取らない書家だったことを知った。当時は授業のたびに、板書の拓本を取って表装できないかしらと、考えていた。

目を閉じて滔滔と日本語で講義している時の先生は、ひらひらと花びらの舞う心地よい風に吹かれているように、わたしには思えた。まるで五、六〇年も前の時代に――澄み渡った空の下、北平《ペーピン》〔北京の旧称〕の街に――今も暮らしているようだった。

先生はいつも陶酔した口調で語り、憤っている様子ではなかったけれど、とにかく何を話しているかさっぱり分からなかった。そこである日、日本語を勉強している仲の良い女友達に授業につきあってもらった。しばらく先生の講義を聴いていた彼女は「先生はね、むかし東京帝国大学に留学した時のことを話しているのよ。今ちょうど、恋愛中の話が始まったところ」。それでようやく分かった。ご機嫌なとき、先生は少しだけ中国語を織り交ぜて語ってくれるのだ。「一生懸命《イーションシュアンミン》」は、そのご機嫌の良いとき、わたしたちに与えられるご祝儀のようなものだった。

もしもわたしがその後いつまでも日本に行かなければ、北海道や東京を周遊しなければ、きっとこの「一生懸命」の国を理解するのは無理だったと思う。「一生懸命」だからこそ、失われやすいあらゆるものごとを大切にすべきだと認識し、季節、儀式、器物、光と影、温度、それに非常にデリケートなありとあらゆる無用の長物や余計なものであっても、命そのもののごとく重んじるのだ。

日本での最初の食事は温泉旅館でいただいた。その旅館は支笏湖のほとりにあって、マストアイテムの典型的な和室から、和服姿の中年の仲居さんまでちゃんと揃っていた。室内は暑からず寒からず。そこへ日本酒が運ばれてきた。温かいのと冷たいのがあって、徳利におちょこが添えられている。わたしたちが飲んだのは北海道の地酒。甘口のもの辛口のものがあり、辛さは一から十まであって数が多いほど辛くなる。辛口とは「強い酒」ということらしい。でも日本酒には強さなど関係なさそうだ。ブレンドされて出来上がるわたしたちの白酒《パイチュウ》は、「強い」ことこそ真骨頂。それと比べれば日本酒なんか、梅の花といばらほども違って、弱いはず。

わたしはあまりいける口ではないので酒席ではいつも飲んだふりをする。実は、身振り手振りが大きいときほど飲んだ量は少ない。そうやっておいて、お酒を注ぎたがる人の目を盗むようにしてさっと飲む。でもこちらに注意が向けられていなければ、わたしも油断してしまう。ときには飲むうちに、杯の中の液体が増えていることがある。それは、杯の中に雨滴のようにしたたり落ちた汗？

前菜は五種類あって、一番印象に残ったのが、豆腐の上にぽっちりと雲丹が乗っている、白と淡いオレンジ色の組み合わせ。刺身の皿にはいかの沖漬けがあった。もちろん刺身には欠かせない、さけ、えび、まぐろの「三銃士」も。どの皿もほんの少しずつなのに、焼き物が運ばれてきた頃には、そろそろ満腹になっていた。焼き物の主役は白老産の黒毛和牛で、口に入れるととろけるよう。ずっしりと、柔らかい口当たり。いかにも日本式グリルらしく、ナイフやフォークは必要ない。食事はこうしてゆっくりと進行していく。主食の黒豆ご飯が登場した時には、わたしたちはもうお腹いっぱいで眠くなってきていた。幻の桜の木の下に横たわり、ひと眠りしたい気分だった。それに何種類もの日本酒を試したおかげで、身も心もすっかり弛緩していた。

そう、史湘雲も花神を祭る日に酒を過ごして、芍薬の花の間でぐっすり眠り込んでしまったのだっけ。やがて目覚めて詩を詠む。たしか、「唯恐る夜深くして花睡《ねむ》り去らんことを、故《ことさらに》高燭を焼《も》やして紅粧を照らさん」。『紅楼夢』の登場人物の中で、史湘雲はわたしが特に好きな三人のうちの一人。裏表がなく、素直な女性。あのような雅やかな祭日に、彼女は酒に酔って前後不覚、それでも美しい響きの詩を口ずさむことを忘れない。彼女はほんものの詩人。

日本でご馳走になりながら、なぜ史湘雲のことなど考えているのだろう？　わたしが言いたいのは、日本は、わたしたちの過去の出来事から生まれた琥珀みたいだということ。その中には、すてきな温かい思い出が、こまやかな四季の感覚や生活体験が、他人への気遣いが、生きている実感が、閉じ込められている。わたしたち自身は、もうこれらを大切にしなくなり、これらを少しずつ壊してきた。食に関してもだんだんと雑になり、こだわらなくなった。尊厳が失われてきた。わたしたちはさっさと花を埋葬してしまい、あるいは筵一枚で良いものを包んで葬り去り、しかもその供養もしてやらず、思いを寄せることもしない。これらを取り戻すとなれば、いったい幾世代にわたる努力が必要になるのだろう。時折こんなことを考えては暗い気分になる。

自分の時代が過ぎ去って、物静かな日本語講師となったあの皇帝の叔父さんのように、それは激しくもなく、対立もせず、喋り立てることもしない。ただ自分が上野で花見をし、日本の少女とデートした物語を語るだけ。

日本の食事は量としては多くない。後日、日本財団を訪問した際に出されたのも和風の簡素な昼食で、一つの折箱の中に六つの小皿が入っていた。けれど見ればそこには二、三〇種類もの食材が使われていた。日本人はきれい好きで、潔癖。食に関しては、あっさりと軽く、自然の雰囲気を大切にした調理が良しとされる。生のシーフードが好まれ、野菜類も軽く加熱する程度。よく出て来るのが味噌汁で、これはベシャメルソースに好みの野菜を入れたようなもの。彩りも鮮やかに、季節に応じたものを食べる。冬には冬の様子があり、夏には夏の光景がある。だから、また別の季節に彼の地を訪れて（そしてもうあたふたすることもなく、もう少し落ち着いて）、その移り変わりをもっと感じとり、もっともっとうっとりしてみたいと、わたしは願っている。

北海道でのわたしたち一行は、それこそ緑の色も鮮やかな草花の苗のようだった。時は冬、北海道は雪の中。そこへまだ冷えきっていない、熱く優しい心を持った、何を見ても珍しがる一団がやって来たというわけ。札幌の雪は特別に、非常に、この上なく白くて、わたしたちはそんな雪の上を踏みしめて歩いた。それから「不動産物件」も見学した。その別荘を買って老後はここで暮らしたい、と言い出す御仁もいた。これぞ「外国の生活が良いと羨むあまり、残りの人生を自国に託すのは耐えられない」人の典型。でも心配ご無用。その御仁は、小一時間もしたら別荘のことはすっかり忘れて、国際電話は高いんだからとか何とか言って、電話で奥さんを叱りつけていたから。

北海道といえば一番有名なのが高倉健さんにまつわる逸話だろう。この硬骨漢の親友は北海道に住むごく普通の漁師で、健さんはこの俳優でも何でもない友人の顔を見るために、しばしば北海道に行く。二人は停泊した漁船の上に座ったまま、たいして言葉を交わすわけでもない。けれども心の中には無限の、セクシュアリティなものではない、男同士の友情がある。せっかく会っても、ほとんど変化のない海を眺めながらたばこを吸っているだけ。健さんは以前この友達にロレックスの腕時計を贈ったことがあるとか。

健さんはもちろん、世代を超えたすべての女性が夢見る恋人の見本。言葉少なく物静かですばらしい男性。その顔にはこれまでのあらゆる物語が凝縮されている。彼は自分から貴女に語りかけることはしない。貴女も何も尋ねない。彼はいつまでも謎を秘めていて、だから貴女はいつまでも彼に愛情を抱く。

ついにわたしも高倉健さんがよく訪れる土地に行った！　とある自社製チーズを売る小さな店では、健さんの写真も目にした。大きな写真と小さな写真が一枚ずつあって、心のこもった力強い筆跡のサインが入っている。ちょっと若い頃の顔、そして中年になってからの顔。人を魅了するあの謎めいた面差しはずっと変わらない。

実はこの喫茶店はチーズ工場の直営店で一つの家族が経営している。工場でチーズ製造を担当するのは娘婿。正規の従業員一人、アルバイト七人が工場で働いている。チーズはどのように出来上がるのか、その様子を見たいというのが、わたしの長年の夢だった。前にスイスの山里に行った時は果たせなかった夢が日本で実現するなんて。ここではまず七〇〇キロもの牛乳を大きな水槽に入れ、凝固したら網のような器具で小さな塊に切り分ける。一時間ほど沈殿させた後、圧力をかけて水分を九割がた搾り出す。残った白いグルテンの塊のようなものが、やがておいしいチーズになる。

まずチーズに風味付けをする――ハーブを加えたり、燻製にしたり。さらに乾燥室の中で一カ月ほど乾かす――乾燥室の中は摂氏五度ぐらいに保たれている。これで製品の出来上がり。わたしは比較的最近チーズ好きになった。特にやや塩味のものがお気に入り。でも、長く置かれにおいがきつくなったものも好き。それに内側がぐんにゃりと柔らかいチーズも、歯が立たないほど硬いものも、どれでも歓迎。たとえその名前が覚えられなくたって、遠くからでもチーズがあると見ればひと切れ食べたい衝動に駆られる。このチーズ工場では搾り取った水分を豚に与えて飼育し、良質な豚肉製品――ベーコンやひき肉の加工食品も作っている。彼らが自然のものにこだわり、これを大切にし、また細かい部分までも決して疎かにしないことに、わたしは敬服させられた。

たしか北海道箱根牧場の老牧場主がこんなことを言っていた。新鮮な空気と水、これはお金では買えない、と。北海道の牛たちは、スイスの牛たちに負けず劣らず、のんびりとした日々を送っている。どの牧場でも牛たちは何も思い煩うことなく、雪原に座り、たたずみ、ロール状の牧草を食べてゆっくりと肥えていく。うまくすれば恋することだってできる。えこりん村という会社ではおいしい牛肉を生産している。自前のチェーン店も持っていて、小樽には古い倉庫を改造したビアホールがある。おつまみにはハンバーグ、ソーセージなど洋風の料理が用意され、ビールをぐいっと飲んでは牛肉をじっくり味わえる。

牛に優しく接すれば、牛も優しく接してくれる。牧場主もそこで働く人々も、日々牛の世話をし、見守り、なでてやる。悲しいときは、きっと心の思いを牛に聞いてもらうのだろう。牛たちはものの道理をよくわきまえているから。

わたしたちは縁あって、白老牛の焼き肉店で、年に六〇頭しか出荷されないという黒毛和牛にもありつけた。一人一切れずつという配給制限があったけれど。店員がコンロの上で肉を焼いてくれる。やがて肉はじゅうじゅうと音を立て、この音を聞けば、もう上等の肉だと分かる。つまみ上げてみただけで肉質の良さや柔らかさが感じられる――何とも言いようのない申し訳なさとともに。

この牛は音楽を聴き、ホップを食べ、マッサージしてもらう、あの神様のような牛？　子供の頃からいろいろな話を聞かされた。「日本人ったら、牛のお尻の部分から高級肉を二切れとるために、わざわざお尻をマッサージしてやるんだって」とか、「そんな高級な牛肉は輸出されることはないんだ。東京の高級レストランに行って、それこそ一人につき五〇〇〇元も出さないと食べられないんだよ」とか。

これら牛にまつわる日本神話は、中国では昔から広く語り継がれていて、話がごちゃ混ぜになり、もうどれが本当でどれが嘘か分からない。わたしは随分前に勤め人を辞め、一人でいる時間の方が集団生活の時間よりもずっと長いから、人との交わりで悩むこともないし、人とどう付き合えばよいのかさえ忘れてしまった。わたしの暮らしぶりは牛のようなもの。食べて、ぼうっとして、トイレに行く。ときたま感情が動く。いや、感情が動くのを待つかのごとく息を潜めているだけ。

だからもしも一〇年前に日本を訪れていたら、たぶん東京のデパートやドラッグストアで迷子になっていただろうし、わたしには捕捉しきれないものごともあっただろう。三〇歳代になって日本を訪れたことでようやく、抽象的なものや精巧で美しいものに対して辛抱強く接し、存分にこれらを愛することができたのかもしれない。ナボコフが蝶を捕まえる時のように。「辛抱強く」とは、まぐれではない、ということ。そこで待っていれば、必ず一定の確率で捕捉するチャンスが巡ってくるということ。でも捕捉することは目的ではなく、必然でもない。出会えれば結構。言葉を交わせなくても結構。こんなに広い世界の中で出会うことができれば、もうそれで十分。

「若有色《じゃくゆうしき》若無色《じゃくむしき》、若有想《じゃくゆうそう》若無想《じゃくむそう》、若非有想《じゃくひゆうそう》非無想《ひむそう》」。たぶん、そのようなものなのだと思う。

それから日本ではこんな事件もあった。日本でわたしたちに付き添ってくれた、小林君という男の子のこと。何とかの博士課程で勉強中だとかいう小林君は、研究上の必要性を超えた体重の持ち主で、つまり、よく食べる人だ。その上よく眠る人で、ちょっと目を離したすきにもう眠っている。東京滞在中に自由行動の日があって、わたしは彼にお願いして代官山に連れて行ってもらった。小雨が降っていて、ホテルで借りた黒い長傘を差し掛けながら、弟のように付き従ってくれた。彼はその頃はまだ独身で、代官山の細い通りを歩きながらも一人でいる年若い女性に興味津々のようだった。（この日はいつもよりも居眠りをしなかった。）ちょっと暖まりたくて、わたしたちは喫茶店に入った。コーヒーを飲みながら小林君は近くに座っている女の子をずっと見つめていた。女の子の傍らには大きな荷物が鎮座していた。チェロだった。

「ね、楽器の弾ける女の子は好き？」わたしは彼に尋ねた。

「ええ、まあ……」きまり悪そうにする。

「代わりに連絡先を聞いてあげようか？　でも君が通訳してくれないと、だめね」

「いやいや、いいんです」。ちらっとその女性に目をやる。

「あら残念。じゃ、そろそろ行きましょうか」

またしばらく街を歩いて、くたびれたのでお昼ご飯にしようと、イタリアンパスタの店に行った。グルメな小林君はその実力を発揮してなかなかおいしいパスタを注文してくれた。食べながらまたおしゃべり。

「ね、ね、あの店員さん、どう？　君の好み？」わたしが聞く。

「ええ、まあ……」またきまり悪そうに笑う。

「ずっと彼女のこと見てる」

「そんなこと、ありません」

「今度こそ電話番号を聞いてあげるよ。遠慮しないで」

わたしは手を挙げてその女の子を呼んだ。図らずも彼女は簡単な中国語が話せた。笑うとちょっと八重歯がのぞいて、とても可愛い。さっきのチェロ弾きさんよりも、この子が小林君と付き合ってくれたらいいなと思った。

「彼、友達の小林君。あなたたち電話番号交換なさいよ」、鷹揚に言った。ああ、神様がご覧になっていれば、来世はわたしを男性にしてくださるだろう。ナンパにかけてはわたしかなり才能があるから。

女の子はわたしに電話番号のメモを手渡した。わたしはそれを小林君に渡した。

突然彼女はわたしに言った。「我爸爸是米原康正《ウォーバーバ・シ・ミイユアン・カンジョン》」――私の父は米原康正です。

米原さんといえば、中国語のブログもやっていて、よく北京の美少女モデルを撮っている、「潮叔《チャオシュー》」――クールでイケてるオヤジ。その娘さんがこんなにも清純で可愛いなんて！　いやいや、清純で可愛い子だというのは、父親がやっている事とは何の関係もないわね？

わたしと彼女が話をしている間、小林君はひどく居心地悪そうに座ったまま、ひと言も発しなかった。それは完全に、自分の博士論文の研究計画書について鋭意検討中のように見えた。やれやれ。にこやかに米原さんに別れを告げて、わたしたちは店を出た。翌日、わたしは羽田空港から北京へと帰国の途に就いた。

別れと言えば、北海道でずっとわたしたちに同行してくれた千歳観光連盟の二人の青年のことを思い出す。彼らはドライバーも兼ねていた。わたしたちが車から降りるたびに、さっと車から降りてドアを開けてくれた。少し行ってから振り向くと、彼らはまだ車の横に立っていた。日本人のきまりごと「お客さまを見送るときは、その後ろ姿が見えなくなるまで」をきっちり守っているのだ。大雪の日、ラーメンを食べに行った時も、雪の中にたたずんでずっと見送ってくれたし、農場や牧場などに行った時も、やはり寒風の中をじっと立っていた。いつも心からのほほえみをたたえて。そして車に戻ろうとすると、もう車のドアのわきで待っていてくれる姿が見えた。

新千歳空港でわたしたちに最後の「さよなら」を言うために見送ってくれた日もそうだった。出発ゲートを入ってかなり行ってから振り返ると、彼らはまだゲートの前にたたずんでいた。さっきから少しも動かずに。飛行機はすぐそこに止まっている。そちらに向かって歩いているうちに、やっと彼らの背中が見えた。

こんな送別のしかたも「一生懸命」の理念に関係しているのだろうか。わたしは思う。この世で、むだに長引かせている運命において、彼らとわたしが再び出会える確率はゼロに近い。だから彼らは彼らだけの方法で、送別という「懸命」の一事を「一生」の記憶へと変えているのだと。そしてそこには幾らかの禅機、転機も存在するのかと。

路地の東京、風景の新潟

楊瀟

楊瀟氏

亀戸三丁目にある亀戸天神町会会館

新潟の水田前で撮影する楊氏

「耳の痛い話でしょうが、今の日本人は目標を見失っています。しかしこれも一つの機会なのです。改めて自分のポジションを取り戻し、本当に豊かで多様な社会を築くための」

一

東京の地形は「西高東低」だ。北や西から流れて来る江戸川、隅田川など大小の河川が、かつて武蔵野と呼ばれた台地の東端を浸食し、舌の形をした小さな台地を形成した。この台地が俗に言う「山の手」だ。ここには後に品川、池袋、新宿、渋谷、代々木といった名の知れた街が生まれる。一八八五年には日本鉄道品川線が開通し、これを手始めとして鉄道が敷かれ、つなげられ、やがて台地はぐるりと鉄道で取り囲まれることになる。有名な山手線だ。

黄緑色をしたその山手線の電車に乗って秋葉原まで行き、総武線に乗り換えて東へ向かう。次の浅草橋まで来るともう「下町」だ。両国、錦糸町を過ぎ、亀戸駅に着く。そこから十数分も歩くと亀戸三丁目だ。

この辺りの建物は多くが灰色か卵色をしていて、五階を超えるビルはほとんどなさそうだ。空中には電線が縦横に張りめぐらされ、通りは狭いがきれいに掃除されている。草花が人目につかない片隅から顔をのぞかせ、金属製フェンスの隙間から這い出し、軒先からぶら下がる。軒下に置かれた回収されるはずのビール瓶ケースの上にまで、鉢植えがずらりと並んでいる。空いたスペースには必ず花や木があって、この民族の美への執着ぶりに呆れさせられる。太陽の光はたっぷりと差し、通りに面した窓やベランダには衣類や布団などが干されている。通りには「大井商店」、「梅寿司」といった店舗もぽつぽつとあり、時折、扉が開いて人が出入りする。ジェイコブズが『アメリカ大都市の生と死』で「街路の建物には見知らぬ人々に対応し住民と見知らぬ人々の安全を保証する任務がある」から、「街路に向けられる目が必要だ」と述べているが、ここはまさにそのとおりの街だ。

一軒の住宅の門口に「亀戸三丁目天神町会会長　佐藤和男」の名が記されている。このような庭付き一戸建ての住宅は現在の亀戸では全体の二割ほどだという。日本の住所は「区－丁目－番－号」で表示される。町は中国の「街《ジエ》」

や「巷《シャン》」に相当し、町内会（または町会）は住民自治の基本単位で、中国都市部の「居民委員会」のようなものだ。この日、江東区役所と江東区亀戸町会連合会が共催する夏祭りが開かれることになっていて、亀戸中央公園では強い日差しの中、既に屋台や舞台の準備が始まっていた。

「この三丁目町会には九〇〇戸余りが加入しています。私は亀戸全体の町会連合会の会長も務めています」と七八歳の佐藤さんは説明する。「町内会の一番大きな役割は行政と住民をつなぐことです。町内会がなければ行政の意思は住民まで届きません」

何十年も前から変わることなく、回覧板は住民が区内のことを知るための大切な手段だ。区役所（中国語で言えば「区政府」）からの通知だけでなく、町内会の会合、祭り、冠婚葬祭のお知らせ、ハイキングや廃品回収などのさまざまなサービス情報も、回覧板を通じて伝えられる。「回覧の順序は決めてあります。読み終わったらはんこを押して、次の家に回すのです。普通は一週間で町内全部を回りますが、緊急のお知らせのときは三日で回りますよ」

二

日本の町内会の仕組みは二〇世紀初めに出来上がった。第二次世界大戦中の町内会は軍によって統制され、戦争という機械の中の一番小さい歯車だった。当時佐藤さんは中学生で、「わが子を兵隊として送り出そう、そんな雰囲気が強かったことを覚えています。町内会は年寄りから子どもまで動員して若者を見送り、女性たちはきっかり千針縫って作った腹巻きを巻いてやっていました。そうすると弾に当たらないと言われていたのです……。当時の町内会は、強制加入でした。食糧の配給制がとられていたので、入らないと食べ物が手に入りませんでした」。

戦後、町内会は米軍によっていったん廃止されたが、後に自治組織の形でよみがえった。佐藤さんは「戦争中は今とは全然違う、特殊な時代でしたよ」と言う。今や町内会は国とは何の関係もない。ここの町会会長は二年に一度改選され、また町会役員は住民が交替で担当する、まったくのボランティア活動だ。毎月の会費は一戸につき三〇〇円、借家住まいならば一〇〇円で、加入するかどうかは住民自身が決める。「いつも脅かして言うんですよ、『町会に入らなきゃゴミは出せませんよ！』って。もちろんこれは冗談です。でも日本人は独りぼっちになることを嫌い、集団でいることを好みますし、それに町会でやるイベントの多くは、会員でなければ参加しにくいですからね。加入率は九割くらいです」

佐藤さんは『平成一六（二〇〇四）年度収支決算報告書』を取り出して見せてくれた。亀戸三丁目天神町会の予算と決算がこと細かく記録されている。収入の部では会費が最も多く、支出の方は防災費、夜警費、敬老費、水道光熱費など三一項目もある。

大晦日の夜には、町会役員五、六人が一組となって暗い闇の中を懐中電灯や提灯を手に町内を巡回する。そのうち一人は数歩歩くたびに首から下げた鐘を一回打ち鳴らし、他の者は低くゆったりした声で近所の人々に呼びかける。「火の用心！」　この音は、古くからの住民にとって、いよいよ新年を迎えるという雰囲気づくりに欠かせないものだ。

防災活動は日常的に行われている。毎年八、九月になると、テレビニュースは日本各地で行われる防災訓練の様子を続々と伝える。亀戸も例に漏れず、区役所、消防署、町会が連携して、漫画を使って地震や火災の時の対応策を子どもたちに教えている。小学生はそれぞれ椅子の背にクッションを用意していて、もし地震が発生したらすぐさまそれを頭にかぶって机の下で待避することになっている。これには感心させられた。

亀戸町会連合会は大きな防災マップも作成している。この地図には近隣の避難場所や一時集合場所、消防署、病院、防災倉庫などの位置が表示されている。これを見ると、消火器、消火栓、防火水槽が町内の至る所に、それこそ数十メートルに一つ置かれているのがわかる。江東区で震度六以上の地震が発生した場合には、町会役員は自分と家族の身の安全を確保した上で、すぐさま任務に取りかかる。災害協力隊を組織して住民たちを近くの学校や公園に避難させるのだ――日本では一般的に学校が最も頑丈な建物になっている――。またこれらの場所にはふだんから緊急時のための食べ物や水、毛布などが準備されている。

この一連の過程では区役所も重要な役割を担う。町会に配備した防災無線を通じて住民に避難するよう通知し、さらに地震によってしばしば引き起こされる火災に対しても、風向きを把握して、避難すべき方向を住民に知らせることになっている。

三

佐藤さんの家からほど近い所に、三五〇年もの歴史を持つ亀戸天神社がある。平日に訪れると静かな公園のように感じられるが、高くそびえる鳥居をくぐればそこは「天上」だ。赤い太鼓橋を渡って行くと、下の池の中に亀がいる。多くは人が投げ与えるパンの切れ端を争っているが、岩の上で甲羅干しをしているものもいる。ここ亀戸は海を埋め立てて出来た土地なので地下水には塩分が含まれる。亀は魚よりも適応力があるらしい。五月になると池の周りには紫色の藤の花が滝のように咲き競うことから、この神社は「新東京百景」の一つに選ばれている。更に先へ進むと本殿に出る。

参拝の手順はこうだ。まず手水舎で木のひしゃくを使って水を汲んで手を洗い、手に水を受けて口をすすぐ。それから本殿に向かって立ち、硬貨（五円か五〇円）一枚を賽銭箱に投じて、二回深くお辞儀をする。次いで二回手を打ち再度お辞儀をしてから、しばし祈る。もし社殿に銅鑼があれば祈る時に軽く打ち鳴らしてもよい。そうすることで神の注意を引くことができると、神道では考えられている。この亀戸天神社には平安時代の学者、菅原道真が祭られている。中国の文曲星《ぶんきょくせい》に似た神だそうで、本殿の周辺には入学試験合格を祈願する木札がたくさん見られる。

町内会を日本人の世俗面での結合体とするならば、神社は日本人を真実しっかりと結びつける紐帯だろう。「神社は日本人の心に根ざした場所で、さまざまな活動の中心になっています。それは九州から北海道までどこでも同じです」と佐藤さんは言う。「アメリカだったら普通、まず人が集まり住み、それから教会が建てられますよね。日本では先に神社があって、それから神社を取り囲むようにコミュニティーが出来ていったのです。だから日本人は地縁をとても大切にし、どの土地にも自分たちを守ってくれる神様、つまり氏神様がいると信じています。例えば一一月になると、三歳、五歳、七歳になった子どもたちは、着物姿の両親に連れられて地元の神社を参拝します。すると氏神様が子どもたちの厄災を取り除いてくれるのです」

続けて佐藤さんは「靖国神社は別です」と言い、「あの神社は国が建てたもので、後にA級戦犯が祭られるようになりました。私たちからすれば、生まれ育った土地とは関係のない神社で、氏神様ではありません」と説明してくれた。

九月一八日、私が再び亀戸を訪れた日、近所のやや小さな神社では、ちょうど祭りの日を迎えようとしていた。神社に通じる道には紅白の提灯がずらりとつり下げられ、それぞれに町会の名前が入っている。道端にはイカ焼きや納豆などを売る屋台が出ている。そういった食べ物のほとんどは一〇〇円以下で、「安いでしょう。だいたい町会が補助金を出しているからですよ。そうやって地元の皆さんに還元しているのです」と白岩忠夫さんが教えてくれた。彼は江東区議会議員で、明日行われる祭りの準備を手伝っているところだ。

屋台は商売をしていると言うよりも、おしゃべりを楽しんでいると言った方がよさそうだ。売る人も買う人も常日頃はご近所同士だから、みな普段着で、これをチャンスとばかりに三々五々集まっておしゃべりに花を咲かせている。そのついでに明日の祭りの相談をし、時折、楽しげな笑い声が上がる。ここは都会の中の「村」だ。だが私たち中国人が持つ「城中村」――都市の中に取り残されてしまった村のような場所のイメージとは違う。新宿や銀座をさっそうと速足で歩くときとは異なり、ここでは誰もがのんびりとリラックスしている。

神社の一隅に舞台があって、明日はそこで地元住民の出し物がある。舞台をぐるりと回り込むと、小さな弓道場から侍のような格好をした子どもたちが出て来た。祭りの儀式の一つとして弓を引くので、そこで稽古をしていたのだ。的の中心に矢が当たることは、目標が達成されるであろうことを意味する。道端には仮設の木製の台があって、その上に神の乗り物である神輿《みこし》が置かれている。明日、志願した住民がそれを担いで「ワッショイ、ワッショイ」と近所を、つまり氏神様が管轄する地域を回ることになっている。

宗教的な意味からすれば、神輿の巡行は、守護神に地域一帯を見回ってもらい、かつ人々に幸福を授けてもらおうとするものだ。だが日本人はそのような儀式の中から、必要な部分だけを抜き出すのが得意だ。日頃は忙しい勤め人たちも、今日ばかりはのんびりと子どもたちを連れて賑わいを眺めに来ている。主婦たちはボランティアで赤飯の支度をしながら近所の人々と親交を深めている。神輿を担ぐ青年たちは、隣町を挑発してやろうと密かに企み、町の端まで神輿を担いで行くのだろう。年上の町会役員たちは神輿巡行を通じて町と伝統に対する認識を高めてもらいたいと期待する。白岩さんはここで一人のお年寄りにつかまった。総武線亀戸駅近くの町会の会長なのだそうだ。三丁目と違って駅周辺にはいくつも大規模な「団地」がある。団地暮らしはお互い没交渉になりがちだから、この町会長は、町会が一緒になって祭りを行うことで、もっと多くの団地住民にも伝統行事に接してもらいたいと願っているそうだ。

三丁目の佐藤さんにも頭の痛いことがある。「今日び何でもかんでも『プライバシー』だとか言うので、町会役員もいろいろとやりにくいのです。例えば、七五歳以上のお年寄りに参加してもらう老人会があるのですが、他人に年齢を聞くのも問題になる。だから推測するしかないんですよ。『あそこのおばあちゃん、もう七五歳になっただろう。じゃ、誘ってみようか』って……」

亀戸地区のお年寄りたちの暮らしぶりは日本全体のそれと大差ない。国民年金に加入していれば、リタイア後は毎月二五万円（中国人民元約二万元）ほどを受け取れる。大企業の社員だった人ならばこの金額は四〇万円ほどになるかもしれない。それに日本の家庭は一般的に貯蓄額も多いから、多くの老人が（佐藤さんの言葉を借りれば）「町内での活動のほかにも毎日スポーツをしたり、散歩をしたり、犬に散歩をさせたり、しょっちゅう旅行に出かけたり」と、ゆとりある生活を送れる。佐藤さんは趣味の競馬のことに話が及ぶと、きまり悪そうに「あまり立派なものじゃないね……中国のお年寄りはもっと上昇志向なのでしょう？」。

午後四時。佐藤さんが車を運転して、夏祭りのメイン会場――亀戸中央公園まで連れて行ってくれた。これは亀戸にある二二の町会が合同で催す祭りで、神輿巡行、防災体験、模擬店、納涼大会、花火大会などが行われるビッグイベントだ。その費用は七〇〇万円を超えるという。「行政はひどい！ 区役所は費用の半分しか出してくれなくてね。残りの半分は、各町会が町会費から出して、それに会社からも協賛金を集めたのですよ」

協賛した「会社」も、その多くは料理屋、土産物店、会計事務所など、どれも町内で商売をしている所だ。協賛金二万円を出すと黄色いパンフレットの表紙に囲み広告を出してもらえる。今年は「目標一〇〇〇発」の花火を打ち上げるはずだったのに、協賛金がなかなか集まらず、実際には六〇〇発になった。でも彼らは気にしていない。パンフレットの文字も「花火大会にご協賛ありがとうございます！」と喜んでいる。

五時。日差しもやや弱くなった。屋台の商売も本格的になってきた。その大多数は祭りを専門に営業する露天商で、大阪、広島、北海道などのご当地グルメの看板を掲げている。たこ焼きやポップコーンの香りが辺り一面に広がり、中国の縁日「廟会《ミャオフィ》」の雰囲気に似ている。続々と集まってくる人々の中には浴衣姿も多く、食べ物を買い求め、芝生にレジャーマットを敷いて小さなテーブルを置き、食べたり飲んだりおしゃべりしたりしている。この光景は数十年前、数百年前から変わることはない。もしかすると想像力あふれる日本の「怪談」も、このような場から生まれたのかもしれない。

太陽が沈もうとする頃、中央公園の提灯に明かりがともった。少年鼓笛隊に先導されて正装した人々が登場した。区のお偉いさん方だろう。時々芝生の上の町民に手を振って挨拶する。人々はそれに構うことなくビールを飲んだり焼き鳥などを食べたりして、気が向けば拍手を送る。お偉いさん方は会場を一回りすると舞台に上がって着席した。鼓笛隊が一曲、また一曲と演奏を始めた。どれも聴いたことのある日本のアニメの主題歌のようだった。一曲終わるたびに、舞台上のお偉いさんは笑みを浮かべその労をねぎらうが、その光景は見ている者が苦笑したくなるほどわざとらしかった。続いて来賓挨拶があり、区長、区議会議長、地元政界の「新星」が次々に立って、ぜひ力を合わせてもっと良い亀戸にしましょう、といった類の話をした。まじめに聞いている者などいない。それよりも舞台下に色鮮やかに書かれた標語の方がずっと興味深い――「ミネラルが含まれた水分をとって、熱中症を予防しましょう！」。

出し物は七時きっかりに始まった。二二の町会のおばあちゃん、おかあさんたちが、着物に下駄履きで次々に舞台に登場すると、ゆっくりとしたリズムの伝統舞踊を踊り始めた。舞台上が熱を帯びてくると、舞台の下の浴衣姿の人たちも負けてはいられない。夕日を浴びて、音楽に合わせて芝生の上で踊り始めた。足踏みして、足を上げ、半回転……。もしも空の上から眺めたら、何百人もの人が手をつないで描いた巨大な円が、ゆっくりと反時計回りに回っているのが見えただろう。それから一時間余りして、空はすっかり暗くなり、人々は酒で良い気分になり、踊りくたびれた頃、花火が上がった。夜空にあでやかな六〇〇輪の花が次々と咲く。

これらすべてのものごとのきっかけが、「お祭りだから」のひと言だ。人類学者は日本人の「伝統」好きに早くから注目している。彼らはさまざまな伝統的アイコンを借用するのが上手だ。それは地元の神社に古くから伝わる儀式かもしれないし、下町の日常生活のひとこまかもしれない。あるいは日本文化の中のはかなく消えていく美しいもの、例えば桜や花火に寄せる思いかもしれない。それらによって新しい環境をすっかり覆ってしまい、ここは江東区、そこは亀戸、あちらは亀戸三丁目……といった各自治エリアのアイデンティティが創出される。しかし人類学者の目にとまらないものもある。杏林大学の劉迪《てき》教授は、中国人が日本を見るとき、内閣がしょっちゅう交替することにばかり目を向けてしまいがちで、その不安定な政府の下にある地方自治体の安定ぶりに気付く者は少ないことを指摘し、「その安定した自治能力は、日本が二〇年に及ぶ不景気を経てもなお崩壊しない、その大きな理由ではないだろうか」と語っている。

四

東京から一路北上し、「国境」の長いトンネルを抜けると、車窓の外では雲が寄り集まり、むくむくとわき上がっていく。最寄りの鉄道駅は越後湯沢、川端康成の描いた「雪国」である。バスは関越自動車道の大渋滞を抜け出し、山の中腹のトンネルから滑り出た。すると目の前には木造家屋、たなびく煙、杉の木、水田、小さな池が点在する盆地が広がっていた。

ここはもう新潟県だ。バスは清流を渡り日本海方面へとひた走る。道路脇の黄金色をした稲田がだんだん広くなり、六日町に入る頃にはかなりの広さになった。魚沼、小千谷、長岡を過ぎ、三条に到着した。

インターチェンジにある停留所でバスを降りた。高速道路から出るために、トランクを引っ張って階段を下りる。高速の高架下をくぐる間に、靴は草の葉と露でじっとりと濡れてしまった。うろうろした挙げ句やっとホテルにたどり着き、荷物を置いた。顔を洗うついでに水を一口飲むと、水道の水は甘く、東京にいる時のような生臭いにおいはまったくしない。

この三条という小都市は、アメリカの西部劇に出て来る小さな町に似ていると思った。通りを歩く人はまばらで、そこを自動車がさっと音を立て走り過ぎる。道路沿いに色とりどりのコンテナハウスの店舗があって、その看板も「SHOE　PLAZA」、「JEAN　SHOP」、「YELLOW　HAT」と、英語が目立つ。そして「日本」は片隅に隠れている——窓下の絶好の場所に置かれた盆栽、一見無造作なのに実は丹念に手入れされている生け垣、そこに咲く青や紫の朝顔。住宅の裏手に小さな水田が現れる。

安達さんが脱穀場から出てきた。顔中ほこりだらけだが、元気いっぱいのお年寄りだ。彼は私たちを小屋に案内し、ウーロン茶を入れてくれた。「この尾崎泉地区生産組合は昭和四五（一九七〇）年に設立され、主に米と大豆を生産しています。現在の組合員は一四九八人、大部分が高齢者です。組合員は自分の土地をわれわれに貸し、われわれがそこを耕作して収穫物を農協に売り、組合員には給与を支払っています」

一九四六年、安達さん一家は自分たちの土地を手に入れた——戦後、マッカーサーの主導の下、日本政府は地主から強制的に土地を買い上げ、それを小作農や一定条件を満たす経営者に安い値段で売ったのだ。その二・六ヘクタールの自分の土地で六〇年間農業を営んできた安達さんは、この土地の穀物一粒ひと粒まで熟知しているようだ。「稲は穂が出る頃が最も弱いので、一番気を付けないといけません。水や温度には素早く反応しますから、常に調節しないと……」

安達さんは「ゆっくりと、着実に成長してこそ良い米になる」と言う。温暖化で水稲の成長は早くなっている。日本で水稲の成長に最も適した場所はコシヒカリで有名なこの新潟だが、今はもっと北の北海道へと移りつつあるそうだ。「かつては『はざ木』というものを使っていました。刈り取った稲をはざ木に掛けて、一カ月ほど干したのです。太陽の光で水分をじっくりと乾燥させてやることで、米は一段とおいしくなります。でも今は、多くの所がコスト削減のためこの手間を省くようになって、米も昔のようなおいしさはありません」

日本の「農協」には非常に強い価格交渉力がある。農村は昔から日本の政治における「大票田」とされ、日本の農業は、農産物価格保護を理由に、数十年ずっと自由民主党政権から巨額の補助金を受けてきた。農家の収入の半分が補助金だという。補助金が日本の高価な農産物を生み出しているのだ。以前、東京・銀座のごはんミュージアムでは、一袋二キロ入りの新潟産「無洗米」が、最も安いものでも一〇〇〇円（約五五元）で売られていた。だからこそ多くの農家が、別の職業に就いているにもかかわらず、田畑を手放したがらないのだ。「家では自分で育てた米を食べていますよ。節約になりますから」と言うのは、私たちを車で案内してくれた三条市経済部農林課の職員だ。なるほど、町中で小さな水田をよく見かけるはずだ。誰もが「陶淵明」というわけではないのだ。

そしてこのことはまた、尾崎泉地区生産組合が作られた背景の一つでもある。兼業農家の道を選んだため農作業に時間をかけられない人が増え、協働生産が必要になった。安達さんは「新潟は気候も良いし、水も良い。けれど丁寧な作業をしなければ、勝ち残れません」と言う。

「値段は高いけれど、ふっくらとしておいしいから」と、安達さんたちが作る米は日本人の間で大人気だ。逆に安価な外国産の米、例えばタイ米などは「カレーライスの時に使うくらいですかね」。

五

「中国の人は、食事の前に何と言いますか」。案内をしてくれた美紀さんが尋ねた。

私たちはしばらく考え込み、「何も言わない、よね?……」。生産者の苦労をねぎらうためだろう、日本人は食事の前に「いただきます」(これから食べます)と言い、食事が終われば「ごちそうさまでした」(食べ終わりました、もてなしに感謝します)と言う。特に家庭内であって子どもたちがいるときは、欠かすことがない。

今日出された和食の食材は、地元のものばかりだった。まず出てきたのが山盛りの枝豆。日本で最も味が良いとされるのがここ新潟産のものだ。「ほら、東京のよりも、たっぷりあるでしょう!」ドライバー氏は、東京の店で出されたほんのぽっちりと盛られた料理に不満だったらしい。

かんきつ類のジュース、菊花の酢の物、刺身、煮物、焼き物、みそ汁……料理は順々に出てくる。冷たいものと温かいもの、厚いものと薄いもの、明るいものと暗いもの、きめの細かいものと粗いもの。その絶妙な組み合わせが、一幅の小さな絵を構成する。日本語には「こだわり」という言葉がある。漢字で書けば「拘」となる。俗に「中国人は商売人、日本人は職人」と言うそうだ。日本人は何かするとき、必ずそこに「こだわり」を持ち、完全無欠なものにしようと力を尽くす。和食におけるこだわりは、巧みな包丁さばきで、選び抜かれた材料を使い、異なる色や質感の組み合わせで食欲をそそることだろう。「和食は食べるものじゃない、眺めるものだ」と嗤《わら》う者がいるが、それももっともなことだ。日本人の中にはもっとラディカルな表現をする者もいる。「日本の食は思考させるもの、音のない音楽です。闇に揺れるろうそくの光が漆器と出会い、その音楽を奏でるのです」

最後に湯気の立つ白い米飯が出された。日本人たちは箸で飯粒をつまみ上げるようにして、じっくりと味わう――

彼らは「日本固有のもの」一切をとても大事にするようだ。けれども私には中国の東北地方産の米との大きな違いは感じ取れなかった。ただ、よりふっくらとして、より粘りがあるように感じただけだ。そう、とても粘り気があって、ちょっと混ぜてやると飯粒がしっかりとくっつき合うのだ。大和民族のように。

第二次世界大戦の末期、日本経済は崩壊寸前だった。一般家庭ではとっくに白米など食べることはできず、天皇の忠実な臣民たちは、どんぐりや米ぬか、落花生の殻、おがくずをでんぷんに混ぜて食べることが奨励されていた。たんぱく質不足は、カイコ、ミミズ、イナゴ、家ネズミや野ネズミで補った。政府側の研究者は「ネズミは鳥肉のような味わいです。きちんと消毒さえすればよろしい。だが骨は食べないように——病気の原因になります」と言っていた。

一九四六年、日本はアメリカのアジア救援公認団体（ララ）から物資援助を受けることになった。一九五〇年にはアメリカから贈られた小麦粉をもとに、八大都市の小学校でパンに牛乳を添えた給食が提供されている。一九五三年に大阪市で開催されたある展示会では主催者がパン食の長所を宣伝し、米飯ばかりでは栄養不良になると警告し、挙げ句の果てには「米を食べるとバカになる」とまで言った——日本全国上から下まで進められた「食生活の合理化」の縮図である。しかし日本経済の復興と飛躍を経て、一九七〇年になると学校給食に米の加工品が加わり始め、一九七五年には「米飯食を習慣づけることは、教育上意義がある」と結論づけられた。そしてその翌年から米飯給食が正式に導入された。こうして米は再び「主食」の座を奪還した。

数年前まで日本人の食卓には中国から輸入された食品がしばしば登場していた。「ニンジンとかピーナッツとか、安いのでよく買っていました」。しかし冷凍ギョーザ事件(1)が起こると、商店の棚から中国製品の姿が消えた。それからかなり経つのに、この小都市のスーパーでは中国製の食品を見かけない。「やはり多くの人は、買う勇気がありません。あの後も、粉ミルク問題とか、しょっちゅう食の安全に関するニュースを聞きますからね」。しかし相変わらず愛され続けるものがある——「だって、これに何か悪い物を混ぜるのは難しいでしょう？」——天津甘栗だ。

六

もう二日も雨がしとしとと降っている。東京で買った「涼」と書かれた風鈴もまだ出番がない。ここはもう秋の気配だ。五十嵐川《いからしがわ》に沿って山の方へと進んで行くと、お年寄りがひとり、刈り取りの済んだ田にもみがらを捨てていた。不思議に思って同行の農林土木係の職員と共に話を聞きに行った。

ここは五十嵐川から運ばれた土砂によって出来た谷間だ。シラサギが低く滑空している。トキもよく飛んで来るそうだ。この珍しい鳥は日本では既に絶滅したが、中国から寄贈を受けて再び大自然の中に戻ってきた。こうして新潟はトキの良い生息地にもなっている。市の職員は例のごとくお辞儀をして声をかけた。来意を聞いてその農家のお年寄りはゆっくりと歩いて来ると、あぜ道に止めたぴかぴかのスバルの軽トラックにもたれかかりながら、話をしてくれた。

あのもみがらは有機肥料となるそうだ。そうすれば、野焼きをする手間も省けるし、化学肥料を使うことなく水田の地力を維持できる。「環境に悪影響を与えず、しかもおいしい米をどうやって作るか、今いろいろと試しているところです」。なんとこのお年寄りは新たなものを創り出そうとしているのだった。相手が農林課の職員だと知ると、「米の値段は安過ぎる！　前の半分以下になった。それなのに物価は下がらないから、農家は儲からない。大変だよ！」と不満を述べ立てた。しかしその一方で、この近くは温泉がたくさんあって暇な時はそこでのんびりできる、それに今年は北海道へ遊びに行ったのだと教えてくれた。役人は愛想笑いを浮かべて聞きながら、時々語尾を上げるようにして「おう、おう」と相づちを打った。

私たちが目指す場所は北五百川《きたいもがわ》、「全国棚田百選」の一つだ。棚田とは中国にもある「梯田《ティーティエン》」のことだ。北五百川の棚田は景勝地となっているが、囲いもなければ、入場券もいらない。今も四軒の農家が耕作を続けている。その一人が佐野さんだ。

ちょうど雨も止んだ。佐野さんは塩の入った小瓶を持って、私たちを山の上へと案内した。空気は湿気を含んで清々しく、思わず深呼吸した。棚田では稲刈りが済み、きれいに並んだ稲の根本からみずみずしい芽が出始めていた。一枚の新田がずっと遠くまで広がっているかのようだ。あぜには等間隔にヒガンバナが植わっている。もう花の盛りを過ぎ、真っ赤な花びらは色あせてピンク色やオレンジ色も混ざっている。これは景観のためだけではないのだそうで、「あの花はネズミよけにもなるのですよ」と佐野さんは教えてくれた。

ネズミだけではなく、サルも稲田に被害を与える。そこで盗み食いするサルを追い払うため、棚田の頂上にエアソフトガンが設置された。自動的に数分間隔で「バン！」と発射するようにセットされている。棚田の水源は山中にある泉で、水はそのまま飲むこともできる。「水が冷たいので棚田の収穫量は平地よりも少ないです。でも水が良いからおいしい米が出来て、高い値段が付きます」

佐野さんのような「小規模、低効率」の農家は、発展性という観点から見れば、既に市場から撤退すべきところだろう。しかし農村は、戦後の農地改革によって確立された自作農体制と、至れり尽くせりの農業保護政策によってみるみる豊かになり、急激な工業化の中でもうち捨てられることはなかった。農林水産省のデータによれば、二〇〇八年時点の「販売農家」[2]の年平均所得は四六六万円（約二四万三〇〇〇元）。一方、勤労者世帯の平均年収は六四一万円（約三三万三〇〇〇元）となっていて、その差は大きくはない。日本語の「農民」という言葉にはネガティブな意味はまったくないようだが、その背景には農村の豊かさがあるのではないだろうか。政治的に「保守的」な日本の農村は安定した社会の基盤となっていて、一九五〇年以後、農民運動はほとんど起こっていない。「日本では田舎の人ほど幸福感が強く、日本を誇りに思っている」とは、中国で有名なコラムニストの加藤嘉一さんから聞いた言葉だ。

さて、二八〇段もの階段を上り終えた私たちは、東屋で一休みしていた。突然、くるぶしの辺りにかゆみとしびれを感じ、ズボンの裾をまくり上げてみると、そこには二匹のヒルがいた。私が悲鳴を上げるよりも速く、佐野さんは落ち着き払ってそれをつかみ取り、地面に投げ捨てた。今こそあの塩の小瓶が役立つ時だ——ヒルは小さく縮んでしまった。

あと二カ月も経つと、雪国は長い長い冬を迎える。一二月には大雪が降り始め、雪が解けるのは翌年の四月だ。その間、佐野さんたちは山小屋のような美しい木造家屋に籠もり、ストーブを囲んで冬を過ごすという。「冬は外に出られませんよね。何をして過ごすのですか?」「何もしないで過ごしますよ!」

泉から湧き出た水は棚田を伝って山を下り、ふもとで渓流になる。人々はそこに堰を設けて平地の灌漑用水として利用している。やがてこの渓流はサケ漁の盛んな五十嵐川に合流する。そして五十嵐川は更に十数キロ先まで流れて日本で最も長い川、信濃川に流れ込む。

信濃川の水は濃い青色をしている。それを目にして、三島由紀夫が川端康成に宛てて書き記した日本の姿を思い起こした。「アジアの巨大な夜の裾野《すその》が日本であつて、丁度アイルランドの作家が twilight を重んじたやうに、この朧《おぼ》ろげな柔らかい、しかも黒柱石のやうな硬度のない、軽い、汀《みぎわ》のやうな夜のなかでさまざまな幻想綺談《きだん》が語られたのでございました」。私は時々、日本人の「こだわり」は、人を魅了するこの国のあり方とどれほど関わり合っているのかと考える。日本人はあらゆるものに神が住みついており、崇敬をもってこれに接しなければならないと信じている。

私たちは広々とした信濃川の沖積平野に来た。ここは河川が定期的に氾濫するので土壌はとりわけ肥沃で、果樹栽培に絶好の地域だ。七月中旬にモモが赤くなり、下旬になるとブドウも熟する。八月中旬を過ぎるとナシの季節だ。大小さまざまなナシは大島選果場に運び込まれ、ベルトコンベアに載せられて、センサーで水分、大きさ、形に応じて等級分けされる。新潟で最高のナシとされるル・レクチェは一〇月中旬を過ぎてやっと熟し始める。しかも収穫後一カ月間ほど、栽培農家の言葉を借りれば「寝ていてもらい」、その後一個二〇〇〇円(一一〇元)ほどで販売される。

その中でも厚遇を受けているのが渡辺康弘さんの果物だろう。顔にきびのある(私の見間違いだろう)この四五歳の果樹農家は、自分の果樹園の果物に音楽を聴かせてやる。「バッハのクラシック音楽が好きみたいですね。一番好きな楽器は、北インドのシタールですかね……」

まるで自分の友人のことを話しているようだ。

七

午前一〇時。「いちいの季」の開店時間だ。

ここは農産物直売所で、野菜や果物が市価の三割ほど安く売られている。どれもその日の早朝、近隣の農家から運ばれてきたものだ。農協の生産者証を持ち、直売所と契約を結んだ農家はここに野菜や果物を卸すことができる。ブドウ、リンゴ、トマト、トウガラシ、レンコン、それにミョウガもあって、どれもみずみずしい。店の運営者によると、これらは朝早く摘み取り、あるいは掘り出してきたものばかりで、午後四時まで販売するという。パッケージには生産者の名前と電話番号が明示されている。同じジャガイモでも値段はどれも違う。農家自身が値段を決めるのだ。安達さんがはざ木で干した米、渡辺さんの音楽が好きな果物は、高い値段が付くのだろうか。客は品質や生産者の名前を見て買うか買わないかを決めるのだろう。直売所は維持運営費用として売上の一五％を受け取るが、「ここは営利目的でやっているのではありません。私たちの目的は、主婦の皆さんに安全で健康的な食品を楽しく買ってもらうことです」。

三条市の國定勇人《くにさだいさと》市長は「地産地消」の支持者だ。三万円を出してある組合の米六〇キロを注文したところだという。「日本の食糧自給率はわずか三〇％余りですが、三条市では八三％にもなります」

三八歳になる國定市長（二〇一〇年当時）は東京出身で、二〇〇三年に総務省から三条市に派遣された。そしてこの小さな地方都市が気に入って、とうとう市長選挙に出馬し勝利した。一九九〇年代初めのバブル経済崩壊後、日本はようやく地方の時代を迎えたと考えており、「戦後長い間、『開発独裁』システムの下にあって、人とお金は大都市へと集中しました。しかしバブル崩壊後、国は権限移譲を望むようになり、地方はより強い自主権を持つようになって、ようやく日本も縦社会から横社会へと転換しつつあるのです」と語る。

また、バブル崩壊以前は、この国と国民には「発展」という考え方しかなかったが、今では生活とは何なのかを改めて考えるようになったと言う。「当然、耳の痛い話でしょうが、今の日本人は目標を見失っています。しかしこれも一つの機会なのです。改めて自分のポジションを取り戻し、本当に豊かで多様な社会を築くための」。またこうも話してくれた。「大家族の中、みんなで一緒にご飯を食べる、あの感じが私も好きです。でも今ではそんな光景は三条のような地方でなければ見られません。もう東京には存在しないのです」

新幹線に乗る頃にはすっかり暗くなっていた。「国境」も、雪国も、真っ暗な夜の闇も、この高速鉄道のおかげで、わずか二時間ほどで東京の街の灯に取って代わられた。この巨大都市はちょうど内から外へとせわしなく動いているところだった。私はトランクを引っ張ってエレベーターを降りると、スーツと革靴の行き交う上野駅の構内を横切っていった。数多くある賑やかな改札口の中から正しい出口を見つけるために。

（1）冷凍ギョーザ事件
輸入された中国産冷凍ギョーザに農薬が混入していた事件。二〇〇八年一月に中毒患者が出て発覚、後に中国の工場で薬物混入があったとされた。

（2）販売農家
農林水産統計上の農家類型の区分で、経営耕地面積が三〇アール以上または農産物販売金額が五〇万円以上の農家をいう。

日本、異邦人のノスタルジーを誘うところ

封新城（談）

封新城氏

大地の芸術祭「花咲ける妻有」草間彌生作

ラーメンを味わう封氏

雑誌『新週刊』に携わること十数年、欧米に行く機会は多い。でも中国に最も近い先進国・日本に初めて行ったのは、ごく最近のことだ。二〇一三年、インターネット上で偶然「@林萍在日本《リンピン・ザイ・リーベン》」君と知り合い、彼は僕のことを李小牧氏に紹介し、李小牧氏は胡一平さんに引き合わせてくれた。わざわざ広州まで飛んで来た胡一平さんとは初対面ですぐ意気投合した。そんなわけで、僕自身や僕の同僚にも度々日本に行くチャンスができたんだ。

ジャーナリストとして僕が日本に注目したのは、実はもっと早い時期からだった。二〇〇三年、二〇〇四年頃には「日本は小さいのか?〔日本小不小?〕」というタイトルで特集を組んだこともある。この特集を通じて一般の人々がまっとうな目で日本を見てくれたら、と期待したんだ。「小日本《シャオリーベン》、小日本」なんてばかり言っていないでね。実際、日本は長年努力して、新しいタイプの国へと変わった。この国のことが気になるのならば、そのいろいろな面について気にしてみるべきだ。特に、今どう変化しているか、ということに。残念ながら、この特集号は完成したのだけれど、諸般の事情で出版できていない。

胡一平さんが初めて僕たちを日本に連れて行ってくれた時は、やっぱり大いに驚かされた。その時は一団を引き連れて行ったんだ——執行役員・副編集長の何樹青、首席カメラマンの張海児、それから日本が大好きな記者・丁小猫だ。その結果、『日本の細部〔細節日本〕』という小冊子ができた。今思えば僕たちが目にした「細部」なんてほんのうわべに過ぎなかったのだけれど、スタート地点としては正しかった。「小さい」日本を、さらに徹底的に小さな細部の「大きさ」で見ていったんだ。結果、おおざっぱになりがちな僕たち中国人は、本当に赤面させられることになった。

やがて日本に行くチャンスも増え、その後、友人の李健君、張発財君にも日本を見せてやりたいと、この二人を胡一平さんに推薦した。丁記者は何回か僕に同行してくれるうちにもっと日本とお近づきになりたくなって、ついに日本に留学してしまった。これもあの胡一平さんとのコラボレーションから生まれた、一つの成果だろうね。

日本料理　スープ、これぞラーメンの魂だ。

この世界がまだよく分かっていなかった頃は、「色香味倶全〔色・香・味三拍子そろった〕」といった類の中国人の自慢話に惑わされて、中国人こそ世界一のグルメだと思い込んでいた。世界のあちらこちらに行くようになって、食にうるさい民族、美食の国は山ほどあり、おいしいものは多種多様なんだということに、やっと気がついた。そんな中でも日本の「おいしい」は僕に一番合っていると思う。アジア人にとって親しみやすい味だし、しかも中国に縁のある料理も多いから。

僕個人の食の記憶から切り離せないのが、麺類だ。中国西北部の蘭州市で大学に通い、仕事をし、結局まる八年そこにいたので、蘭州の牛肉麺、今では「蘭州拉麺《ラーミェン》」と呼ばれているけれど、これが大切な思い出の料理だ。蘭州を離れてから麺類を食べる機会はすっかり減った。たまにレストランで出てくるのはどれも口に合わず、僕の麺類に対するイメージは崩れてしまった。

でも日本で食べた麺に、僕の心はものすごく震えた。本当においしくて、スープからトッピングまで、どれもこれもすばらしかった。だから李健君、張発財君と一緒に行った時は思い切って、昼メシは必ず「今まで食べたことのないラーメン」にするぞ、と計画した。発財君は麺類が大好きで、後で教えてくれたのだけれど、僕が毎日昼はラーメンにしようって決めたとき、内心大喜びしたそうだ。だから李健君夫妻が「でも日本の洋食もなかなかのものですよ」と言い出した時は、変な目つきでちらちらと僕を見ていたな。僕の気が変わるんじゃないかと心配だったらしい。もちろんはっきりと言ったよ、「だめだ、絶対に、昼は新種のラーメンにするんだ」。発財君はうれしくてたまらなかったそうだ。

二〇一四年冬、京都の魁力屋で「九条ネギラーメン」を食べた。「九条」は、ネギ「九本」を意味する中国語ではなくて、地名だ。看板には大きな文字で「味自慢」とある。これは味に対する店主の絶大な自信を示す言葉だ。壁には筆文字で「私たちはずっとがんばっています。だからこのおいしさを作り出せるのです」と書かれていた。こうして毎回違う名前のラーメンを食べて、それらが持つ物語を知り、スープをじっくり味わえたのは、本当に、すばらしい体験だった。そして、並んで待った一蘭で食べている時、突然悟ったんだ。「スープ、これぞまさにラーメンの魂だ」ってね。

日本の食、あるいは日本のラーメンに限ってもいいけれど、それが僕を引き付けるのは「日本のものは安心して食べられる」の一点に尽きる。どの店に入っても一様においしい。中国だったら、たぶんそんな経験はできないよね。友人の紹介があるとか、よほど信頼のおける店とかでなければ、そこまで信頼できない。

しかも、行ってみれば分かるけれど、それぞれのラーメン店が、長年営まれ受け継がれてきている。日本人は何をやるにしても集中して取り組み、一つひとつの細部までとことんやる。それはもう芸術の域に達している。そうやって自らを満足させ、食べる人を満足させるんだ。僕にとってこれはとても印象深いことだった。

日本の農村 「レタス王国」の『村民憲章』

二〇一四年秋には日本の農村をテーマに視察し、これは最終的に『新週刊』の特集「ソフトな農村&クールな農業〔軟郷村&酷農業〕」としてまとめられた。農村視察のポイントは、日本人は自分たちが住んでいる土地にどう向き合っているかを知ることだった。植生はとてもよく保護され、土地もきちんと管理されている。こういった植物や土地に対する姿勢は、暮らしのさまざまな面にまで反映されている。農村で暮らす人は年々高齢になり、人数も減ってきていて、都会の混雑ぶりは、農村でのそんな傾向を際立たせている。

この時の旅では自分なりに「日本農村視察トップ九」を選んでみた。

一、最も心を打たれた自然景観は、川俣川渓谷〔山梨県〕の植物の力強さ。

二、最もうれしかった発見は、飛騨物産館で見つけた、グレードアップされた特産品。

三、最も大きな隔たりは、国に先駆けること二七年、山村の『村民憲章』。
四、最も無感動の観光スポットは、合掌村。雲南省麗江に似ている。
五、最も新鮮に感じられた単語は、「豪農商」。私の追い求めるところだ。
六、最も甲乙つけ難いものは、お気に入りの包装いろいろ、おいしい地酒たくさん。
七、最も文化的、芸術的な里は、越後妻有《えちごつまり》。
八、最も印象に残った取材先は、米作りをするホワイトカラーの夫婦。
九、最もテンションあがる焼き肉は、新潟の村上牛（長岡市・ホルモン道場焼肉屋）。

長野県にある「レタス王国」川上村は、僕に強い印象を与えた。一九八八年二月二〇日、村は『村民憲章』を制定した。それはこんなふうだ――

私たちの郷土川上は、清らか千曲川源流の大自然にめぐまれ優れた先人たちの英知とたゆまぬ努力によって育まれた村です。
私たちはこの素晴らしい郷土に無限の愛着と高き誇りを持ち更に住みよい希望にみちた新しいふるさとづくりとその発展をめざして、この憲章を定めます。
一、自然を愛し、美しく住みよい村をつくります。
一、勤労を尊び、健康で希望にみちた明るい村をつくります。
一、産業をおこし、活力ある村をつくります。
一、先人の労をしのび、創造性と文化に富んだ村をつくります。
一、人とのふれあいを大切にし、心豊かで平和な村をつくります。

日本の草木をじっくり見るなら、良い季節が二つある。秋の紅葉と春の桜だ。日本人はいつも植物を人生の中の景観としてうまく取り入れている。これは昔、中国が日本に与えた影響によるものなんだろう。だけど今の僕たちは、それをどこかに放り投げてしまった。

農村を特集すること、そこには僕個人の思いもいくらか込められているけれど、それよりも大事なのは、この急速に発展する社会は、僕たちが命のよりどころとしている土地や水源を無情にも見捨てている、そのことに対するひとつのレスポンスだということ。『新週刊』ではこれとは別に、「私がどこから来たか聞くな。もう私の故郷は無くなったのだ」というサブタイトルを付けて「故郷」という特集も組んだ。

農村は人間の根っこだ。このことに対する日本人の理解は、もう一つの島国である英国にとてもよく似ていると、僕は思う。長い年月変わることなく同じように農村を維持し、都市開発のために農村を徹底的に打ち捨てるようなことは、決してしない。これに対して、僕たちの国のありようはまるっきり正反対だと思わないかな。日本の農村を見れば、僕のように農村に思いを寄せる者は、ある種の絶望感みたいなものをいっそう深くするのではないかと思うんだ。

日本の社会　学び取った謙虚さと自ら持つ礼儀

海外に出かける機会を持つようになって、よその土地の人たちがどのように共生しているか、目にする機会も増えた。以前台湾に行った時には、ここはなんて人情味がある所だろうと、常に感じさせられた。しょっちゅう「謝謝《シェシェ》」、ありがとう、という言葉を耳にしたし、行く先々ではたくさんの思いやりに触れることができて、ここには今も中華民族の非常に優れた所がよく残っていると感じたんだ。だけど実際に台湾に行ってみるにせよ、歴史書をひもといてみるにせよ、非常に重要なポイントがあることにたぶん気付くだろう。それは、今の台湾になるまでには日本統治による五〇年の養育期間があった、ということだ。

日本社会に入っていくたびに、何度となく「お辞儀」を目にし、また謙虚な態度で礼儀正しく出迎えられ、見送られるだろう。すると、「こういったことをして欲しかったんだ。こんな生活環境が欲しかったんだ」と思うに違いない。こんなことに感嘆するのは、つまり、僕たちがこれと真逆の生活環境に置かれていることを示している。そう、僕たちの社会は排除し、傷つけ合うことが多過ぎる。『新週刊』で「台湾・いちばん美しい景色は、人びと〔台湾：最美的風景是人〕」という特集をしたけれど、結局、両岸の一方の土地をたたえるときは、もう一方の土地に不満があるってことなんだ。

日本は学習能力の高い国だとよく言われる。かつては積極的に「脱亜入欧」にも取り組んだ。だけど僕は、そんなこと以上に人を感服させるのは、日本の保存する力、維持していく力じゃないかと思う。彼らは中国文化を学び取った後に、それを自身の民族的要素と結合させ、それらを今日に至るまでずっと留めている。さらにそれらを現代の西洋文明とも結合させている。ここが日本の能力の高さを感じさせるところだ。

それから、日本のサービスのしくみは、人と人との最も基本的な関係を大切にしている。互いに譲り合い、相手に迷惑をかけない。これはとっても良いことだ。だから日本に行くと、言葉はうまく通じなくても全然問題にならない。漢字は見れば分かるし、食べ物にも共感できるし、快適に過ごすことができる。だから日本を離れると決まって恋しくなるのは、そんな人と人の間にある空気なんだ。

（本文整理　丁小猫）

見出された郷愁　日本随想

賈葭

賈葭氏

法隆寺

大阪城

実はこれは「課題作文」であって、与えられたお題は「日本について」。でもどこから書き始めれば良いのだろう。僕が初めて日本に行ったのは二〇一四年の春のこと。笹川日中友好基金の招へいで、何人かの友人と共に数日間見物して回った。その時は、これはぜひ文章にまとめなくては、と思った。書くべきこと書きたいことはたくさんあったから。でもいざ筆を執ってみて気が付いたのだけれど、日本について知らないことが多過ぎた――生半可な知識だっていくらもない。それに考えてみれば、明治維新以後の中国と日本との間のエピソードはあまりにも多く、日本について先人や先賢が記述したものは山のようにある。そんなところへ僕が文字の「ゴミ」を作り出す必要はあるのだろうか。

しかし課題作文なのだ。あれやこれや思いを巡らして、僭越ながら、日本に関する「随想」を書いてみようか。「随想」というのはつまり、「日本」という概念や日本にまつわるものごとを提示されて僕が何を思い浮かべたか、だ。例えば価値観、物質文化、政権交替、歴史の推移、ライフスタイルなどなど。雑然として無秩序な、膨大な言葉の寄せ集めだけれど、これらのキーワードがまさに僕の頭の中の日本を形作っている。そのどれかを語りたいと思うけれど、でもどれもかなり難しい。

落ち着いてこれらの「随想」を整理してみて、気付いたことがある。中国の一知識人である僕が、なんと、日本に対してある種の「郷愁」を抱いていたのだ。思うにこの郷愁は、文化の上での「感情移入」であって、何らかの意味を持つものでもある。文化における日本と中国の密接で疎遠な関係が、僕に何か説得力のあるものを見出させ、そして僕自身の内にある日本の意味を見出させたのだ。

白雲愁色蒼梧に満つ

僕が六歳の年の春、両親に連れられて、西安の興慶宮公園にピクニックに行った。公園には大理石の記念碑があって、父と一緒にそこに刻まれた二首の詩を読んだ。ひとつは阿倍仲麻呂の『望郷』だった。「翹首《ぎょうしゅ》して東天を望み、神《しん》は馳す奈良の辺。三笠山頂《いただき》の上、想う又皎月《こうげつ》の円《まど》なるを」。もう一首は李白の『晁卿衡《ちょうけいこう》を哭す』で、「日本の晁卿《ちょうけい》〔阿倍仲麻呂〕帝都を辞し、征帆《せいはん》一片蓬壺《ほうこ》を繞《めぐ》る。明月は帰らず碧海に沈み、白雲愁色蒼梧《そうご》に満つ」。僕は今でもこの二首を暗誦できる。父は遣唐使の物語もしてくれたが、その話は後に歴史の教科書でも読んだ。

これが覚えている限り一番古い日本に関する記憶だ。子ども時代には『鉄腕アトム』『一休さん』『聖闘士星矢《セイントセイヤ》』などのアニメも見ていたけれど、特別な思いはない。今でも覚えているのは、一休さんが将軍さまに言った「お腹がへっているときは『ぬか』だって蜜のように甘いし、お腹がいっぱいのときは蜜だって甘くない」という言葉で、つまり中国で言う「飽飫烹宰《ほうよほうさい》、飢厭糟糠《きえんそうこう》」と同じ意味だ。もちろんその時は何も思わなかったけれど、ずいぶん後になってようやく、子どもの頃に接してきた商品化された文化はその多くが日本製だったことに思い至った。

そんなアニメを見ていた頃、日本に関するまた別の種類の物語にも接していた。『地雷戦』『地道戦』『烈火金剛』などの映画だ。どれも七、八回は見ただろうか、毎年旧正月の前後に上映していたように思う。おかげでだいたいのストーリーも、いくつかのせりふもよく覚えている。登場する日本人はみな悪者だった。幼い子どもにしてみれば、人というものは「良い人」「悪い人」のふた通りだ。アニメの一休さんは良い人、新右衛門は良い人、映画に出てくる日本軍将校の毛利は悪い人、何大拿《ホー・ダーナー》も悪い人……。

この二種類の物語のはざまにいた僕は、日本人に対して何か恨みがあるとは言えないし、では好感を抱いているのかと聞かれても、そうとも言えない。別に何も感じないと言うべきだろう。それでもいわゆる愛国教育から得た素材は本当に多くて、各地の記念館や、さまざまな中国映画、子ども向けの本、テレビから常に発信される批判のメッセージは、少なくとも僕の日本への好感度を高めることはなかった。日本はややネガティブな感じを帯びながらも、相変わらず想像の中に存在する国にすぎなかった。実のところはごく自然な形でポリティカル・コレクトネスへと誘導されていたのだけれど。

一九九二年、僕が中学生の時、国語の教師が「中日国交正常化二〇周年」の記念切手について作文を書かせた。僕は切手コレクターだったけれど、その二枚一組の切手には何の感想もなかった。ぱっとしないデザインで、一枚は富士山と万里の長城を背景に二羽の丹頂鶴が描かれ、もう一枚は、平和の象徴のハトを背景にして、前髪だけを残してくりくり坊主にした中国人の男の子と着物を着た日本人の女の子が腕を組んでいる。「先生、なぜ日本人の男の子と中国人の女の子ではないのでしょうか?」ただ質問しただけなのに、僕は叱られた。結局その作文は書かなかった。「国交正常化」とは何なのか、分からなかったから。

当時僕の父は、家にあるテレビやゲーム機が日本のものだといったことを――東芝と任天堂の製品だった――、わざわざ話して聞かせることはなかった。ほかにもあったかもしれないけれど、僕が覚えているのはこの二つだけだ。つまり僕が子供の頃にはもう生活の中に日本が存在していて、僕自身にも深刻な悪影響を及ぼしつつあった――実は僕が近視なのは、ガリ勉だったからではなくて、ゲームをやっていたからだ。とはいえ、そんなことについては深く考えもしなかった。それよりも僕の関心は『地雷戦』の類の方にあったから。

さらにその後、故郷を離れて金陵の地〔江蘇省南京市〕に学ぶことになった僕は、南京大虐殺記念館を見学してひどくショックを受けた。とっくに情報を見分ける力を身につけていたのは、幸いなことだった。南京は日本にまつわる多くの記憶が刻み込まれた街だ。僕の学生寮のすぐ近くにはジョン・ラーベの旧居があった。もうかなり老朽化していたが、僕が大学を卒業した後ずいぶん経ってからシーメンス社の出資で修復された。また大学の図書館は、あまり知られていないけれど、戦時中には国際赤十字の南京難民キャンプだった。こうしてこの頃から、僕の研究の中に日本がしばしば登場するようになったのだ。

東瀛《とうえい》にまつわるイメージ

大学在学中は、文学と歴史とを区別することなく、近代史に関する数多くの書物を読んだ。だいたいアヘン戦争から第三次国内戦争〔第二次国共内戦〕までの一〇〇年余りに及ぶ、混迷をきわめ重苦しく複雑な時代に当たる。中国における現代民族主義思潮の誕生とその急速な広がりは、日本と大きく関係する。「国恥」という概念は「二十一カ条」〔対華二十一カ条の要求〕後に広く用いられるようになったし、日貨排斥もこの時に始まった。多難な近代中国の命運は日本と極めて深い関わりがあるのだ。知見が増えたことでものごとを多面的に見られるようになったが、その一方で複雑さはますます深まった。

清末民初、数多くの中国人学生が日本に留学している。蒋中正〔蒋介石〕、汪精衛、胡漢民、戴季陶、張季鸞《ちょうきらん》、張継など、民国時代の風雲児の多くが日本滞在のバックグラウンドを持つ。僕は東京の日比谷公園にある梅屋庄吉ゆかりの建物を見て思わず涙した。梅屋ら日本人が孫中山〔孫文〕を支援しなければ、中華「帝国」が中華「民国」になることは難しかっただろう。日本人の支援がなければ、孫中山が臨時約法を打ち壊すこともなかっただろう。唐・宋帝国の時代における中国と日本の師弟関係はこの時逆転した。二〇世紀の初めの三〇年間、当時の政治リーダーたちが学習対象としていたのが日本だった。

アジアで初めて近代化を果たした国として、日本は確かにすばらしい。中国と日本の近代化を比べてみると、日本の「脱亜入欧」は決して地域的な東西分断の強行などではなく、実質的な西洋化――すなわち近代化だったことが分かる。渡辺與五郎氏の著作を見ると、近代化に直面した時の日本と中国は、態度だけでなく行動の上でも違いがあり、日本に学んでもただ「猫に照らして虎を画く」――見た目だけを模倣して表面的なものしか得なかったことが理解できる。当時の中国のエリートたちは、日本は「同文同種」だから学び取るのは容易だと認識していたのだ。

中国と日本におけるこの時代の西学東漸や近代化には、器物や「体と用」〔本体と作用〕をこれに適応させるだけでなく、東アジア儒教文化圏全体の「新陳代謝」も必要だった。そう考えれば京都学派の主張も容易に理解できるだろう。そこには現代まで生き残った儒教思想が多く含まれていて、認知の上では国家を超越した大州間の「合従連衡」構築を試み、黄色人と白人との対立ではアジアを代表して西洋に対抗しようとした。日本は脱亜入欧を進める一方で、自身の主体性を再構築することを忘れず、視野をより広く遠くへと向けていた。京都の哲学者らは、西洋から挑まれた戦いに対して、きっちりと一つのソリューションを打ち出したのだった。

京都学派中国学〔支那学〕の学者らは中国における学術の近代化にも大きな影響を与えた。〔辛亥革命で中国を逃れた〕羅振玉、王国維が亡命して京都に向かったのは、その代表的人物内藤湖南の助力によるものだった。また中国の学術界は内藤湖南に啓発されて辺境問題、民族問題の重要性に気付き、沈曽植、夏曽佑、文廷式ら辺境問題を研究する学者が現れたし、その実証主義的な学風は数十年にわたって中国に影響を与えた。胡適、章太炎〔章炳麟〕など現代学問の基礎を築いた人々の中で、日本の学風の影響を受けなかった者は一人としていない。当時中国学に関する京都学派の著作を手に取った同時代の中国人学者はおそらく赤面し、「中国人よりもよく中国を理解しているのは日本人だ」という事実を受け入れざるを得なかっただろう。

もちろん最も重要なことはやはり中日関係、とりわけ政治的対立だろう。朝鮮との江華条約〔日朝修好条規〕により日本は中国と共に朝鮮を管理することになり、中国は最後の冊封国を失って、その「天朝大国」の夢も潰えた。これに続くのが甲午戦争〔日清戦争〕で、これは明治維新と洋務運動の成果を競うようなものだった。中国はこの後、アジアの雄の立場を日本に明け渡すことになる。さらに後の中日戦争については語るまでもないだろう。こうして一九七〇年代の釣魚島〔尖閣諸島〕問題に至る。この一五〇年の間、中国と日本はさまざまな争いの中を今日まで歩んできた。

ここ一〇年ほど僕は台湾問題に足を突っ込むようになり、それで台湾問題の中にも日本の因子があるのに気付いた。台湾もまたある種の郷愁を日本に抱いているのだった。この郷愁は台湾映画『海角七号』の中で微に入り細に入り表現されているけれど、実は僕は、竹中信子氏の『植民地台湾の日本女性生活史』を読んでようやくその郷愁というものを理解できた。半世紀に及ぶ日本統治時代が終わり、突然二・二八事件に遭遇した台湾人は、中華民国に対する認識を大きく改めた。これらさまざまなものごとは、日本が中国に対して行ってきたことの影響を示すものだ。

これらの大きなテーマが僕の視野に入るようになって、日本に対する好奇心は高まり、また日本のイメージも形作られていった。そしてじっくり観察してみたいと思うようになった。日本では近代化、現代化への転換がどちらもうまくいっている。さまざまな問題はあるにせよ、中国にとってこの一衣帯水の隣人は一〇〇年前と同様、学ぶ価値のある手本であることに変わりはない。中国に関心のある者ならば、中日関係に無関心では済まされないし、さらに中国に対する日本の影響にも目を向けざるを得ない。恩師が僕に「中国学をやりたいのなら、多少なりとも日本語が分からないと」と忠告したように。

観念の中の日本と生活の場としての日本は当然別ものだが、互いにもちつもたれつしている。川端康成の小説やルース・ベネディクトの著作を読んでいると、日本の観念がそのライフスタイルや美的感覚をどのように導き出してきたか、より具体的に感じ取ることができる。作家の劉檸氏が僕に教えてくれたように、日本の「恥の文化」は「美の文化」と呼ぶ方が相応しいだろう。その根底にあるのは「美のため」であり、「見苦しくありたくない」という考え方だ。そしてここから多くの事象を説明できる――「お詫び」や「謝罪」の類もそこに根拠を求められるだろう。

日常生活での体験も得た。例えば僕が日本料理を好きになったのは、食への美的欲求によるところが大きい。またごく普通の日本人とのつきあいも日本に対する理解を深めてくれた。何年も前に、中国語ができて中国に関心を持つ一人の日本人作家と知り合ったおかげだ。後には僕自身ジャーナリストになったことで、日本人記者とも知り合うようになった。僕を大いに驚かせた出来事がある。二〇〇八年に台湾を訪れた時のことだ。記者証を受け取るために立ち寄った行政院新聞局で、ふいに五〇がらみの男性が僕の名前を呼び、歩み寄って来て丁寧に一礼した。なんと当時『東京新聞』論説委員だった故清水美和《しみずよしかず》氏で、お互いそれまでたった一度しか会ったことがなかった。僕は清水氏の記憶力と礼儀正しさに驚嘆した。日本の友人たちのことを思い返してみても、不愉快な思いをした記憶はない。

日本は「中国」なのかもしれない

日本の友人たちがぜひ一度日本に来るようにと機会を作ってくれたので、僕は結局この二年間で三回行った。行程は同じようなもので、それぞれ一週間ほど滞在した。それまで曖昧模糊としていたイメージが具体的な形を伴うようになっていった。そんな僕の日本理解が、実際の些細な日常生活のひとこまを手掛かりとして深められていったのは、本当に良かったと思う。民族文化の遺伝子は、衣食住といった日常茶飯事においてこそ、容易に見出されるものだから。これについては書きたいことがたくさんありすぎる。けれど別のところでもいろいろ書かれているに違いないから、あえて触れないでおこう。

僕がここで話しておきたいのはごく個人的な体験談で、それはほかとは違う切り口を示したいと思うからだ。例えば、奈良で古寺を参拝した時、そこで僕が感じたことはうまく言葉では言い表せない。特に唐招提寺や法隆寺で僕が思い浮かべたのは、西安だった。最近西安に出現した古建築を模した建物、あれのもとは日本にあったのだと、分かったのだ。僕は奈良でしばしば長安の影を感じた。日本における奈良は、中国における長安を思わせる。一つの国の歴史を振り返ってみれば、そこは紀元一千年紀における両国文化の集大成だ。その紀元一千年紀の間、唐・宋の文化は天下を睥睨《へいげい》しながら儒教文化圏のひな形を造った。日本も朝鮮もこの文化圏の中にあってどちらも「生徒」だった。奈良の都の都市計画や寺院様式はもともと長安のものだ。中日国交正常化の後、奈良市と西安市は両国初の友好都市関係を結んだ。以来西安市はたびたび日本に人材を派遣して都市計画などを学ばせ、今でも西安市の都市計画や文化財保護は日本の専門家と共同で行われている。だから奈良市と最も緊密な関係にある中国の都市は、西安市になるのだろう。ところが過去十数年間に発生した反日デモの中で最大規模のものも、残念ながら、この西安で起こっている。

たちまち一〇〇〇年が過ぎ去って、後輩だった日本が上位に立った。明・清の時代には日本も韓国も「小中華」を自認していた。韓国の学者の説によれば、清の登場で華夏〔中国〕は「胡化」つまり異民族化してしまったから、朝鮮王朝は政治の上では満州族の清に従いこそすれ、漢族の朱氏が興した明を正統とみなして、文化の上では清を帝とみなすことはなかったという。李氏朝鮮の朝貢使節記録からも、「中華の衣冠」が「胡服の髡首《こんしゅ》」を蔑む空気がうかがわれる。一方日本では、早くから学者の山鹿素行が、夷狄によって統治される中国はもはや中国ではない、日本こそ「中国」だと述べている。後には「日本は中華にあらざるといえども、日本は中華に近く、中国は中華といえども、実はすなわち韃靼支那」なる考えも生じた。一八七一年、中日両国が「中日修好条規」〔日清修好条規〕の交渉を行った際、日本は清国政府がこの条約の中で自らを「中国」と称することに同意しなかった。華夷秩序の争いにおいても、日本は儒教文化を継承した国であると大いに自負していたことがうかがえる。しかし日本は完全に「中国化」したわけではない。儒教文化を吸収し、神道という基礎の上にこれを発展させていく中で、明らかな「日本化」の特徴を作り上げた。これは徳川幕府時代に集大成され、日本は「儒教文化圏」の中の小国の立場から一躍抜け出した。文化・文政期における経済発展と都市の振興、とりわけ幕末期における蘭学の導入は、文化の多様化を推し進め、これが日本の近代化にとってきわめて良い下地となった。

　日本は中国文化の要素を多く継承しているから、「中国的」だとか「中国に似ている」と考える人もいる。あるいは初めて日本を訪れた人が「これは中国にもある、あれも中国にある」と断言することさえある。けれども彼らは、日本が長い年月をかけて強大な儒教文化に手を入れ、適応させてきたことを知らない。例えば朱子学だ。これが孔子の教えを基本とし、程顥《ていこう》と程頤《ていい》が作り広めたものだというのは、間違いない。だが山鹿素行、伊藤仁斎、貝原益軒、荻生徂徠ら大学者は何年もかけてこれを分析し解釈を加えていった。だから幕府時代における朱子学は既に日本化され、さらに京学（京師学）、海西学派、南学（海南学派）の諸学派に分かれて、中国の朱子学とはまったく別のものになっていた。

　ここでちょっと脱線する。僕はコンピューターゲームの『エイジ・オブ・エンパイア』をプレイしていて、そこに登場する日本の城塞をとてもきれいだと思っていた。大阪に行った時、そこの天守閣がゲームに出てきた城塞の原型だと知った。軒を支える部分の構造やひさしの反りなどの様式は、一見中国の黄鶴楼などにも似ているけれど、よく見ればこれはまったく中国建築とは違い、その材料も色彩も、扉や窓も明らかに日本的な、正真正銘の日本建築だ。

天守閣は日本化された建築物の代表格だと思う。

さて、僕はその後何度か京都にも行った。はっきりと感じられたのは、京都は奈良よりも「もっと日本的」だということだ。建築物をとってみても、京都にある清水寺、竜安寺などの諸寺院は、奈良の東大寺、唐招提寺の「唐風」を脱して、はっきりとした自らの特徴を備えている。例えば枯山水だ。こうやって詳細に見ることで「日本化」の小さな手掛かりがつかめる。文化の上では、日本は「出藍」とも言える儒教文化の要素を持ちながら、まったく別の道をたどってきた。でもこれにまつわる話を始めるときりがなくなるので、止めておこう。

明らかな特徴を持つ日本文化は中国文化に時に近づき時に離れ、また時に似通い時に変化して、数百年の変遷の過程を経てきた。近世以後、日本文化は近代化と現代化の普遍的価値を受け入れ、さまざまな文化を一つに熔かし精錬してきた。だからこそ「菊と刀」は世に認められた。僕が特に興味関心を持つのは、中国とのユニークな関係についてだ。その意味で日本は中国の鏡だ。相手の中に自分が見え、あるいは相手を見て自分をさらに知る。これも一種の郷愁なのか。

筆をおくに当たり、僕の心にまた晁衡の詩が浮かぶ――「翹首して東天を望む、神は馳せる奈良の辺」。

現代日本の「上山下郷」農村に移る若者たち

張傑

張傑氏

大地の芸術祭「棚田」イリヤ＆エミリア・カバコフ

十日町おおまつり　明石万灯

はじめに

旅するのならば賑やかな街や名所から遠く離れた田舎や野山がいい。人混みを避けるためではない。ただ商魂溢れる空気が好きではないからだ。

初夏、初めて海を隔てた国日本を訪れ、うれしいことに村落で二日間を過ごすことができた。自然だけでなく文化や社会の動きにも触れた心安らぐ旅になった。

信濃川

午前九時、われわれを乗せた二階建て新幹線は東京駅を出発すると、この細長い島の反対側にある新潟県を目指してひた走った。灰色の雲はどこまでも低く垂れ込め、いつ雨が降ってもおかしくない空模様だが、私の興奮はいささかも鎮まることはなかった。興味深いものを一つでも見逃すまいと、窓外の青い田畑、緑の山々を見つめていた。

上越新幹線は走ること二時間、長岡に到着した。新潟県での数日間、われわれはここを拠点とする。下車間際になってやっと、堂々たる体躯の力士が私の後ろに座っていたことに気付いた。その隣の席はモダンな感じの小柄な女性で、巧まずしていかにも日本らしいコントラストをなしていた。

宿泊先のホテルは駅近くにあった。われわれは荷物を置くとふらりと外に出てみたが、照りつける日差しにおそれをなし、早々に通りに面した小さな店に逃げ込んで昼食をとることにした。ごく普通の海鮮定食を頼んだが、米飯、魚介類、スープのどれも口に合いおいしかった。ふと目を上げると、厨房の出入り口に掛けられたのれんは、藍色の地に白抜きの家紋が入ったものだ。小さく目立たないが由緒ある店なのだろう。

腹が十分満たされたところで、われわれは市街地を出発し、山村への小旅行に出かけた。

運転手は還暦過ぎとおぼしき年配で、中山さんといった。タクシー会社の制服に黒いつば付きの白い帽子を身につけ、痩身で元気がよく、几帳面な人だ。この土地でもう何十年も暮らしているというので、道中見聞きしたことや思い付いたことは、何でも中山さんに尋ねることにした。

市街地を抜けると水田が広がっている。稲は整然と列を作って並び、それが遥か先の緑の山々の裾まで続く。空は高く澄み渡っている。木造家屋が数軒ずつ固まって、山のふもと、田畑の間に点在する。時折、われわれの横を流れる大河が見える。中山さんによるとこれこそが信濃川だそうで、今はちょうどこの川を遡るように進んでいるという。信濃川は日本一長い河川である。戦国時代、織田信長を撃破したこともある一代の名将、「越後の龍」上杉謙信が名を上げたのはこの土地であることを思うと、歴史的興趣はいや増してくる。しかしながら、ここ新潟県（いにしえの越後国）の歴史に関する私の知識はこの程度に過ぎない。

川はきらきらと輝きながら流れる。轟々と流れゆく長江や黄河ほどの勢いはないが、その豊かな水が新潟の米や水産物を育んできた。後日新潟県立歴史博物館を見学し、かつて信濃川の下流一帯では氾濫が繰り返され、人口密度が高い一方で田畑が乏しい土地ゆえに、農民たちは長きにわたり沼地で水稲を育てるしかなかったことを知った。沼の中で小舟を操って田植えをする珍しい風景が見られたという。秋になっても水は深く、新潟の農民たちはやはり舟に乗って稲を刈り、その稲の一束一束を、あぜに植えた柳の木に掛けて乾燥させたそうだ。

そのような歴史の記憶を知り、私は大和民族の稲と土地への執念を多少なりとも感じ取れた思いがする。

池谷集落

信濃川に沿って南下し、山間部に入る。ここ十日町市にある池谷集落《いけたに》が、本日の山村旅行の目的地である。日本に数多くある、衰退を続け消滅の危機に瀕する村落と同様、かつては二〇〇人余りもいた池谷集落の住民は、戦後の高度経済成長の中で十数人にまで減った。ところが数年前、歴史の車輪が逆転するかのような現象が起こり始めた。「地域おこし」の掛け声の下、若者たちがこの集落にやって来て定住するようになった。これからわれわれが会おうとしている多田朋孔《ただともよし》さんも、その「新農民《シンノンミン》」の一人だ。

多田さんとの約束は午後四時。それまでしばらく時間があったので、集落から程近い谷で車を降りてひと休みすることにした。

周囲は緑豊かな山に囲まれている。二棟の民家が一〇〇メートルほどの距離をおいて道路に面して立っている。家の前ではヒマワリが頭を高く上げ、数羽のニワトリが行ったり来たりしている。谷間の土地は広くはないが、そこにも水田が広がっている。ちょうど稲穂が出始めた頃で、一面の若草色が近くの山によく映える。この谷間には飛渡川《とびたりがわ》という小さな川が流れている。水は清澄で川底に転がる礫まではっきりと見える。大自然の気を体いっぱいに取り込もうと、岸辺にたたずんで深くふかく呼吸する。すると何としたことか、風に乗って日本酒の芳香が漂ってきた。二軒ある民家のうちのどちらかで酒を醸しているらしい。越後一帯の農家で造られる酒もまた有名だと聞く。町中の店でもしばしば「地酒」コーナーを見かけた。香気を楽しみつつ散策していると、にわかに雨が降りだした。傘を手にした中山さんが大急ぎで駆け付けてくれた。もう出発するとしよう。

車はうねうねと続く道を上り、山の奥へと進んで行く。これほど辺鄙な山村であってもアスファルト舗装の道路はよく整備されていて、狭くはあるが凸凹のない道がカーブを描いて山林の間を走っている。多田さんのいる事務所に着いた頃には雨もあがった。山の天気はかくも見通しのつかぬものだ。

すべて木で造られた二階建てのその建物は、廃校になった小学校を改築したもので、十日町市地域おこし実行委員会の拠点になっている。集落の人々の住まいはこの近くに点在する。委員会はＮＰＯ法人になっており、中心メンバーは多田さんと同様にこの集落に住む農家である。その中でコンサルタント経験のある多田さんが委員会事務局長を務めている。これが「農民《ノンミン》」である多田さんのもう一つの肩書きであり、そのため農業以外にも多くの仕事に携わっている。

われわれが訪ねて行ったとき、多田さんはちょうど、池谷集落での体験生活をしに来た若い女性にここでの仕事や生活について説明をしていた。彼女は福岡から来て、ここで一カ月暮らすそうだ。この体験生活は都市住民が自然に囲まれた暮らしを楽しむためのものではなく、農村に移り住むかどうか決めるための予行演習のようなものだ。だから現地の「農民」同様に畑仕事をし、町へ行って農産物の売り込みや販売もするし、冬であれば困難きわまりない除雪作業もしなければいけない——ここ池谷集落の積雪は大抵三メートルを超える。

「ここでのインターンシップは短くて一カ月、長いものは一年間で、毎年一〇人ほどが参加しています。これまでの参加者二四人のうち九人が十日町市内に移住済みです」と、多田さんは誇らしげに数字を挙げて説明してくれたが、語り口には若者らしいはにかみも感じられる。

現在池谷集落の総人口は二〇人で、一三人が以前からの住民、七人が集落外からの移住者やその子どもたちだ（二〇一七年二月一日現在、総人口は二四人）。そして多田さんが挙げた移住者九人のうち二人は、近くの別の集落に住んでいる。

取るに足らぬ数字のように思われるが、多田さんにしてみれば、これは一つの歴史的な流れを象徴するものなのだろう。

多田朋孔さん

多田朋孔さんは京都大学で考古学を学んだ秀才であり、以前は東京のコンサルティング会社に勤めるオフィスワーカーだった。ところが五年半前、フェデラルエクスプレス社と国際NGOのJEN《ジェン》が実施する「田んぼへ行こう!!」プロジェクトに参加した彼は山奥にひっそりとたたずむ池谷集落を訪れ、それ以来、ここに住むようになった。

その時彼は既に二歳になる男の子の父親だったので、この選択は言ってみれば「わがまま」だった。妻の美紀さんはどうすることもできず、夫と口論になるばかりだった。数カ月に及ぶ話し合いの末、とうとう美紀さんは試しに子どもを連れて池谷集落に来てみることにした。初めは田舎暮らしに適応できるかどうか心配だったが、想像していたほどの問題もなくここの生活になじみ、ついに移り住むことを決めたという。

ゴム長靴を履き除草機を担いだ今の多田さんは、この土地で生まれ育った「農民」とすっかり見分けがつかなくなった。私が素晴らしいと思うのは、多田さんとその仲間たちが集落で生産された米に「山《やま》清《し》水米《みずまい》」という詩情溢れる名前を付けてブランド化を果たし、売れ行きも上々だということだ。その新米のPRは十日町市地域おこし実行委員会のフェイスブックにも掲載されている。インターネットは多田さんの仕事と生活の一部だ。「時間があればフェイスブックをチェックし、ここでの暮らしぶりを紹介したり、都会の人を農業体験に誘ったり、新住民を募集したりして、地域外の人たちと交流しています」と多田さんは語る。

たとえ同じように泥まみれになって懸命に農作業をしていても、インターネット技術を有し、ブランディングというものを理解し、広い視野を持っていることが、「新農民」である多田さんと昔ながらの「農民」との違いだろう。しかし多田さん自身は、自らの知的優位性を発揮させることよりも、地元の人々の世界に溶け込むことの方がもっと重要だと考えている。

「田舎の人間関係はかなり複雑で、なかなか大変なものです。もうここから出ていこうかと思ったことさえあります」と多田さんは、村外から来た人間が認められるまでの苦労を回想した。

初めて池谷集落に来た時、土地の人々は歓迎してくれたが、それは儀礼的なものだった。しかしずっと都会生活をしてきた多田さんには、自分がまだ本当に受け入れられてはいないことを十分に認識できなかった。そして数年前の「市議会議員選挙騒ぎ」で痛い思いをすることになる。

その頃多田さんは、集落を再生させようとする志高き青年としてマスコミから注目され、集落の外ではちょっとした有名人になっていた。あるマスコミ関係者から市議会議員への立候補を勧められて、多田さんはこれに強い関心を持った。政治を通じて、地元集落再生のためにもっと多くのことができると考えたからだ。しかしながら集落内の受け止め方はまったく想定外のもので、多田さんの選挙出馬の動きは地元の人々から阻止された。秀才かもしれないが政治家としての経験がないと言う人もあれば、もともと集落移住の目的は就農ではなかったのだと考える人もいた。

この騒ぎで集落内での多田さんに対する評価は一挙に地に落ちた。

しかし二〇一四年秋、多田さんが育てた米は豊作だった。農作業にいそしんだ結果、ようやく大自然の恵みを手にすることができたし、さらに集落の大先輩たちも労いの言葉をかけてくれた。ようやく自分が一人前の「農民」として認められたと、つくづく実感したという。

多田さんはわずかな田畑を耕して糧を得て、隠遁者のような生活を送りたいとは思っていない。「自分が自分に与えた立ち位置は『活動家』です。地域おこしプロジェクトを全国に広めるための」。これが今の自己認識だ。しばしば村外へ視察にも出かけ、他の地方自治体との交流を進めている。

このような壮大な理想の源は、多かれ少なかれ、歴史に対する興味と考察にあるようだ。「日本は今大きな変革期にあります。現在のような人口減少の流れは誰も経験したことがありません。一方で人類の歴史を振り返れば、国の発展の前提は人口の増加、資源の増加でしたから。これまで経済発展は大都市に依存してきましたが、その都市の発展には大きなリスクが潜んでいる。それでは農村はどうだろう、と考えたのです。農村社会の変革が経済発展の新たな牽引力になるかもしれません」と多田さんは高揚した調子で語った。

事実、同じように「新たな道を切り開こう」という思いを抱く日本人は増えつつある。東京などから寄せられる農村移住の相談は、二〇〇八年から二〇一四年までで四倍に増え、そのうち半数が四〇歳以下の人からだったそうだ。このような動きについて多田さんは「日本は成熟社会です。モノは十分にありますが、都会にいると、社会に貢献しているという幸福感をなかなか得られません。だから自分の価値を発揮させる場として農村を選ぶ人が出てきているのだと思います」。

話を聞きながら頭に浮かんだのは、中国にしか存在しない言葉――「知識青年の『上山下郷《シャンシャン・シャーシャン》』(1)運動」だった。それが二一世紀の日本で再び始まろうとしているように思えた。だが時が変わり、事情も変わった。彼らは「農民」に教育されるためではなく、この空洞化しつつある国を再生するために、農村にやって来るのだ。

夏祭り

われわれが山を下りてきた時はもう夜だった。山のふもとの十日町市内は灯火がきらめいていた。ちょうど今夜は「十日町おおまつり」と呼ばれる夏祭りが行われていて、われわれはその賑わいの中にいる。

祭り、すなわち中国語の「節《ジエ》」のことである。夏季に行われるさまざまな祝祭行事を夏祭りという。日本における祝祭活動は一風変わっていて、地域ごとに行われ、またその日も全国同一ではないため（ただし盂蘭盆会前後は集中するようだ）、夏の間はどこかしらで夏祭りが行われている。長い歴史を持つ祭りは、昔は豊作を祈り、神を祭り、魔物を退散させるためのものであったが、今では地元住民によるパレードが行われる。

不案内の土地ゆえ、われわれは人々の流れに従って歩いてみたが、たちまち人波にのみこまれてしまった。通りの両側には屋台が並ぶ。やはり軽食類が主で、たこ焼き、たい焼き、わたあめ、天津甘栗、串焼き……何でもある。この光景は「廟会《ミャオフイ》」と呼ばれる中国の縁日とまったく変わらない。もしも浴衣姿の大勢の人がいなければ、自分が人口五万人強の日本の小都市にいることを忘れてしまっただろう。

立ち並ぶ屋台の一番端まで来た。ここと交差する通りが祭りの中心だ。道の両側には商店がずらりと並び、かがり火がともされている。持参した小さな腰掛けに座っている市民も大勢いる。最大の山場を――この夏祭りの目玉である山車と踊りの行列が来るのを待ち構えているのだ。

本番を前に、市街地をパレードする参加者は既に隊列を作っている。列は五、六〇〇メートルほどにもなるだろうか。いくつかのグループに分かれていて、老若男女うち揃って和やかな雰囲気だ。列の先頭に立つのはすらりとした「十日町きもの女王」の三人で、盛装し、にこやかにほほ笑む様はあでやかだ。もう少し先へ歩いて行くと、道端に長机が置かれていて、一〇人ほどの年長者がずらりと並んで座っている。おそらくここが「観閲台」なのだろう。しかし誰にももったいぶった雰囲気はなく、その場のしつらえも簡素なもので、そこが市の指導者たちの席だとは思えない。

歓声の上がった方向を見ると、通りの向こうの方から山車が一基また一基と現れた。こちらにゆっくりと近づいて来る山車の上で、子どもや少女が踊っている。下では十数人の男たちが掛け声に合わせて山車を押し、曳いている。最も興味を引かれるのは、やはり山車の上にある大灯籠だろう。恐ろしげな顔をした神や魔物、浮世絵風の昔の農民、みのり豊かな田畑、傘を掲げた色っぽい姿の花街の女性……ユニークな絵が描かれている。組合や団体ごとに山車を出してその華やかさを競い合うので、非常な熱気に溢れている。その中に一基小さな山車があり、これを担ぐのは子どもたちだけだ。灯籠には愛らしい「リラックマ」や「キイロイトリ」などのキャラクターが描かれている。子どもたちが心を込めて描いたのだろう。これには旅人の私も感心させられた。

この田舎町の夏祭りは深夜まで続くが、われわれは長岡まで戻らなければいけない。終わりまで存分に楽しむことはかなわなかったが、それでも初めて目にした天下泰平を祝う歌や踊りは、私の心をしっかりと捉えて放さなかった。

山村とアート

中一日おいて、われわれは再び十日町市にやって来た。今日は世に名高い越《えち》後《ご》妻有《つまり》の「大地の芸術祭」を見学するためだ。

大地の芸術祭は三年に一度開催され、二〇一五年で六回目を迎えた。芸術に関しては素人の私でも耳にしたことがあるほどのイベントで、世界最大級の屋外展示型国際芸術祭と称され、数百のアート作品が七六〇平方キロにわたる里山のあちらこちらに展示される。

険しい山道の多い土地なので、すべての作品を鑑賞しようとすれば幾日もかかる。われわれはざっと見て回るだけにとどめた。

アート鑑賞は北越急行ほくほく線・まつだい駅から始まった。このエリアを回る観覧者のための案内所が設けられているので、まずは芸術祭の作品鑑賞パスポートを受け取る。一カ所鑑賞するごとにパスポートの所定欄にスタンプを押してもらう仕組みになっている。

駅から程近くにまつだい雪国農耕文化村センター「農舞台」がある。広々とした水田の中央に四本足で宙に浮いている純白の建築物だ。この建物そのものがアート作品であり、またその中ではさまざまな趣向の作品が展示されている。例えば食堂にあるテーブルもその一つで、周辺の四季折々の風景が映し出される。展望台からは正面の山にある『棚田』の全貌を鑑賞することができる。この『棚田』というのはロシアのアーティスト、イリヤ&エミリア・カバコフ両氏の作品で、田畑を耕し、種をまき、苗を植え、草取りをし、収穫するまでの一連の農作業を彫刻によって表現し、都会人に農繁期の情景を伝えている。

「農舞台」とまつだい駅をつなぐ通路には、千数百本ものカラフルな木の板がずらりと並ぶ。それぞれの板には旧松代《まつだい》町の住民の屋号が記されていて、その名も『まつだい住民博物館』という作品を構成している。さらに山の中腹の棚田には、矩形をした巨大な金属製の骨組みが立っている。これも写真のフレームを思わせるアート作品で、写真撮影をするときのように水田と山並みをこのフレームに収めてみると、あぜ道にたたずむ人は写真の中の人物のようだ……。

どの作品も大自然と融け合い、集落に包み込まれている――誰もがそのようなぬくもりを体感できる。都会の美術館の中で見る捉えどころのない美や歴史の遺物とは対照的に、ここ越後妻有では作品から容易にアーティストたちの心の声を聞くことができる――あらゆる場所がアートになり得る。だから、それらが遺棄される理由などどこにあるのだろうか？　大地の芸術祭はこの広葉樹の森に新たな命を吹き込む。

この古い土地に新しい物語を語り聞かせる。その典型とも言える作品が『脱皮する家』だ。山ふところにあるこの民宿は、もとは都会に出て行った村人が残した民家だった。この木造家屋は二〇〇年も前のもので、長年人が暮らし、かまどやいろりが使われてきたためにいぶされて黒光りしている。その屋内全体に日本大学芸術学部彫刻コースの学生たちが二年がかりで新たな表情を刻みつけた。壁、床、梁、至る所に彫刻刀の跡がある。こうやって「脱皮」した木部は新と旧、光と影の変化を生み出す。穏やかに風の吹く夏の日、二階の板の間に座っていると、蝉の声が聞こえ、木の影が揺れ、ゆったりと心地よい。

『絵本と木の実の美術館』は奇抜なアイディアに満ちた空間だ。この建物はかつて小学校だったが、住民が村の外へと引っ越していったため、二〇〇五年に遂に廃校となり、最後に残った児童三人は転校を余儀なくされた。しかしこの小学校は今、絵本作家の田島征三《たしませいぞう》氏によって息を吹き返した。三人の子どもたちと、子どもたちに慕われた先生、そしてここに住みついたおばけを主人公とし、彼らの記憶をモチーフにした物語が校舎全体で展開されている。

この話を聞いて私は大いに心を動かされた。数年前に帰省した折、かつて私が六年間通った村の小学校が廃虚と化しているのをこの目で見たからだ。虫や蛇、鼠に占領された教室、崩れかけた壁、壊れて散乱するレンガは、見るに忍びなかった。そして都市化という壮大な叙事詩がうたわれる中、うち棄てられていく村の物語は、中国各地で増えつつある。その勢いは誰にも止められず、またいつ止まるのかも分からない。

越後妻有里山現代美術館「キナーレ」では、大地の芸術祭の運営に携わっている原蜜さんと言葉を交わすことができた。私が「農村の復興は社会の発展の中で必然的な現象なのでしょうか」と尋ねると、原さんは「おそらく中国でも起こり得るでしょう。日本でも二〇年前には誰もこのような思潮が生まれるとは思っていませんでしたから」と答えた。

本当にそのような時が来たとして、その時、われわれの村にはまだ記憶を支えられるものが存在しているだろうか。存在することを願うばかりだ。

この日の日程を終えて、作品鑑賞パスポートの黄色い表紙をもう一度開いてみた。押されたわずかな数のスタンプを見ながら、芸術祭がこの土地にもたらしたものは観光客や名声だけではなく、都市の人々と農村の人々の心の隔たりを埋める努力を引き出し、隔たりが解消される可能性も生じさせているのではないかと、心の底で思った。そんなことを考えているうちに湯沢町にたどり着いた。新潟での最後の夜はここに泊まる。

翌日午前、われわれは越後湯沢駅からまた新幹線に乗り、東京へと引き返した。列車が動き出すその時、川端康成の『雪国』の一節を思い出した。「国境の長いトンネルを抜けると雪国であった。夜の底が白くなった。信号所に汽車が止まった」。今の状況はすべてが正反対だ……夕と朝、冬と夏、出会いと別れ……まるで逆走するかのように。

（1）上山下郷運動

文化大革命期の中国において、毛沢東の指導によって行われた青少年の地方での徴農を進める運動のこと。いわゆる「下放」。この上山下郷運動は、一九六九年から約一〇年間にわたり展開された。都市と農村の格差撤廃という共産主義のスローガンの影響と、都市部の就職難を改善させる目的から、半強制的で、永住を強制する措置として行われ、一六〇〇万人を超える青年が下放させられた。

執筆者紹介

周志興　一九五二年生まれ
共識伝媒（コンセンサス・メディア）グループ総裁。ブログフォロワー数は一四万人。中央文献研究室研究員から一九八七年に中央文献出版社へ異動。一九九六年から二〇〇三年まで香港鳳凰衛視マルチメディア担当役員、鳳凰ネット社長、『鳳凰週刊』等各種雑誌を創刊。二〇〇二年から『領導者』『財経文摘』雑誌、共識網（コンセンサス・ネット）などを運営するマルチメディアグループ「共識伝媒グループ」を立上げる。

孫　凱　一九六四年生まれ
中国共産党中央サイバースペースセキュリティ・情報化領導小組弁公室ネットニュース情報メディアコミュニケーション局副局長。ブログフォロワー数は二七万人。『中国青年報』で記者、主任を務め、新華社『瞭望東方週刊』常務副総編集、新華社編集委員を務めた。また『騰訊大家コラム』作者として執筆した「中国人は少なくとも三〇年は大気汚染に耐え忍ぶ必要がある」と題するコラムが『騰訊大家コラム』二〇一四年度大賞を受賞した。

馬暁霖　一九六四年生まれ
博聯社ファウンダー、総裁、北京外国語大学教授。ブログフォロワー数は一九七万人。中東地域の国際問題専門家。国務院特任研究員、寧夏衛視のインタビュー番組「一帯一路を読み解く」司会者、外交部中国国際問題研究基金会理事、中国アジアアフリカ研究協会理事、中東学会常務理事、中国アラビア博覧会顧問、中国文化戦略協会理事、中国人民大学重陽金融研究院高級研究員なども務める。新華社の記者を一七年間務め、クウェート特派員、ガザ支社長兼首席記者、国際観察評論編集室デスク、「イラク戦争報道グループ」専門家委員、世界問題研究センター研究員、環球雑誌社編集長、高級記者などを務める。

楊錦麟　一九五三年生まれ
錦繡麒麟メディア創設者、ジャーナリスト。ブログフォロワー数は四〇〇〇万人。厦門《アモイ》大学歴史学部卒業後、香港にて新聞社、雑誌社で時事評論問題の編集者、記者などを務め、香港・台湾問題の専門家として活躍する。二〇〇三年から鳳凰衛視で時事評論番組の司会者を務め、人気番組となる。香港衛視副総裁兼放送局長を務めたあと、二〇一三年に自身が経営する「錦繡麒麟メディア」を立上げ、ニューメディアである「騰訊ネットTV」にて「錦麟チャンネル」を開設した。時事評論のネット番組では毎回一二〇〇万回以上の視聴回数を得ている。

張力奮　一九六二年生まれ
復旦大学新聞学院教授、フィナンシャルタイムズ（FT）中国語ネット名誉編集長、コラムニスト、中国第一財経メディア首席顧問。ブログフォロワー数は三六万人。復旦大学新聞学院を卒業後、英国レスター大学へ留学、マスコミュニケーション博士号取得。BBCプロデューサー、英国フィナンシャルタイムズ記者を経て、FT中国語ネットを立上げ、編集長を務める。二〇一五年一二月から現職。

李　礼　一九七五年生まれ
『東方歴史評論』編集長。ブログフォロワー数は四五万人。法学博士。『炎黄地理』雑誌編集者、『中国国家天文』雑誌出版人、主編に『一〇〇年を越えて：中華民国以前伝』『中国近代史の旅、二七編』などがある。

関　軍　一九七〇年生まれ
『網易』「ノンフィクション作家プラットフォーム〝人間〟」責任者、ジャーナリスト、ノンフィクション作家。『南方週末』『南都週刊』『体育画報』『中国新聞週刊』『智族ＧＱ』『南方人物週刊』などで記者を経て現職。二〇〇七年から二〇〇九年にかけて約一〇〇人を取材したルポが広範な読者から支持を得る。大きな時代の変化を背景とした、庶民の運命を描き、その本質に迫ろうとする筆致に特徴がある。

包麗敏　一九七七年生まれ
『智族ＧＱ』編集長。二〇〇〇年清華大学中国語学部卒業、二〇〇三年清華大学新聞与伝播学院修士課程修了。二〇〇三年八月に中国青年報に入社し、二〇〇四年六月に『氷点週刊』副編集長就任、以来『中国新聞週刊』副編集長、『青年参考』編集長などを経て、現職。

陳　海　一九七四年生まれ
螞蜂窩（蟻と蜂の巣）旅行ネット副総裁。螞蜂窩旅行ネットは二〇一五年九月段階でユーザー数一億人以上、月間アクティブユーザー数八〇〇〇万人を誇る個人旅行サイト。一九九五年から記者として働き始め、一九九七〜一九九九年に『澳港信息日報』、二〇〇〇〜二〇〇八年に『南方週末』に勤務しながら『南方人物週刊』創刊に携わり、中山大学新聞学部で講師を務める。二〇〇八〜二〇〇九年に『中国新聞週刊』副編集長に就任。二〇一〇年から「遠見伝播」メディア共同経営者、二〇一一年に「ボアオ観察」メディア社長と二つのメディアを立上げたあと、二〇一五年より現職。

林楚方　一九七五年生まれ
前北京字節跳動科技有限公司（『今日頭条』）副総裁。ブログフォロワー数は七九万人。『南方週末』雑誌編集記者、『vista看天下』雑誌編集長、『壹読』雑誌CEO、二〇一五年に『今日頭条』副総裁に就任、二〇一六年七月に『今日頭条』を辞職し、コンテンツ会社設立準備中。

章　弘　一九五九年生まれ
東緄（北京）文化交流有限公司社長。一九八四年北京外国語大学日本語科卒業、国家観光局勤務、早稲田大学大学院へ留学。一九九〇年から自動車メーカーのスズキに務めた後、一九九五年〜二〇〇五年まで中国中央電視台（CCTV）財政・経済チャンネルでリポーターやプロデューサー、コメンテーターを務めた後、二〇〇五年より現職。企業やテレビ局向けにテレビ番組やドキュメンタリー番組の制作や宣伝広告業を営む。

徐春柳　一九八〇年生まれ
騰訊新聞原創策画中心（テンセントニュースオリジナルプランセンター）編集者。『京華時報』『新京報』『捜狐ネット』などで編集記者を務める。

張発財　一九七七年生まれ
デザイナー、歴史作家。

許知遠　一九七六年生まれ
『生活』雑誌出版人、北京独立人文書店「単向街書店」創設者の一人。二〇〇〇年、北京大学計算機学部卒業。

大学在学時代から『三聯生活週刊』『新周刊』『書城』『21世紀経済報道』などでコラムを執筆、『ＰＣ　Ｌｉｆｅ』編集記者、『中国先生ネット』編集記者、『e竜ネット』コンテンツ責任者、『経済観察報』編集記者などを務め、『フィナンシャルタイムズ中国語ネット』でコラムを連載、著作多数。

朱学東　一九六七年生まれ
ジャーナリスト、ブログフォロワー数は三四五万人。一九八九年中国人民大学哲学学部卒業。一九八九年より二〇〇四年まで北京印刷学院で哲学教師を務める。一九九五年国家新聞出版署報紙期刊管理司勤務、一九九七年から新聞出版署弁公室秘書課勤務。二〇〇〇年に『信息早報』副編集長、二〇〇三年に『伝媒』雑誌常務副社長、二〇〇六年『南風窓』編集長、二〇〇九年『中国週刊』編集長などを歴任、二〇一四年からフリージャーナリストとして活動。

石述思　一九六九年生まれ
評論家、テレビ番組プランナー、経済・財政コラムニストとして知られ、中国中央電視台「中国年度経済人物」審査委員、「広東年度経済人物」ゲストコメンテーターを務める。中華全国新聞工作者協会「中国新聞賞」を十数回受賞。主な社会・経済関連評論集に『石述思説中国（石述思中国を語る）』『中国各階層財富報告（中国階層別財産レポート）』『実話石説（私はありのままを話そう）』『一箇社会的悲傷和勇気（ある社会の悲しみと勇気）』など。

劉新宇　一九七三年生まれ
広義伝播ＣＥＯ、北京上学路上公益促進中心発起人。ブログフォロワー数は八二万人。一九九五年清華大学電気機械工学部卒業、一九九六年清華大学中国語学部卒業。二〇〇九〜二〇一〇年清華大学経営管理学院EMBAメディア班修了。一九九六年から一九九九年まで新華社参考消息報社科学技術編集記者、一九九九年から新華社参考消息報社特別号副主任、科学時報中関村週刊副総編集長。二〇〇二年から新華社国際先駆導報創刊者兼編集長、二〇〇五年から『中国新聞週刊』副総編集長、二〇〇九年から中国新聞週刊ニューメディアCEOとして『中国新聞週刊』のネット版、アプリ、ネットTVなどの新規事業を展開。二〇一一年よりiPadやiPhone上のニュースアプリメディア開発を行う『広義伝播』を創設。二〇一三年に中国の留守児童支援「上学路上」プロジェクトを開始、社会貢献のNPO「北京上学路上公益促進中心」を設立、六〇〇〇万人の留守児童支援活動を展開中。

巫　昂　一九七四年生まれ
詩人、作家、元ジャーナリスト。北京在住。ブログフォロワー数は三〇三万人。一九九六年上海復旦大学中国語学部卒、中国社会科学院文学研究所現代文学修士。『三聯生活週刊』記者を務めた後、作家に転身。『南方周末』『新周刊』『南方都市報』などでコラムを連載し、詩や小説を執筆。

楊　瀟　一九八二年生まれ
『時尚先生Esquire』雑誌副編集長、ハーバード大学ニーマンフェロー。新華社編集記者、『南方人物週刊』主筆を歴任。

封新城　一九六三年生まれ
華人文化産業投資基金運営パートナー、CCO（最高コンテンツ責任者）。ブログフォロワー数は四三八万人。

一九九六年に『新週刊』を創刊し総編集長に就任。「観点のサプライヤー、ビジュアルディベロッパー、ＩＴインテグレーター、メディアアドミニストレーター」を経営理念に掲げ、『新週刊』を中国で最も優れた時事生活週刊誌とした。二〇一〇年に北京大学文化資源研究センターと共同で「ライフスタイル研究院」を立上げ、共同院長に就任。二〇一五年六月より現職。

賈　葭　一九八〇年生まれ
フリージャーナリスト。二〇〇二年南京大学卒。『瞭望東方週刊』『鳳凰週刊』『智族ＧＱ』『騰訊大家コラム』編集者。『新京報』『南方都市報』『東方早報』『看天下』及び香港『号外』など各雑誌でコラムを執筆。

張　傑　一九八八年生まれ
フィンテック関連の金融会社勤務。元共識網（コンセンサス・ネット）編集部主任。

■編者紹介

中国人気ブロガー招へいプロジェクトチーム

中国人気ブロガー招へいプロジェクトは、中国で数百万～数万人のフォロワーを持つ人気ブロガーに日本取材の機会を提供し、日本情報を中国人向けに発信してもらうプロジェクト。2011年4月から2015年11月までの5年間で14回にわたって35人を招へい。日本を訪問したブロガーのフォロワー数を単純合計すると約2440万人。取材テーマは、東日本大震災、日本赤十字、新幹線、囲碁、食の安全、和食、日本経済、日本企業、駅文化、中東情勢の見方、日中関係、メディア、参議院選挙、ヒロシマ、伝統文化、建築、近代中国思想に与えた日本要素、日本のお祭り、日本の農村など多岐にわたる。

プロジェクトメンバー

・**尾形武寿**（おがた　たけじゅ）
公益財団法人日本財団理事長、笹川日中友好基金運営委員長。

・**胡一平**（こ　いっぺい）
公益財団法人笹川平和財団笹川日中友好基金主任研究員。

・**小林義之**（こばやし　よしゆき）
公益財団法人笹川平和財団笹川日中友好基金主任研究員。

■訳者紹介

周藤由紀子（すどう　ゆきこ）

成城大学文芸学部卒。趣味で中国語を学び始め、北京師範大学に留学。日中交流団体、翻訳会社などを経て、現在フリーランスで中国語翻訳に携わる。

中国人ブロガー22人の「ありのまま」体験記

来た！見た！感じた!!
ナゾの国 おどろきの国 でも気になる国日本

2017年3月30日　初版第1刷発行
編　者　中国人気ブロガー招へいプロジェクトチーム
訳　者　周藤由紀子（すどう　ゆきこ）
発行者　段 景子
発行所　株式会社 日本僑報社
〒171-0021 東京都豊島区西池袋3-17-15
TEL03-5956-2808　FAX03-5956-2809
info@duan.jp
http://jp.duan.jp
中国研究書店 http://duan.jp

2017　Printed in Japan　ISBN 978-4-86185-189-6　C0036

隣人新書 01　二千年の歴史を鑑として

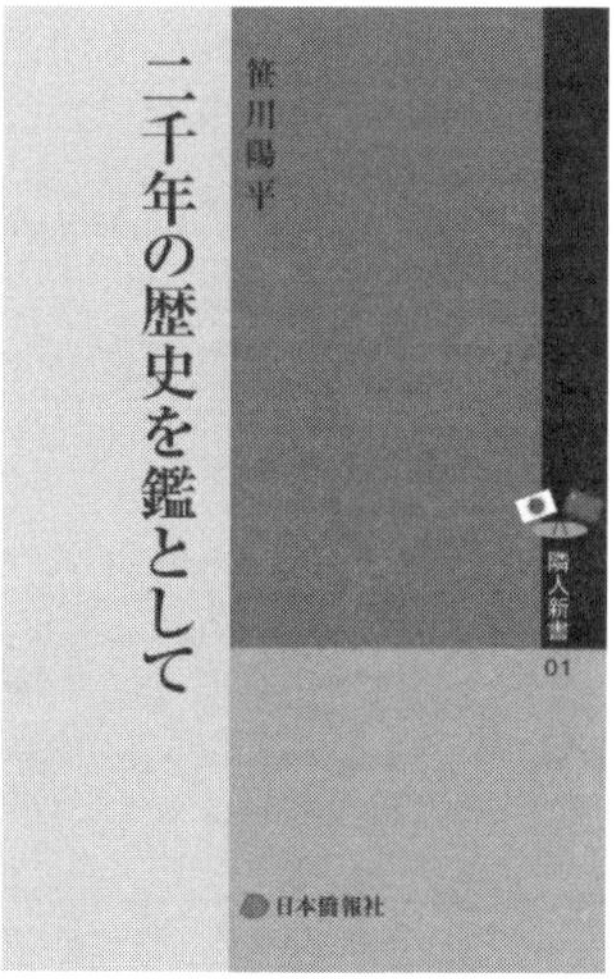

日本語版表紙

中国語版表紙

日中国交正常化30周年を記念して行われた講演会「理解と協力の世紀における日中民間交流の課題」の記録。著者が関ってきた日中関係における経過、問題点をわかりやすく説明する。中国語併記。

編 著	笹川陽平
定 価	1200 円＋税
ISBN	978-4-931490-64-2
刊 行	2003 年

笹川陽平氏推薦の作文コンクール受賞作品集

A5判 240 頁並製　定価 1800 円＋税
2006 年刊　ISBN 978-4-86185-047-9

A5判 240 頁並製　定価 1800 円＋税
2007 年刊　ISBN 978-4-86185-066-0

日本僑報社好評既刊書籍

漫画で読む 李克強総理の仕事

チャイナデイリー 編著
本田朋子 訳

中国の李克強総理の多彩な仕事を1コマ漫画記事で伝える。英字紙チャイナデイリーのネット連載で大反響！原文併記で日本初翻訳！

A5変型判 並製 定価1800円＋税
2016年刊 ISBN 978-4-9909014-2-4

中国のあれこれ
—最新版 ビジネス中国語— 日中対訳

趙容 著

全28編の中国ビジネスに関する課題文を通して、中国ビジネスとそれにまつわる重要単語を学ぶ。
全文ピンイン付きで学びやすい。

四六判121頁並製 定価1850円＋税
2016年刊 ISBN 978-4-86185-228-2

中国はなぜ「海洋大国」を目指すのか
—"新常態"時代の海洋戦略—

胡波 著
濵口城 訳

求めているのは「核心的利益」だけなのか？国際海洋法・アメリカとの関係・戦略論などさまざまな視点から冷静に分析する。

A5版272頁 並製 定価3800円＋税
2016年刊 ISBN978-4-9909014-1-7

必読！今、中国が面白い Vol.10
中国が解る60編

而立会 訳
三潴正道 監訳

『人民日報』掲載記事から多角的かつ客観的に「中国の今」を紹介する人気シリーズ第10弾！ 多数のメディアに取り上げられ、毎年注目を集めている人気シリーズ。

A5判291頁 並製 定価2600円＋税
2016年刊 ISBN 978-4-86185-227-5

SUPER CHINA
—超大国中国の未来予測略—

胡鞍鋼 著
小森谷玲子 訳

世界の知識人が待ち望んだ話題作。アメリカ、韓国、インド、中国に続いて緊急邦訳決定！
ヒラリー・クリントン氏推薦図書。

A5版272頁 並製 定価2700円＋税
2016年刊 ISBN 978-4-9909014-0-0

東アジアの繊維・アパレル産業研究

康上賢淑 著

東アジアの経済成長に大きく寄与した繊維・アパレル産業。
実証的アプローチと分析で、その経済的インパクトを解明し今後を占う。

A5判296頁 並製 定価6800円＋税
2016年刊 ISBN 978-4-86185-217-6

中国若者たちの生の声シリーズ⑫

訪日中国人、「爆買い」以外にできること
「おもてなし」日本へ、中国の若者からの提言

段躍中 編

過去最多となった5190もの応募作から上位入賞81作品を収録。「訪日中国人、『爆買い』以外にできること」など3つのテーマに込められた、中国の若者たちの「心の声」を届ける！

A5判260頁 並製 定価2000円＋税
2016年刊 ISBN 978-4-86185-229-9

中国企業成長調査研究報告
—最新版—

伊志宏 主編
RCCIC 編著
森永洋花 訳

『中国企業追跡調査』のデータ分析に基づいた、現状分析と未来予測。
中国企業の「いま」と「これから」を知るにあたって、必読の一冊。

A5判222頁 並製 定価3600円＋税
2016年刊 ISBN 978-4-86185-216-9